“最多跑一次”改革的衢州实践与未来设计

中共衢州市委党校
衢州行政学院　编著

科学出版社
北京

内 容 简 介

"最多跑一次"改革是浙江省推进行政审批制度改革的最新实践探索。衢州市作为全省试点，以"一窗受理、集成服务"为突破口，率先推进"最多跑一次"改革，成为全省样板。本书在深入调研的基础上，系统论述了衢州市实施"最多跑一次"改革的背景、总体框架、部门引领、区县实践及扩面延伸。用改革的典型案例，展示政府如何通过业务流程再造、部门力量整合、数据资源共享、审批单元模块化管理等创新性举措，突破传统审批模式、部门数据壁垒和"条块分割"格局，基本实现"群众和企业到政府办事最多跑一次"的目标。在对改革成效进行客观评价的基础上，总结成功经验，提出纵深推进"最多跑一次"改革的对策。

本书着重实践总结性，兼具理论研究性，可供各级领导干部及研究行政审批制度改革的学者阅读参考。

图书在版编目（CIP）数据

"最多跑一次"改革的衢州实践与未来设计 /中共衢州市委党校，衢州行政学院编著. —北京：科学出版社，2018.1

ISBN 978-7-03-054726-2

Ⅰ. ①最… Ⅱ. ①中… ②衢…Ⅲ. ①社会服务-研究-衢州 Ⅳ. ①D676.55

中国版本图书馆 CIP 数据核字（2017）第 240389 号

责任编辑：魏如萍 / 责任校对：樊雅琼

责任印制：徐晓晨 / 封面设计：无极书装

科 学 出 版 社 出版

北京东黄城根北街 16 号

邮政编码：100717

http://www.sciencep.com

北京虎彩文化传播有限公司 印刷

科学出版社发行 各地新华书店经销

*

2018 年 1 月第 一 版 开本：720×1000 1/16

2018 年 6 月第二次印刷 印张：14 1/2

字数：298 000

定价：96.00 元

（如有印装质量问题，我社负责调换）

序

全面推行“最多跑一次”改革，是浙江省委、省政府深入贯彻落实习近平总书记“以人民为中心”的发展思想、促进国家治理体系和治理能力现代化等一系列治国理政新理念、新思想、新战略的生动实践，是浙江省行政审批制度改革、“四张清单一张网”改革的再深化、再推进，是新阶段推动供给侧结构性改革、“放管服”改革、优化发展环境、推进党风廉政建设的重要抓手，也是浙江省继续创造和保持市场经济活力的重要举措。浙江省第十四次党代会明确提出，要坚持改革不停顿，开放不止步，以“最多跑一次”改革撬动各方面、各领域改革，狠抓改革落地，以开放促改革、促发展，最大限度释放改革开放红利。要以“最多跑一次”改革的实际成效，加快打造“审批事项最少，办事效率最高，政务环境最优，群众和企业获得感最强”省份。

在全省“最多跑一次”改革的浪潮下，衢州市委、市政府坚决贯彻落实省委、省政府的决策部署，紧扣全省顶层设计，以敢于担当的改革创新精神，在“最多跑一次”改革中率先“跑”了起来，坚持从群众最渴望解决、最难办的事情上改起，推出以“一窗受理、集成服务”为主要内容的“最多跑一次”改革试点，得到社会各界肯定，成为央视《将改革进行到底》专题的改革案例。“一窗受理、集成服务”改革，依托浙江政务服务网，由行政服务中心组建综合窗口，实行前台综合受理，后台分类审批，统一窗口出件。这一改革举措深化了政府服务流程再造，打破了部门信息数据壁垒，实现了信息数据共享，让信息数据“多跑路”，换来了群众和企业少跑腿甚至不跑腿，切实提升了政府服务效率，全面提升了政府行政效能，为群众提供了更优质的服务。2017 年 4 月 12 日，浙江省政府在衢州召开“最多跑一次”改革座谈会，全面推广“一窗受理，集成服务”改革经验。目前，这一改革举措正在向乡镇（街道）、社会中介、村和社区延伸。群众不出乡镇（街道），甚至村（社区），即可就近办理“生育登记”、“食品经营许可”以及医保社保资金发放等热门事项，极大地增强了老百姓享受改革成果的获得感。

为集中展示“最多跑一次”改革在衢州的生动实践，系统总结衢州“一窗受理、集成服务”改革经验，并力求在理论上探求这一改革实践的未来发展方向，中共衢州市委党校（衢州行政学院）在浙江大学范柏乃教授的精心指导下，组织力量编著了这本《“最多跑一次”改革的衢州实践与未来设计》。这是中共衢州市委党校（衢州行政学院）系统积极融入中心、服务大局的具体行动和有益探索。希望全市党校（行政学院）系统进一步发挥服务中心的新型智库作用，坚定不移地做改革的促进派，为再创衢州体制机制新优势、迎接“衢时代”的到来贡献智慧和力量。

中共衢州市委常委、组织部长
中共衢州市委党校校长
陈玲玲
2017年9月

目　　录

第一章　“最多跑一次”改革的实施背景……1
　第一节　政府职能转变的国家行动……1
　第二节　“四单一网”改革的浙江探索……8
　第三节　政务服务环境优化的衢州实践……12
第二章　“最多跑一次”改革的总体框架……15
　第一节　一窗受理：改革创新政务服务模式……17
　第二节　一套标准：事项申报受理规范化管理……22
　第三节　一网通办：强化政务服务数据共享……27
　第四节　一站服务：优化办事大厅服务环境……32
第三章　“最多跑一次”改革的部门引领（经济管理部门）……39
　第一节　“最多跑一次”推动投资项目审批大提速……39
　第二节　衢州地税力推“最多跑一次”改革……48
　第三节　商事部门领跑“最多跑一次”改革……55
第四章　“最多跑一次”改革的部门引领（社会服务部门）……63
　第一节　公积金办理的“衢州速度”……63
　第二节　不动产交易拥抱“最多跑一次”改革……69
　第三节　公安全力推进“最多跑一次”改革……75
　第四节　社会保障践行“最多跑一次”改革……79
第五章　“最多跑一次”改革的区县实践……86
　第一节　绿色产业集聚区：“一窗受理、集成审批”……86
　第二节　江山市：向五大领域拓展延伸……94
　第三节　开化县：重点突破全面推进……100
　第四节　龙游县：多维度向纵深化推进……106
第六章　“最多跑一次”改革的拓展延伸……114
　第一节　中介机构、基层组织和企事业单位在行动……114

第二节　球川镇探索“梭子型”基层治理模式 118
第三节　清湖实践：构建数字化的基层治理体系 125
第四节　罗家村的“村情通” 131
第七章　“最多跑一次”改革的制度保障 139
第一节　浙江省政府的制度建构 139
第二节　浙江省级政府部门的政策规范 144
第三节　衢州市政府的制度建构 146
第四节　衢州市政府部门的政策规范 149
第八章　“最多跑一次”改革的实施成效 153
第一节　评价体系设计 153
第二节　评价信息获取 159
第三节　评价结果分析 160
第九章　“最多跑一次”改革的衢州经验 166
第一节　全面深改是基础 166
第二节　科学顶层设计是关键 169
第三节　民众需求是导向 172
第四节　“一窗受理”是抓手 174
第五节　数据互通是支撑 177
第十章　“最多跑一次”改革的制约瓶颈 180
第一节　重大改革中的法律授权 180
第二节　政府治理中的条块分割 182
第三节　大数据时代的信息孤岛 185
第四节　公民社会中的观念转变 187
第十一章　“最多跑一次”改革的未来设计 190
第一节　依法推进改革 190
第二节　打破条块分割 193
第三节　突破信息孤岛 195
第四节　以人民为中心 197
附录　衢州市以“一窗受理、集成服务”推动“最多跑一次”改革的重要文件 200
附录 1　《衢州市行政服务中心改造升级实施方案》（衢委办发〔2016〕45 号） 200
附录 2　衢州市行政审批“一窗受理、集成服务”改革实施细则（衢市审改办〔2017〕5 号） 204

附录 3　《衢州市行政服务中心平台工作人员管理办法》
（衢市组〔2017〕114 号）…… 211
附录 4　《加快推进“最多跑一次”改革实施方案》
（衢政发〔2017〕11 号）…… 213
附录 5　《关于实施党建统领和智慧治理大联动深化“最多跑一次”改革推进区域治理现代化的指导意见》（衢委发〔2017〕9 号）… 218
后记 …… 222

第一章　“最多跑一次”改革的实施背景

衢州市“最多跑一次”改革能够走在前列，成为浙江省样本，有其深刻的历史背景。习近平总书记提出的坚持“以人民为中心”的发展思想、促进国家治理体系和治理能力现代化等一系列治国理政新理念、新思想、新战略，成为“最多跑一次”改革的指导思想。中央大力推进政府职能转变，为“最多跑一次”改革指明了具体方向。浙江省“四张清单一张网”的创新探索，为“最多跑一次”改革奠定了坚实基础。衢州市优化政务服务环境的先行实践，推动其率先驶向“最多跑一次”。

第一节　政府职能转变的国家行动

政府职能，“是指国家行政系统根据国家和社会发展的需要，依法承担的职责和功能”[①]。政府职能转变，就是“推动政府职能向创造良好发展环境、提供优质公共服务、维护社会公平正义转变”[②]。“政府职能履行的形式主要有行政审批、行政处罚、行政征收、行政裁决、行政检查等，行政审批是最重要的一种形式。”[③]“长期以来，政府对微观经济运行干预过多、管得过死，重审批、轻监管，不仅抑制

① 王浦劬：《论转变政府职能的若干理论问题》，《国家行政学院学报》，2015 年第 1 期，第 31 页。

② 胡锦涛：《坚定不移沿着中国特色社会主义道路前进　为全面建成小康社会而奋斗——在中国共产党第十八次全国代表大会上的报告》，人民出版社，2012 年，第 28 页。

③ 陈天祥、李倩婷：《从行政审批制度改革变迁透视中国政府职能转变——基于 1999—2014 年的数据分析》，《中山大学学报（社会科学版）》，2015 年第 2 期，第 132 页。

经济发展活力，而且行政成本高，也容易滋生腐败。”[①]因此，党的十八大以来，中央“紧紧围绕处理好政府与市场关系，按照使市场在资源配置中起决定性作用和更好发挥政府作用的要求，始终抓住‘放管服’改革这一牛鼻子，坚韧不拔地推进这一‘牵一发动全身’的改革，加快政府职能转变”[②]。

一、简政放权

简政主要是通过合并重组，将政府部门原来分散的机构、职能统一起来，减少部门数量，压缩人员编制，形成边界清晰、运转流畅的政府结构。放权则是通过上级政府向下级政府转让权力、政府向市场转让权力、政府向社会转让权力，调整中央与地方、政府与市场、政府与社会的关系，更好地发挥地方政府的积极性，更好地激活市场、社会活力。党的十八大以来，面对经济发展新常态，中央加快推进供给侧结构性改革，以行政审批制度改革为主要抓手，推动简政放权向纵深发展。

（一）减少行政审批事项

截至 2012 年，全国有 1.8 万多项行政审批事项，其中中央层面有 1 700 多项，地方层面有 1.7 万多项。2013 年新一届政府上任之时，承诺将中央层面的 1 700 多项行政审批事项减少 1/3。2013 年 3 月，《国务院机构改革和职能转变方案》公开发布，其中明确提出深化行政审批制度改革，减少微观事务管理，该取消的取消、该下放的下放、该整合的整合，并重点减少和下放投资审批事项、生产经营活动审批事项，减少资质资格许可和认定。

据统计，2013~2016 年，国务院分 9 批取消和下放了 618 项国务院部门行政审批事项，其中取消 491 项、下放 127 项，并以国发〔2013〕19 号、国发〔2013〕27 号、国发〔2013〕44 号、国发〔2014〕5 号、国发〔2014〕27 号、国发〔2014〕50 号、国发〔2015〕11 号、国发〔2015〕27 号、国发〔2016〕10 号等文件公布。2017 年 5 月，国务院印发《国务院关于进一步削减工商登记前置审批事项的决定》，决定削减工商登记前置审批事项 5 项。2017 年 9 月 6 日，国务院总理李克强主持召开国务院常务会议[③]，决定再取消物业服务企业一级资质核定、对外承包工程项

① 李克强：《简政放权 放管结合 优化服务 深化行政体制改革 切实转变政府职能——在全国推进简政放权放管结合职能转变工作电视电话会议上的讲话》，2015 年 5 月 15 日。

② 李克强：《在全国深化简政放权放管结合优化服务改革电视电话会议上的讲话》，《人民日报》，2017 年 6 月 30 日。

③ 《李克强主持召开国务院常务会议》，《人民日报》，2017 年 9 月 7 日。

目投标核准等52项国务院部门行政许可事项，以及生产建设项目水土保持设施验收审批、在林区经营（含加工）木材审批等22项中央指定地方实施的许可事项。至此，本届政府履职以来累计削减审批事项697项，约占总数的41%，大大超过了预定目标。

（二）简化商事制度

针对制约企业发展的痛点和堵点，中央重点围绕放宽市场准入、改善营商环境，深化商事制度改革。一是不断推进“多证合一”和“证照分离”。长期以来，企业申请营业执照后，要想开展经营，还需办理各种许可证明、备案证明，办理时间长、关卡多，而且一些“证”即使由同一个部门审批，也要多次申请。为解决办证多、办证难的问题，一方面，中央推进“多证合一”，将同一个部门甚至不同部门审批的各种“证”合在一起，从最初的“三证合一”到“五证合一”[①]，一些地方，如河南开封实施了22证合一，北京市正在推行17个部门39证合一。另一方面，在中国（上海）自由贸易试验区等地试点“证照分离”改革，除涉及国家安全、公共安全、生态安全和公众健康等重大公共利益的事项之外，把能分离的许可类的“证”分离出去，分别予以取消或改为备案、告知承诺等管理方式，让企业在办理营业执照后能尽快开业经营，进一步解决企业办证烦恼。同时，对市场机制能够有效调节、企业能够自主管理以及通过事中事后监管可以完成原来设定证照目的的事项，要求逐步取消或改为备案管理，从根本上减少办证数量。二是削减前置审批事项。2013年以前，工商登记前置审批事项共有226项，2014年经过三批集中调整，保留34项；2017年再削减工商登记前置审批事项5项[②]，保留29项。至此，工商登记前置审批事项的87%改为后置审批或取消。三是简化审批程序。取消发证前产品检验，改由企业提交具有资质的检验检测机构出具的产品检验合格报告。实行后置现场审查，企业提交申请和产品检验合格报告并做出保证产品质量安全的承诺后，经形式审查合格的，可以先领取生产许可证，之后接受现场审查[③]。推行网上审批，凡是纳入整合的备案事项，企业办理营业执照时只需到工商部门网站同步提交申请即可，无须到多个部门反复提交申请。四是进一步降低市场准入门槛。将注册资本实缴登记制改为认缴登记制，放宽住所（经营场所）登记条件。

---

① “三证”是指工商营业执照、组织机构代码证、税务登记证。“五证”是指工商营业执照、组织机构代码证、税务登记证、社会保险登记证、统计登记证。

② 《国务院关于进一步削减工商登记前置审批事项的决定》（国发〔2017〕32号），2017年5月11日。

③ 《国务院关于调整工业产品生产许可证管理目录和试行简化审批程序的决定》（国发〔2017〕34号），2017年6月29日。

（三）减轻企业税费负担

面对经济下行压力和实体经济经营困难，中央实施供给侧结构性改革，努力降低企业经营成本尤其是制度性成本，增强企业竞争力。一是实施营改增政策，并将增值税税率结构由四档简并至三档，将原实行 13%税率的行业改为实行 11%的税率，确保所有行业税负只减不增。二是实施中小微企业相关税收优惠政策，持续释放更大减税效应，助力扶持中小微企业发展。三是取消、停征和减免涉企行政事业性收费和政府性基金。中央和省级政府取消、停征和减免收费 1 100 多项，其中中央设立的涉企行政事业性收费项目减少 69%，政府性基金减少 30%。同时强化依法征税，减少征税的自由裁量权，增加透明度，防止任性收税。四是治理涉政中介机构收费，精简规范行政审批过程中的中介评估事项，制定收费目录清单，规范中介收费。2013~2016 年累计为企业减轻负担 2 万多亿元[①]。2017 年已出台的减税降费措施可以使企业全年减负超过 1 万亿元。

二、放管结合

社会主义市场经济是法治经济、公平竞争经济。维护公平竞争的市场秩序，营造国际化、市场化、法治化营商环境，是政府的职责所在。放权不等于放任，越是放权，越是要加强监管。唯有严格监管，才能为放权提供更大的空间。否则，监管缺位，导致"一放就乱"，势必阻碍放权的力度和进程。党的十八大以来，中央政府一手抓放权，一手抓监管，着力推进放管结合。

（一）推行综合执法

长期以来，部门间监管职能交错、边界不清成为一大体制障碍，以至于有利可图时大家一起上，"多顶大盖帽管一顶小草帽"；碰到问题时相互踢皮球，"多龙治水、无人负责"。为了解决这些问题，李克强总理连续 3 年力推综合执法。2015 年，李克强总理要求"抓紧建立统一的监管平台，把部门间关联的监管事项都放到平台上来，同时清理整合各类行政执法队伍，推进跨部门、跨行业综合执法，让几个'大盖帽'合成一个'大盖帽'，形成监管和执法合力，避免交叉重复或留

① 李克强：《在全国深化简政放权放管结合优化服务改革电视电话会议上的讲话》，《人民日报》，2017 年 6 月 30 日。

空白死角”[①]。2016年，李克强总理强调，“要做到有效监管，必须建立综合监管体系，发挥好各种监管资源的最大效益”[②]。2017年，李克强总理再次要求“更大力度推动跨部门联合检查，逐步实现‘多帽合一’，严格规范公正文明执法，解决多头执法、重复执法问题”[③]。在中央政府的大力推动下，各地以推动行政执法重心下移、相对集中行政执法权、整合规范执法主体、优化执法力量配置为主要内容，重点在基层发生频率较高、与人民群众日常生产生活关系密切、多头重复交叉执法问题比较突出、专业技术要求适宜的公共安全、生态保护、城镇管理、社会管理、民生事业等领域推进跨部门、跨领域综合行政执法。

（二）推行“双随机、一公开”监管

所谓“双随机、一公开”，是指在监管过程中随机抽取检查对象，随机选派执法检查人员，抽查情况及查处结果及时向社会公开。

传统的监管方式存在重大弊端。一方面，各种检查太多，随意性太大，一家企业、一件事情，要接受几个甚至十几个政府部门的监督检查，有的企业一年都在迎接检查，企业疲于应付，政府部门行政成本高。另一方面，该监管的还没有管或没有管住、管好，有的地方政府实施“挂牌保护”制度或者“企业宁静日”制度，任何职能部门如果没有事先得到当地政府的批准，不准进入企业检查，有的企业通过行贿受贿逃避检查，使少数企业在各种保护下从事违法活动，赚取非法利润。

在减少、简化审批后，如何实现放管结合，实施有效监管，既避免“一放就乱”，又减少企业负担，成为政府监管的重大课题。2015年8月5日，《国务院办公厅关于推广随机抽查规范事中事后监管的通知》发布，要求在政府管理方式和规范市场执法中，全面推行“双随机、一公开”监管模式。李克强总理对“双随机、一公开”的监管模式给予高度评价，认为“‘双随机、一公开’是监管体制的重大改革，充分体现了监管的公平性、规范性和简约性，国内外实践都证明是行之有效的科学监管方式”[④]。“这项改革既有利于解决执法扰企、成本高的问题，

① 李克强:《简政放权 放管结合 优化服务 深化行政体制改革 切实转变政府职能——在全国推进简政放权放管结合职能转变工作电视电话会议上的讲话》，2015年5月15日。

② 李克强:《深化简政放权放管结合优化服务推进行政体制改革转职能提效能——在全国推进简政放权放管结合优化服务改革电视电话会议上的讲话》，2016年5月22日。

③ 李克强:《在全国深化简政放权放管结合优化服务改革电视电话会议上的讲话》，《人民日报》，2017年6月30日。

④ 李克强:《深化简政放权放管结合优化服务推进行政体制改革转职能提效能——在全国推进简政放权放管结合优化服务改革电视电话会议上的讲话》，2016年5月22日。

也加大了监管震慑度，能让企业感到监管的无形压力。”[①]

（三）推行“智能”监管

随着信息技术的发展，大数据、云计算、物联网等信息化手段不断出现，为政府实行“互联网+”监管模式提供了技术支撑，降低了监管成本，提高了监管效率，并且有利于对监管主体进行监管，减少执法不力、监管索贿等问题。例如，衢州市运用物联网技术，对全市43个建制镇的污水处理站（厂）排污口安装了污染源在线监控监测设施，实时监控污水处理运行情况，并与市智慧环保平台实现全部联网，成为全省率先完成集镇污水在线监测监控全覆盖的设区市，在水质保护方面发挥了很好的作用。

三、优化服务

提供公共服务，是政府的一项基本职能。党的十八大以来，全国贯彻习近平总书记“以人民为中心”的发展思想，不断丰富服务内容，拓展服务渠道，创新服务方式，提高服务质量，提高群众和企业的获得感。

（一）提高“双创”服务效率

近年来，中央政府大力推进“大众创业、万众创新”，通过“双创”提供更多就业岗位，促进各种新经济、新业态、新模式加快发展，支撑新旧动能转换。为解决中小微企业发展困难，中央专门出台融资、税收、固定资产折旧、“五险一金”费率等方面的优惠政策，同时为创业者提供政策、信息、法律、人才、场地等全方位服务。为更好地服务“双创”，避免传统的监管方式扼杀新技术、新产业、新业态、新模式，中央特别提出“审慎监管”，探索适合创新企业特点的审慎监管方式。“对那些看得准的新生事物，比如基于‘互联网+’和分享经济的新业态，要量身定制监管模式，不能削足适履，企业也希望通过规范管理，营造行业健康发展的环境。对有些一时看不准的，可以先观察一段时间，不要一上来就把它管死。对于那些潜在风险很大、有可能造成严重不良社会后果的，要严格加强监管，发现问题果断出手。”[②]

① 李克强：《在全国深化简政放权放管结合优化服务改革电视电话会议上的讲话》，《人民日报》，2017年6月30日。

② 李克强：《深化简政放权放管结合优化服务推进行政体制改革转职能提效能——在全国推进简政放权放管结合优化服务改革电视电话会议上的讲话》，2016年5月22日。

（二）提高公共服务供给能力

针对经济发展新常态，中央提出以供给侧结构性改革为主线，重点推进“三去一降一补”，其中补短板就包括公共服务短板，特别是教育、医疗、健康方面的短板。为了增加基本公共服务，提升公共服务效率，一方面，中央推广政府和社会资本合作（public-private-partnership，PPP）模式，吸引社会资本参与公共基础设施建设和经营；另一方面，通过土地、税收、融资及水、电、气价格等优惠政策，鼓励社会资本投资教育、医疗、养老、文化体育、健康等产业，多渠道提供公共产品，提高公共服务供给能力。

（三）简化群众和企业办事流程

对企业和群众而言，行政审批过程中最大的烦恼就是跑不完的窗口、盖不尽的章。据统计，企业申请投资项目，顺利的话，至少要在不同窗口跑约20次，递交约47份申请材料，等待约107天。如果碰到审批事项互为前置，部门之间相互“踢皮球”，陷入“鸡生蛋、蛋生鸡”的怪圈，要获得项目审批可能需要一年甚至更长时间。对于个人，据调查，从出生到死亡需要办理400多个证件[①]。为了切实减少企业、群众奔波之苦和烦扰，近年来，中央取消、简化一大批不必要的证明和烦琐手续，推行“互联网+政务服务”，鼓励各地实施“一窗受理、一站服务”等便民举措，优化办事流程，缩短办事时间，多措并举，努力提高群众和企业的获得感。

中央政府以“放管服”改革为突破口推行政府职能转变，为“最多跑一次”改革指明了方向。首先，改革的基本目的，就是要为促进就业创业降门槛，为各类市场主体减负担，为激发有效投资拓空间，为公平营商创条件，为群众办事生活增便利[②]。其次，改革的重要路径，就是要对审批事项不断梳理，“再砍掉一批审批事项，切实降低就业创业创新门槛”“再砍掉一批审批中介事项，切实拆除‘旋转门’、‘玻璃门’”“再砍掉一批审批过程中的繁文缛节，切实方便企业和群众办事”“再砍掉一批企业登记注册和办事的关卡，切实清除创业创新路障”“再砍掉一批不合法不合规不合理的收费，切实减轻企业和群众负担”[③]。最后，改革的技术支撑，就是推进智慧政府建设，充分利用“互联网+政务服务”，提高政务服务

① 张定安：《关于深化“放管服”改革工作的几点思考》，《行政管理改革》，2016年第7期，第38页。

② 李克强：《在全国深化简政放权放管结合优化服务改革电视电话会议上的讲话》，《人民日报》，2017年6月30日。

③ 李克强：《简政放权 放管结合 优化服务 深化行政体制改革 切实转变政府职能——在全国推进简政放权放管结合职能转变工作电视电话会议上的讲话》，2015年5月15日。

效率。浙江省以及衢州市党委、政府，正是按照这样的逻辑思路，着力打通群众和企业到政府办事的“最后一公里”梗阻，以干在实处、走在前列的高标准要求，提出探索“最多跑一次”改革举措。

第二节 “四单一网”改革的浙江探索

“四张清单一张网”是指政府权力清单、政府责任清单、企业投资项目负面清单、政府部门专项资金管理清单以及政务服务网。“四张清单一张网”改革是推进“放管服”改革的深化和具体化。

一、从权力清单到“四张清单一张网”

2013年11月，浙江省委十三届四次全会决定，全面清理政府部门职责，建立公开政府权力清单制度。2014年浙江省《政府工作报告》将权力清单列为省政府八项重点工作之一，在全省推行政府权力清单制度。之后，全省不断推进、深化、完善“四张清单一张网”建设。

（一）探索试点

任何一项重大改革，都是在前期探索、局部试点的基础上，不断总结经验，从局部到全局加以推广的，“四张清单一张网”改革也不例外。例如，政府权力清单制度的建立，就是以富阳市纪委主导的“风险防控机制”为基础，从梳理各级政府或部门的权力范围和过程，到2014年1月正式被浙江省政府确定为政府权力清单制度改革试点，到同年3月公布全国首份县域行政权力清单，同年10月公布全国首份县域责任清单，一步一步积累经验，为全省提供相对成熟的模板。同样，负面清单制度也是在舟山、嘉善、海宁、柯桥四地的试点基础上，总结经验，再面向全省推开。

（二）建立完善

从“三张清单一张网”到“四张清单一张网”，从初步建立“四张清单”到不断推进政府权力清单“瘦身”、政府责任清单“强身”，从搭建集行政审批、政务公开和便民服务于一体的浙江政务服务网到不断扩面延伸，从省级部门到县市区全覆盖。在先行试点的基础上，2014 年 6 月，浙江省公布全国首张省级部门的政府权力清单，并相继制定企业投资项目负面清单、政府部门专项资金管理清单，开通浙江政务服务网。至此，“三张清单一张网”制度框架初步形成。2015 年，全省制定政府责任清单，“四张清单一张网”制度模式初步形成，并建立健全“四张清单”动态调整机制。2016 年之后，省政府进一步推动“四张清单一张网”建设走向深化、向基层延伸、不断完善。

（三）深化应用

在“四张清单一张网”建设基础上，2016 年浙江省《政府工作报告》提出“五个”完善，即完善政府权力清单制度、完善政府责任清单制度、完善企业投资项目负面清单管理方式、完善政府部门专项资金管理清单制度，完善政务服务网，并要求浙江政务服务网实现省市县联网并向乡镇延伸，率先建设全省统一的政务公开平台、公共服务平台和公共数据平台。2017 年，全省以“四张清单一张网”为抓手，进一步加大“放管服”改革力度，着力推进“最多跑一次”改革，促进经济社会各领域的改革不断深化，以政府权力的减法换取市场活力的加法。

二、厘清政府权力边界

“四张清单一张网”是在浙江省委、省政府领导下，自上而下推行的一项政府治理结构改革，不仅深刻地影响着行政审批制度变迁的进程，推动“放管服”改革实质性地向前迈进，而且深刻地改变着地方治理结构，推动政府职能回归。

（一）管住政府的手

制定政府权力清单和企业投资项目负面清单的初衷，就是要管住政府的手，让政府从无所不管到切实履行政府职能，处理好政府与市场的关系。该政府发挥作用的地方，政府要把作用发挥好；该市场发挥作用的地方，让市场起决定性作用。2014 年 6 月，浙江省在全国率先公布省级部门政府权力清单，行政权力从 1.23 万项精减到 4 236 项，其中直接行使 1 973 项。制定实施企业投资项目负面清单，推行核准目录外企业投资项目不再审批改革和企业独立选址投资项目 50 天高效审批改革，推进企业“零地”技改项目不再审批改革。与此同时，推动政府权力清单和企业投资项目负面清单在全省各县市区展开。例如，衢州市按照全省政府权力清单统一梳理和公布的口径，2014 年 10 月在浙江政务服务网上公布了政府权力清单，市本级共有权力 4 341 项，比原来精简 60%。各县市区权力事项平均为 3 800 项。所有功能区和乡镇（街道）的政府权力清单也在浙江政务服务网上公布，实现了政府权力清单市县乡三级全覆盖。企业投资项目负面清单编制完成，大幅削减企业投资项目审批数量，需要核准的减少至 12 个，需要备案的减少至 33 个。

（二）强化政府责任

有权即有责。政府责任清单与政府权力清单相对应，“以细化政府部门职责、厘清责任边界、健全权力监管制度为核心，强化政府部门的公共服务理念，形成权责明确、权责一致、分工合理、运转高效的部门职责体系”①。2014 年 10 月，浙江政务服务网公布了 43 个省级部门的政府责任清单，共确定 543 项主要职责，细化为 3 941 项具体工作事项。随后，各市县也先后公布了本级政府职能部门责任清单，如衢州市本级 39 个部门共确定主要职责 474 项，细化为 3 353 项具体工作事项。与此同时，制定实施省级部门专项资金管理清单，出台省级政府部门一般不再直接向企业收取行政事业费的具体办法，省级财政转移支付专项由 235 个整合为 54 个。完善政府部门专项资金管理清单制度，设立总额为 200 亿元的省产业基金，支持 8 大万亿产业②及农业农村发展。

三、提升政府治理能力

（一）提升数据资源整合与共享能力

“政府有效供给公共服务不仅需要一定的体制改革，同时也需要一定的技术支持，缺乏一定的技术支持也将阻碍政府职能转变的深化。”③“互联网+政务服务”为政府职能转变提供了技术支持。从 2015 年开始，浙江全省建设并开通集行政审批、政务公开和便民服务于一体的浙江政务服务网，把全省 4 000 多个政府机构的政务服务资源链接在一起，实现省市县联网并向乡镇延伸，率先建设起全省统一的政务公开平台、公共服务平台和公共数据平台。2016 年，《浙江省人民政府办公厅关于印发 2016 年浙江省深化“四张清单一张网”改革推进简政放权放管结合优

---

① 崔浩、桑建泉：《责任清单制度的建构理念与责任关系》，《行政管理改革》，2015 年第 6 期，第 62 页。

② 2015 年浙江省政府重点支持信息经济、环保、健康、旅游、时尚、金融、高端装备制造等 7 大万亿产业发展，2017 年又将文化产业列入万亿产业，因此称为 8 大万亿产业。

③ 张翔：《“互联网+政务服务”是政府职能转变的重要突破》，《中国行政管理》，2016 年第 11 期，第 144 页。

化服务工作要点的通知》（浙政办发〔2016〕61号）要求，合力建设浙江政务服务网，最大限度实现权力事项集中进驻、网上服务集中提供、政务信息集中公开、数据资源集中共享“四个集中”，提升数据资源整合与共享能力，加快推进“互联网+政务服务”。

（二）降低社会成本

从行政审批角度而言，当前存在的一个突出问题就是数据分散，事项申请人、审批部门、评审机构、中介机构等都只掌握相关环节中的部分内容，不同主体之间存在较为严重的信息不对称。不同业务系统之间相互封闭，数据不能共享，形成一个个信息孤岛，导致需要多个政府部门审批的项目，每个部门都要派人受理申请材料，重复录入数据，反复踏勘审核，大大增加了行政成本。同时，企业和群众需要重复提交办事材料，把本来就存放于政府部门的信息以证明的形式一次又一次地开具出来，往返跑腿，大大增加了交易成本。“一张网”建设旨在打通信息孤岛，建立数据共享平台，减少政府、企业和群众的重复劳动，降低社会成本。

（三）提升社会治理能力

“一张网”建设促进政府由碎片化管理向整体性治理转变。按照职能分工，很多事项会涉及多个管理部门，每个部门负责事项的某一环节或方面。例如，食品安全监管，从食品生产、销售到惩治，由卫生部门、农业部门、质监部门、市场监管部门、公安部门、工信部门等多个部门分别负责。由于缺乏协调机制，多部门无法共享数据和管理资源，往往出现重复管理和管理盲区。浙江政务服务网通过建设政务服务数据共享交换体系，实现人口、法人、空间地理、电子证照、社会信用等基础信息库和业务信息库的互联互通，促进多个政府部门作为一个整体进行社会治理。同时，“一张网”建设为政府提供了大量实时更新的经济、社会等各方面的数据，促进政府从静态管理向动态管理转变，确保政府决策更加科学；通过建立网上的政府、企业和社会互动，促进社会从单一政府管理向公众参与管理转变。

浙江省通过“四张清单一张网”改革，厘清了政府及部门职责，明确了权力运行流程，推动了智慧化政府建设，尤其是以“一张网”为代表的应用功能整合、数据资源共享、政务信息公开、政务流程网上再造等方面的有效突破，为实施“最多跑一次”改革奠定了坚实基础。

第三节　政务服务环境优化的衢州实践

出于发展基础、空间区位等诸多原因，衢州市经济、社会发展与全省平均水平存在明显差距。为确保实现"与全省同步高水平全面建成小康社会"的目标，需要以更加优质的政府服务吸引市场主体、满足群众需求、弥补经济社会发展短板。因此，衢州市通过不断改革创新，打造政务服务最优环境。

一、"两集中、两到位"改革走在全省前列

2009 年，衢州市委、市政府为从根本上解决企业和群众办事"门难进、脸难看、事难办"问题，在前期部门办事窗口进驻行政服务中心的基础上，以衢委发〔2009〕21 号文发布《关于推进行政机关内设机构审批职能归并改革的实施意见》，推进"两集中、两到位"改革，即一个行政机关的审批职能向一个处室集中，行政审批服务处室向市行政服务中心集中；进驻市行政服务中心的审批事项和审批权限到位。2010 年，市本级有 43 个行政审批部门全部把行政审批事项集中到一个处室办理，40 个部门设置了行政审批服务处。2012 年，有 15 个部门行政审批服务处成建制进驻市行政服务中心。2013 年，为进一步优化项目审批流程，市政府公布了政府性投资项目联合审批、建设项目施工图联合审查、施工许可证联合办理、竣工综合验收管理等 4 个实施办法。大多数审批事项，群众只需进行政服务中心一家门。

但是，对于更多需要跨部门、跨领域审批的事项，群众仍然需要来回跑窗口，提交无穷无尽的材料。而且，跨部门审批服务往往存在受理标准各异、审批互为前置、利益相互博弈、用权不规范等现象，群众办事仍然困难，急需推动行政审批制度进一步改革。

二、"互联网+政务服务"推动政务服务升级

针对"两集中，两到位"改革存在的问题，衢州市以浙江政务服务网为支撑，推动"互联网+政务服务"，着力打通部门自建系统的数据壁垒，着力解决重复提交资料、反复录入审批数据、群众多窗口跑腿问题，提升政务服务效率。

率先启用行政权力运行平台。2014 年，衢州市率先在全省启用市县一体的行政权力运行系统。2015 年 8 月又将其他行政权力常态化数据上传，实现国土、房产、社保、公积金、国税、公安等部门自建系统与浙江政务服务网数据对接，解决审批部门“二次录入”问题。截至 2015 年底，全市各部门 2 000 多项权力事项和 68 项与群众密切相关的公共服务事项在浙江政务服务网运行，基本实现了权力事项集中进驻、网上服务集中提供、政务信息集中公开、数据资源集中共享“四个集中”。

率先依托浙江政务服务网实现商事登记“五证合一”。从 2014 年 11 月开始，衢州市在浙江政务服务网开发专门模块，实行工商营业执照、国（地）税税务登记证、组织机构代码证等按“一窗收件、内部流转、统一发证（照）”网上联办，由市场监管部门窗口统一受理所有办件审批资料，通过高速扫描将资料上传供其他部门共享，质监、税务登记等部门快速审批，相关证照交由市场监管窗口统一发放给办事主体。截至 2015 年 6 月，实现了营业执照、税务登记证、组织机构代码证、社会保险证、统计证等窗口五证联办，办理总时限从过去 5 个以上工作日缩减至 1 个工作日。在此基础上，2015 年 9 月又实现了“一证一码”，使企业注册登记彻底告别冗长烦琐的手续和等待，进一步激发了市场活力。

率先建成市县一体行政审批中介服务平台。2014 年底，衢州市建成全市行政审批中介服务网，实行市政府统一发文推广、市县合建共用、统一实名认证注册、统一中介事项规范指南、统一中介机构库模式，着力破解“业主寻中介难，中介找市场难，部门监管中介难”问题。同时创新联动评价机制，由项目业主、中介成果应用审批部门、行业主管部门等对中介服务质量进行联合测评。据测算，行政审批中介服务网的运行，使中介服务价格下降 20%以上，有效减轻了企业负担。

开发政府投资项目全流程审批模块。2015 年，衢州市依托浙江政务服务网，将审批流程分为项目立项、初步设计、规划图图审、施工许可 4 个阶段，涉及发改、规划、环保、水利、国土、市场监管、气象、消防、人防、住建等 10 多个部门 20 多个环节，相关部门对项目建设条件、施工图等联合审查、并联审批，实现“一窗进件、资料共享、网上审批、全程监管”，解决了投资主体跑多个部门窗口、资料重复提交等问题。同时，网上办理时效的实时监控起到倒逼审批部门自我改革、提高办事效率的积极作用。

推进电子证照库建设应用。为解决申请材料重复提交、提高审批效率的问题，2016 年 6 月，衢州市开发电子证照库并投入试运行，共收集 20 个部门 95 类电子证照，提供数字证照的生成、管理、共享服务，满足部门窗口审批过程中的证照管理、真实性鉴别、信息共享等需要。审批事项所需的前置证照直接从证照库中调取，不再需要反复提交纸质证照材料，为真正实现网上审批创造了有利的条件。

三、“一窗受理、集成服务”率先驶向“最多跑一次”

截至 2016 年上半年，衢州市行政服务中心集中了 55 个政府部门和企事业单位、210 个窗口、230 多位窗口工作人员、329 项行政审批事项和 50 多项公共服务事项，实现了项目审批办理、企业注册登记、房地产登记交易抵押发证、便民服务事项办理等四大类较完整的“一条龙”服务，优化了办事流程，简化了办事环节，提高了政务服务质量和水平，使行政服务中心真正成为群众办事的政务超市。

然而，困扰群众的办证多、跑腿多、材料多、办事难、办事慢等现象依然存在，条块分割、审批互为前置、信息孤岛等依然为审批服务领域的“堵点”。为将“四张清单一张网”改革的理论设计落地到审批服务实际操作中，切实释放改革红利，2016 年 5 月，衢州市在浙江省机构编制委员会办公室（简称编办）的大力支持下，试点“一窗受理、集成服务”改革，实行“前台综合受理、后台分类审批、统一窗口出件”模式，根据审批事项相关度和办理集中度，设置投资项目审批、企业注册登记及后置审批、不动产交易登记、公安服务、公积金办理、其他综合事项等六大板块，委托行政服务中心综合窗口统一受理，推动部门数据共享，变群众来回跑、多头跑为“一窗受理、一次办结”，同时依据改革需要，对市行政服务中心软硬件设施进行升级改造。由于“一窗受理、集成服务”改革与浙江省提出的“最多跑一次”改革目标高度契合，效果显著，成为实现“最多跑一次”的理想路径，2017 年 4 月，浙江省“最多跑一次”改革现场会在衢州市召开，衢州经验在全省推广，从而成为浙江省“最多跑一次”改革的衢州样本。

第二章 “最多跑一次”改革的总体框架

“最多跑一次”改革，是践行“以人民为中心”发展思想的具体行动。“最多跑一次”就是通过优化办理流程、整合政务资源、融合线上线下、借助新兴手段等方式，群众和企业（自然人、法人和其他组织）到政府办理“一件事情”，在申请材料齐全、符合法定受理条件时，从受理申请到做出办理决定、形成办理结果的全过程一次上门或零上门[①]。一件事情，涉及一个部门一个办理事项、多个部门一个办理事项、一个部门多个办理事项、多个部门多个办理事项的，均适用“最多跑一次”。“最多跑一次”的提法是新的表述和新的提升，但并不是新的东西。“最多跑一次”是浙江省政府自身改革在行政审批制度改革和“四张清单一张网”基础上的再深化、再推进，是“放管服”改革的浙江探索、浙江实践。

衢州市以“一窗受理、集成服务”改革为路径，试点“最多跑一次”。“一窗受理、集成服务”就是改变当前政府职能部门自我受理、自我审批、自我评价模式，将职能部门的受理权剥离授权给前台综合窗口（分为受、批、督三个环节），即“前台综合窗口综合受理、后台分类审批、回综合窗口统一出件”。具体来说，由行政服务中心“综合窗口”进行统一受理，倒逼职能部门办理条件和流程的标准化；“综合窗口”受理后，按照职责分派部门审批，并由第三方对各部门的审批情况进行全程跟踪督办、考核评价；各部门同步并联审批完成后，将审批结果材料送到“综合窗口”统一出件。

衢州市在持续推进行政审批制度改革过程中，深切体会到“两集中，两到位”改革只是解决了单个审批部门内部的审批服务问题，推进改革的关键在于跨部门、跨领域的行政审批服务。从实际情况看，行政服务中心虽然作为政务服务集聚的平台和审批部门窗口第三方管理的主体，但受制于自身职能定位、对部门考核权

① 浙江省质量技术监督局发布的 DB33/T 2036.1—2017《政务办事“最多跑一次”工作规范　第 1 部分：总则》。

重不足、对窗口和人员的双重管理的限制，统筹协调的压力大、任务重。由于行政服务中心并非审批服务的主体和参与者，客观上对跨部门事项的协调既难以事前及时发现和处理，事后监管和协调也往往受制于部门窗口的配合度。审批制度改革遇到了瓶颈，行政服务中心改造升级势在必行。与此同时，在以“四张清单一张网”为基础的持续改革过程中，由于体制机制造成的清单不够清、部门协同难、信息呈孤岛、一网难连通、一门式服务、群众舒心度不够、服务规范不到位、改革缺乏制度支撑等问题依然存在，与省委、省政府“四张清单一张网”顶层设计的要求差距较大。

2016 年初以来，衢州市发挥“一张网”建设走在全省前列的优势，在浙江省编办的指导下，提出实施“行政服务中心整合提升”计划，通过到福建、广东、上海等地学习考察，形成初步方案，衢州市的“一窗受理、集成服务”改革从 2016 年 5 月 20 日开始试行。2016 年下半年，浙江省编办将衢州市“一窗受理、集成服务”改革作为一市一品工程在全省率先试点。2016 年 9 月 6 日，衢州市委、市政府下发《衢州市行政服务中心改造升级实施方案》，试点工作正式开始。省领导高度肯定“一窗受理、集成服务”试点，要求“切实把试点工作抓出成效，形成模式，适时推广”。2016 年 12 月 6 日，省编办会同省数据管理中心、省档案局、省发展和改革委员会（简称发改委）、省公安厅、省国土资源厅、省住房和城乡建设厅、省人民政府法制办公室（简称法制办）等部门（单位）负责人赴衢州市召开现场会，对接“一窗受理、集成服务”改革。2016 年 12 月 12 日，全省编办主任读书会在衢州市召开，“一窗受理、集成服务”改革是学习考察的重要内容。

根据《浙江省人民政府关于印发加快推进“最多跑一次”改革实施方案的通知》（浙政发〔2017〕6 号），2017 年 3 月衢州市行政审批制度改革领导小组办公室（简称审改办）制定《衢州市行政审批“一窗受理、集成服务”改革实施细则》，进一步明确“一窗受理、集成服务”的实施范围、主体及职责、实施原则、操作规程和保障机制。2017 年 4 月，全省推进“最多跑一次”改革座谈会在衢州市召开，衢州市“一窗受理、集成服务”改革经验在全省推广。

衢州市把“行政服务中心改造升级”作为深化“放管服”、落实“最多跑一次”的重要举措，创新性推出以“一窗受理、集成服务”为主要内容的行政审批“衢州模式”，真正打通行政审批“最后一公里”。衢州市“一窗受理、集成服务”改革试点促使“四张清单一张网”改革从清单梳理、基础性准备阶段向集成应用、集中体现阶段转变，基本实现了“一窗受理、一套标准、一网通办、一站服务”，在“最多跑一次”改革的道路上迈出重要的一步。

2017 年 5~6 月，浙江省质量技术监督局先后发布《政务办事“最多跑一次”工作规范　第 1 部分：总则》和《政务办事“最多跑一次”工作规范　第 2 部分：一窗受理、集成服务》，将“一窗受理、集成服务”、“前台综合受理、后台分类审批、统一窗口出件”工作模式、线上线下“一网通办”、网上统一受理平台建设、数据资源共享交换、电子证照（批文）库建设、并联审批、现场服务功能区设置等衢州市“最多跑一次”改革核心经验转化为省级标准，成为标准的重要支撑内容，衢州市的好经验变成了全省的“标配”。衢州市“一窗受理、集成服务”框架图如图 2.1 所示。

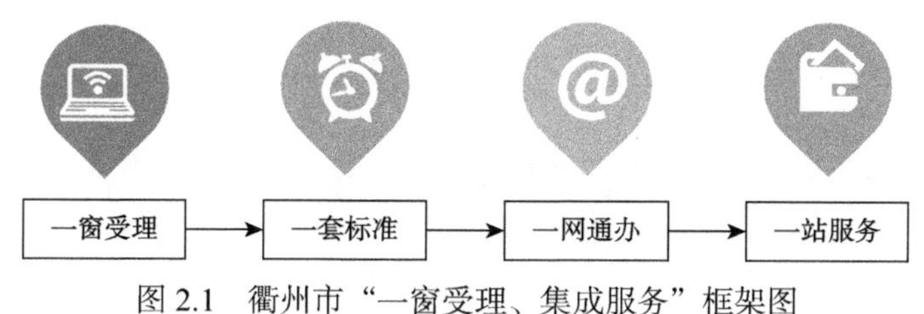

图 2.1　衢州市“一窗受理、集成服务”框架图

第一节　一窗受理：改革创新政务服务模式

一窗受理是“最多跑一次”改革的关键环节，是实现“最多跑一次”的牛鼻子和主抓手。一窗受理就是改革创新政务服务模式，整合构建综合政务服务窗口，将原来分散在各个部门的服务窗口整合集中到一个综合窗口。通过跨部门的信息共享、业务协同，实现群众办事服务事项的一窗受理，从而避免群众办一件事折返于多个部门重复跑路的现象，变群众来回跑为部门协同办。

一、创新一窗受理体制

一直以来，公共服务部门多是“分窗”而设，审批流程繁杂，办事效率低下，群众办事要跑东跑西找“专窗”，“门”多“窗”多，一个“窗”一个公章，一个“窗”一个签字，疲于奔波，费时费力又费心，群众颇有怨言。2017 年以来，衢州市依托浙江政务服务网，根据审批事项相关度和办理集中度情况，将六大板块审批委托行政服务中心综合窗口统一受理，后台按部门分类同步审批，办理结果仍由综合窗口统一出件，变群众来回跑窗口为“一事一窗，一次办结”。

（一）科学设置“综合受理窗口”

综合考虑办理事项领域、办理流程关联度、办理数量多少等因素，科学设置

“综合受理窗口”。在最初的改革中，将投资项目审批、企业注册登记、不动产交易登记、原综合窗口四个业务板块审批事项受理职能统一交由市行政服务中心“综合受理窗口”承担，在后续的改革中，根据运行情况进行动态调整，不断优化“综合受理窗口”设置，现阶段设立了投资项目审批、企业注册登记及后置审批、不动产交易登记、公安服务、公积金办理、其他综合事项六个板块的“综合受理窗口”。

（二）整合人力资源实现一窗受理

根据一窗受理需要，衢州市编办核增 25 个编外用工指标给衢州市行政服务中心，公开招考后，通过一个月的集中强化训练，这批人员全面掌握有关板块的综合受理业务。通过人员整合，6 大板块所涉及 31 个部门的受理人员由 200 多人整合为 60 人，部分窗口其他即办类事项由部门保留专业窗口承担，形成“综窗+专窗”的受理体系。

（三）增设“协调受理”窗口

为帮助解决办事主体的急事、特事、难办事，创新服务机制，在行政服务中心办事大厅增设“协调受理”窗口作为群众和企业办事的兜底窗口、急办特办的绿色通道，对办事过程中遇到的特殊情况进行紧急处理，对合理诉求实施容缺收件、全程代办、困难帮办等，确保群众、企业到行政服务中心办事“最多跑一次”。

二、综合窗口前台受理

按照“一窗受理、集成服务”的改革要求，综合受理窗口职能到位、人员到位，全面受理行政审批相关业务。综合窗口主要负责事项的受理审核、按责分办、统一出件等审批服务工作。

（一）受理审核

衢州市行政服务中心综合受理窗口以受理清单及样本为依据，对现场提交的申请材料是否齐全及其完整性进行审查，核验办事主体或委托人身份及资质证件，根据需要扫描原件并核对材料复印件与原件是否相符。符合受理清单或经部门确认材料无误的，市行政服务中心综合受理窗口当场接收，并在权力运行系统录入必要的信息，向办事主体出具《受理通知书》，受理回执要明确办理时限、取件日期及地点等相关信息。对容缺受理、申请材料不齐全及申请不符合受理条件等情况，按实施细则予以处理。若办事主体是通过网上申请，并选择邮寄方式提交申请材料的，由市行政服务中心综合受理窗口进行签收，在全市统一的综合受理系统进行登记。

（二）按责分办

在受理基础上，市行政服务中心综合受理窗口将纸质材料及时转交部门，电子材料通过权力运行系统实时流转。需要多个部门前后置审批（审查）的，市行政服务中心综合受理窗口将材料按事项分类递交给牵头部门，再由牵头部门负责递交给相关部门，电子材料通过权力运行系统（或其子系统）进行共享。需要多个部门开展并联审批（审查）的，则按有关规定分类并同时分发。属于非常驻部门的事项，综合受理窗口应及时整理材料、分部门入库保管。市行政服务中心综合受理窗口根据部门工作需求通知非常驻部门前来领取材料，并在《材料交接表》上签收；电子材料通过权力运行系统实时流转到相应部门。

（三）统一出件

部门在法定或承诺办理时限内将办理结果文书或证件及《办理结果交接表》转交市行政服务中心统一出件窗口。市行政服务中心统一出件窗口核对办理结果文书或证件所载信息与受理信息，无误后接收，在《办理结果交接表》上签收。办事主体通过窗口自取的，市行政服务中心统一出件窗口核对相关信息后发放办理结果文书或证件，并要求办事主体在《办理结果签收表》上签收；通过邮寄方式领取的，由市行政服务中心统一出件窗口委托邮政单位寄件送达，部门不得自行寄出。市行政服务中心统一出件窗口在送达成功后 1 个工作日内在《办理结果交接表》上填写签收人信息，并将《办理结果交接表》送达部门归档。

三、职能部门后台审批

“最多跑一次”改革，既包括政府服务群众前台界面改造，也包括后台政府内部流程优化、信息共享、力量整合等改革内容。“集成服务”是指各部门协同作战，开展并联审批、模拟审批、容缺预审、全程代办等，为群众和企业提供高效集成的政务服务。综合受理窗口申请材料经电子扫描上传后，通过浙江政务服务网综合受理系统分发给相应审批部门，审批部门在承诺时限内将证照、批文交由综合受理窗口出件。对于全流程网上办理的事项，部门接到电子材料后，应在规定时限内按程序完成审批（审查）、做出决定。对符合容缺受理条件的审批事项，市行政服务中心综合受理窗口受理后，进入审批程序实施模拟审批，待申请人在承诺的时间内向综合受理窗口补齐相关资料后，综合受理窗口流转至审批部门，申请人到统一出件窗口领取证照或批文。

（一）部门审批

综合受理窗口转送的受理材料，部门应在规定时限内按程序完成审批（审查）、做出决定。不动产登记因其涉及的住建、地税、国土部门都是独立的专网审批系统，同时，综合受理窗口人员难以全员到位，暂时仍按住建房管、财税、国土不动产窗口的顺序依次审批服务，但申请材料大幅缩减（只需提供一套），审批结束后的各类申请材料交由综合受理窗口电子化上传资料库，各部门按需自行下载。目前只能实现申请材料网上流转，待三大系统与浙江政务服务网全部对接好后，再进行数据流转。整个审批服务过程依靠一份流转单来替代三个部门之间的互相证明材料，申请人不再需要在窗口之间来回跑。

（二）后置审批

需要多个部门前后置审批（审查）的，各部门应分别在规定时间内完成。企业注册登记在“五证合一”“一照一码”的基础上，着力推进工商登记与后置审批涉及的 16 个部门 62 个事项进行联办，以餐饮服务、道路货运等行业先行试点，实行分行业统一受理、联合办理。并实行企业法人库与浙江政务服务网对接，对浙江政务服务网“五证合一”平台进行升级，将企业法人库相关数据直接推送至各后置审批部门，实现实时动态告知，有利于强化后续监管。

（三）并联审批

需要多个部门开展并联审批（审查）的，牵头部门会同有关部门按照规定完成。政府投资项目审批在综合受理窗口受理进行项目登记后，交发改部门进行赋码后正式进入审批阶段，项目审批立项及可行性研究报告、初步设计审批、施工图审查、施工许可证办理、竣工验收等五个阶段仍分别由发改、规划、住建等部门牵头进行联审联办，但全过程的各类申请材料、审批结果交由综合受理窗口进行受理、分发和出件，并运用投资项目在线审批监管平台进行全程监管和资料共享。

（四）网上跨部门协同审批

在省政府办公厅、省数据管理中心及省级相关部门的大力支持下，及时公布省第一批 29 个部门数据共享目录，实现了衢州市级审批平台与 10 多个省级自建系统数据库的互通共享，打通了部门审批业务系统与浙江政务服务网的通道，实现法人库、人口库、公共信用信息平台等基础数据库与浙江政务服务网实时交换共享，审批部门可以直接调取数据管理中心的户籍、社保、婚姻登记、国地税、不动产登记数据以及金融系统的相关数据，有效激活了沉淀在各部门的行政审批数据，提高审批的准确性、时效性。

四、设立专业窗口

根据《关于全面推进行政服务中心“一窗受理、集成服务”改革工作的通知》（浙跑专办字〔2017〕2 号）精神，部分办理量大、办理频度高的即办件保留若干即办窗口。衢州市目前设有交通、人劳、安监、住建、卫生、质监、烟草、商务、电信等九个专业窗口，形成“综窗+专窗”受理体系。

（一）即办事项

对于收费、技术审查、公共事业服务、中介服务等即来即办的事项仍由部门承担，并定为专业窗口，由部门工作人员负责本事项受理、审批和发证等全部环节，办理信息须全部录入权力运行系统，审批（审查）结果证照自动流转到电子证照库后，部门电子印章管理员及时登录电子证照库对证照加盖单位公章，使电子证照产生相应的法律效应。

（二）专业业务

专业性极强、对审查有特殊需求的业务，经行政服务中心管理办公室审核同意后，设立部门专业窗口自行受理，但信息需上传或共享至行政权力运行系统，业务接受统一监管。

“一窗受理”使审批要素空间集聚，催生了审批方式的改变、组织形态的重组，带动了政府运作机制创新，实现了第三方受理和过程管理。面对面的受理、公开透明的办理、时限约束的办结，使申请人在向审批部门申报许可时有被尊重感和踏实感。申请人无须再因为“门难进”“脸难看”“事难办”而托人办事、求人送礼，遇到不理解的情况、不接受的办理、不满意的态度还可以向“协调受理”窗口提出，要求给以答复和处理。审批部门的审批职能回归为政府应尽的义务，审批权力转换成为申请人服务的职责。有效破解“填不完的表格”“盖不完的公章”“开不完的证明”等办事难点，降低了准入门槛和交易成本，激活了社会活力，增强了公众对政府的信心。

第二节　一套标准：事项申报受理规范化管理

标准是一种得到业界公认、被广泛采用的水平指标和规范。标准化是指通用的规定或技术标准。在现代社会，标准化是管理现代化的重要标志，也是提升管理现代化水平的重要手段。习近平总书记高度重视标准化工作，他在浙江工作时就做出重要批示："加强标准化工作，实施标准化战略，是一项重要而紧迫的任务，对经济社会发展具有长远的意义。"[①]推进政务服务标准化，就是要将标准化的理念、原则、方法引入行政管理服务部门，通过制定和实施适用于政务服务的标准体系，提高政务服务质量和水平。衢州市行政服务中心牵头各部门制定业务受理统一标准，对受理内容、申请主体、资格条件、申报材料清单、办理时限等要素和内容进行规范。衢州市标准服务手册，作为衢州市行政服务中心综合窗口审核和受理申报材料的唯一依据。限制审批受理环节的自由裁量空间，为群众办事提供清晰的指引。截至2017年8月底已对40多个部门、1 000余个事项进行标准化梳理。

一、编定事项标准化受理清单

对于行政审批、公共服务等依相对人申请由政府部门做出决定的事项，制定发布衢州市群众和企业到政府办事"最多跑一次"地方标准，明确办理条件、办理材料、办理流程，取消没有法律法规依据的证明和盖章环节，以标准化促进规范化、便捷化，保障改革真正落地。实行受理清单标准化，完善并简化受理清单和样表，精简受理材料，进一步优化各事项审批流程、缩减审批时限。

（一）确定事项目录

为有效解决基层群众和企业办事"找谁办、哪里办、怎么办"的问题，按照便民利民、依法依规、公开透明、统筹兼顾原则，衢州市人民政府下发《关于做好市级部门公共服务事项梳理公开工作的通知》，全面梳理公共服务事项，对全市

① 郭占恒：《习近平标准化思想与浙江实践》，《浙江日报》，2015年9月25日。

1 090个行政权力事项，包括综合服务事项、公共服务事项和便民事项，逐项核对梳理和分析研究，按照能进尽进的原则，列出目录并实施动态调整，经二报二审，确定6大板块611个事项纳入一窗受理，上网公开公共服务事项，并与相应审批部门签订授权书，统一授权委托行政服务中心综合窗口受理，实现受理与审批相分离。

（二）规范业务手册

衢州市行政服务中心在确定板块的基础上，对6大板块的业务进行标准规范。由衢州市委办公室、市政府办公室联合印发改革实施方案，由衢州市审改办印发《衢州市行政审批“一窗受理、集成服务”改革实施细则》及各板块的实施分则，编制6大板块《“一窗受理”事项标准化办事指南》，将受理内容、办理时限、方式、申报材料等基本要素全部规范统一，以此作为前台受理与后台审批的一致性材料依据，同时汇编成册，使之成为群众的办事指南、导服人员的咨询手册、综合窗口人员的受理依据和后台审批人员的审核规范。规范事项从受理到决定全流程运转，打造高效、便民、集约、廉洁和具有衢州市特色的行政审批服务新模式，促进规范化、法治化、服务型政府的建设。

（三）编制受理清单

以衢州市编办与行政服务中心及各职能部门联合编制的《“一窗受理”事项受理材料标准化手册》作为综合受理窗口受理审核申报材料的依据，对35个市级部门833个进驻行政服务中心事项办理所需的资料进行全面梳理，明确所需材料的名称、要求、份数、类别、是否原件、是否可容缺，重点规范事项的申请主体、资格条件、申报材料清单、办理时限等要素内容。综合受理窗口人员严格依据《“一窗受理”事项受理材料标准化手册》中的申请材料清单进行收件；对于该标准化手册申请材料清单未列出的材料，各审批部门不得要求办事群众另行提供，更不得以材料缺少为由，不予审批。依法合理减少申请材料，杜绝“奇葩证明”，倒逼部门消除模糊语言和兜底条款，限制审批受理环节的自由裁量空间，清单式面向群众，真正做到“人人看得懂、个个会办事”，操作简便，深受好评。

二、制定“一窗受理”审批流程图

流程再造就是对原有政务流程进行检讨、清理、简化、整合和重构，即“整合破碎的流程、合并重复的流程、改善低效的流程、取消无效的流程”①。衢州市行政服务中心按照“群众要办理的整个事情”设计操作流程，各牵头部门重新制定6大板块“一窗受理”审批流程图，使各个办事环节一目了然；同时，从改革前后的跑腿次数、申报材料、办理时效等方面进行全面比较，由过去的一环套一环审批变为现在的同步审批，过去的部门分办、独立办变为现在的协办、联合办，有效解决了部门审批互为前置的问题，跑腿次数、申报材料、办理时效等大幅缩减。

（一）绘制“最多跑一次”改革前后流程对比图

专门绘制不动产交易登记业务与居民水电气联动过户业务、住房公积金贷款业务、投资项目业务、食品经营许可（小型、小微餐饮）业务、公安业务（机动车限制、禁止的区域或者路段通行、停靠审核）、城市户外大型广告审批业务、公共租赁住房准入审核业务、社保特殊病种门诊业务、律师执业审核初审业务等改革前后流程对比图，对“一窗受理、集成服务”改革前后流程进行对比，流程对比图清晰地反映了服务模式由串联式变为并联式，由接龙式变为放射式，由单一式变为集成式，部门的联动性、协同性、机动性明显提高。

（二）编制“最多跑一次”改革前后流程对比表

对不动产交易登记业务与居民水电气联动过户业务、住房公积金贷款业务、投资项目业务、食品经营许可（小型、小微餐饮）业务、公安业务（机动车限制、禁止的区域或者路段通行、停靠审核）、城市户外大型广告审批业务、公共租赁住房准入审核业务、社保特殊病种门诊业务、律师执业审核初审业务等改革前后的跑腿次数、申请材料、办理时效进行对比，充分显现了改革成效。

三、完善标准化运行制度

在总体实施方案指导下，配套推出“1+12”制度体系，涉及6大板块审批运行机制、规则以及对工作人员的“双重管理”等，推动行政审批从注重办件量、满意度的结果性监管转变为事前、事中、事后全流程的监管，为“一窗受理”改革提供了有力的制度支撑。

---

① 汪智汉、宋世明：《我国政府职能精细化管理和流程再造的主要内容和路径选择》，《中国行政管理》，2013年第6期，第24页。

（一）完善业务运行制度

2016年9月出台《衢州市行政服务中心改造升级实施方案》，对行政服务中心实施改造升级，实现审批服务一窗受理、数据共享、效率提升三大功能。2017年对“一窗受理”运行制度进行完善，先后制定实施《衢州市投资项目模拟审批实施细则》、《衢州市投资项目审批“一窗受理、集成服务”实施细则》、《衢州市行政审批“一窗受理、集成服务”改革实施细则》、《衢州市公安服务“一窗受理、集成服务”实施细则（试行）》、《衢州市其他综合事务“一窗受理、集成服务”实施细则（试行）》、《衢州市区房屋交易与不动产登记“一窗受理、集成服务”实施细则（试行）》、《衢州市商事登记“一窗受理、集成服务”实施细则（试行）》和《衢州市本级不动产权属与居民水电气联动过户工作方案（试行）》等各板块运行细则，以及《浙江政务服务网衢州平台应用管理实施细则》《衢州市行政服务中心管理办公室容缺受理实施细则》等业务运行制度文件。

（二）制定人员管理制度

衢州市委组织部制定《衢州市行政服务中心平台工作人员管理办法》（衢市组〔2017〕114号），加强人员管理。坚持“精干、高效”的选派原则，严格选派基本条件，明确审批授权，保持人员稳定，规范人员调整程序，落实管理权限，坚持科学管理，加强组织建设，强化督促考核，加大支持力度，注重培养选拔，完善进退机制。

（三）制定网络平台运行制度

衢州市审改办制定《浙江政务服务网衢州平台应用管理实施细则》（衢市审改办〔2017〕12号），明确职责，规范运行。明确市电子政务中心、市编办、市行政服务中心管理办公室、市法制办、各审批部门的职责分工，对权力事项库、权力运行系统、投资项目在线审批监管平台、电子证照/批文库、中介服务系统、自建系统、互动处理系统的运行保障做出规定，明确数据共享原则，重视安全管理和监督考核。

四、配套相应考核评价办法

为加快推进“最多跑一次”改革，实现群众和企业到政府办事“最多跑一次是原则、跑多次是例外”的目标，制定《衢州市“最多跑一次”改革专项督查考核评分细则》，对各县（市、区）和市绿色产业集聚区、西区开发建设管理委员会会“最多跑一次”改革的推进情况开展常态化专项督查。

（一）建立工作机制

市政府深化“四张清单一张网”改革推进职能转变协调小组更名为市政府推进“最多跑一次”深化“四单一网”改革协调小组，增设“最多跑一次”改革专题组，由市政府办公室、市编办、市行政服务中心管理办公室、市法制办等单位组成。专题组下设办公室，办公室设在市行政服务中心。市级有关部门负责对本系统有关工作的督促指导和业务培训，明确工作目标、工作要求、工作标准和工作进度。市行政审批制度改革工作联席会议负责审定行政审批“一窗受理、集成服务”改革推进工作中的重大问题。市委组织部、市编办、市行政服务中心管理办公室、市法制办等单位建立工作协同机制，指导、协调、督办、考核各部门集成服务工作。

（二）强化考核监督

将“最多跑一次”改革列入各县（市、区）和市级有关部门目标责任制考核。建立“最多跑一次”改革的专项督查制度，对不认真履行职责、工作明显滞后的地区和部门，启动追责机制。各地、各部门同时建立相应的考核督查机制，强化制度刚性，确保改革顺利推进。推动行政审批从注重办件量、满意度的结果性监管转变为事前、事中、事后全流程的监管，为“一窗受理”改革提供了有力的制度支撑。市督查考绩办公室（简称督考办）会同相关部门针对改革推进过程中的重要时间节点任务完成情况不定期进行通报。市委组织部、市编办、市人力资源和社会保障局、市行政服务中心管理办公室等部门对各部门的人员到位、制度落实、事项更新情况、事项标准化、业务咨询情况、知识库建立维护情况、业务办理流程和效率、群众满意度、服务创新和便民措施落实等内容进行统一的绩效考评。

（三）强化责任追究

市监察局依照相关规定，对落实工作不力，影响改革工作进度，造成不良影响或后果的部门和相关责任人进行问责。对于积极推进改革工作，但由于改革的不可预见性等不可抗力因素出现问题、矛盾的，根据《关于支持改革创新建立容错免责机制的实施办法（试行）》（衢委办发〔2016〕18 号）文件精神进行容错免责处理。建立行政服务的监督机制，强化行政服务中心第三方监管职责，建立行政服务中心办理工作回访机制，强化监督，提高群众满意度。同时设立实时畅通的政务咨询投诉举报平台，将各类非应急的咨询投诉举报热线和来信、来访、网上投诉举报统一整合，实行“一号接听、一网受理”，做到平台受理、部门办理、同步监督、群众评价，方便受理群众、企业办事咨询和投诉。

推进政务服务标准化，对政务服务的主体、态度、条件、流程、效率、便捷性、质量等明确标准，细化规范，量化要求，对每项政务服务“由谁做”“怎么做”“做到什么程度”“达到什么结果”等做出明确、具体、可操作的标准性规定，不仅使政务服务工作的目标、过程和结果清晰明确，而且使工作责任可跟踪、可追溯，在很大程度上限制相关政府部门和人员的自由裁量权，给当事人较为明确的预期，从而提高政务服务效率和质量，增强“放管服”改革的效果。同时，也有利于规范行政权力运行，消除权力寻租空间，从源头上防治腐败，推进廉洁政府建设。

第三节 一网通办：强化政务服务数据共享

实现“最多跑一次”，让系统通起来、数据跑起来是根本。衢州市依托浙江政务服务网设立全市统一的网上政务服务平台，推进“互联网+政务服务”，充分利用浙江省政府大数据中心数据，通过与软件开发公司深度合作，打通各部门审批业务系统与政务网的通道，实现法人库、人口库、电子证照库等基础数据库与浙江政务服务网实时交换、共享，审批部门可以直接调取数据中心的户籍、社保、婚姻登记、国地税、不动产登记以及金融系统的相关数据，将过去沉淀在各部门的行政审批数据全部激活，实现可认证、可使用、可流通，形成行政审批大数据中心，全面推进衢州市行政服务中心智慧化平台建设。在此基础上，推行网上申请、一次核验、快递送达等办理方式，通过线上线下的融合互动，实现政务事项受理、办理“一网通办”。

一、应用“综合受理”专用平台受理

衢州市围绕“一窗受理”改革，推进“综合受理”平台、投资项目在线审批监管平台、企业注册联合审批平台建设，权力运行系统和“三个平台”实行“一个账号通用，内部系统切换”。在此基础上，衢州市大力推进系统对接工作。

（一）开发应用“综合受理”平台

衢州市依托浙江政务服务网，开发完成“综合受理”平台。该平台可用于权

力事项库中所有审批服务事项的受理。目前衢州市经梳理的 611 项事项运用该平台进行“综合受理”。该平台同时也是实现省市两级部门自建审批系统与权力运行系统平台对接的基础。

（二）开发应用投资项目在线审批监管平台

衢州市投资项目在线审批监管平台于 2016 年 6 月建成。为避免审批人员重复录入，凡经登记赋码的项目审批，在综合窗口受理后，将通过“综合受理”平台直接推送至各部门运用权力运行系统进行审批，部门审批的进度、结果以项目赋码进行关联，直接反馈至投资项目在线审批监管平台。实现了投资项目的平台受理、在线办理、限时办结、信息共享、全程监察。

（三）开发应用企业注册联合审批平台

在“五证合一”“一照一码”的基础上，推进工商登记与后置审批涉及的 8 个部门 10 个事项先行实施联办，实行分行业统一受理、联合办理。综合窗口收件后，如果对能否受理把握不准，通过扫描、钉钉传送给后置部门进行预审，市场监管部门审批后，通过省工商行政管理局（简称工商局）双告知系统与浙江政务服务网的对接，将相关数据直接推送至各后置部门进行审批。

（四）推进“综合受理”平台省市两级自建系统对接

专网自建系统通过地址转换、数据摆渡等措施，利用信息共享前置机做数据交互，实现衢州市行政服务中心“综合受理”平台统一收件，推送至省、市部门自建系统，自建系统将办件进度和结果返回“综合受理”平台。目前采用三种方式：一是直接系统对接，如省交通运输厅、市环境保护局、市公安局；二是页面内嵌的方式，如省公安厅、省烟草专卖局、省工商局等；三是在“综合受理”平台做判断功能，如省食品药品监督管理局、省经济和信息化委员会等。从长远的角度看，第一种方式能更好地实现系统对接；第二、三种方式只能是在时间紧的情况下采取的应急的过渡措施，目前在证照联办上就存在障碍，双告知系统的数据就无法直接推送至部门自建系统。

二、推进关联审批平台建设应用

衢州市建设政务服务网电子证照库平台，提供数字证照的生成、管理、共享服务，满足部门窗口审批过程中的证照管理、真实性鉴别、信息共享等需要；利用投资项目在线审批监管平台，实现全市非涉密投资项目的平台受理、在线办理、限时办结、信息共享、全程监察；深化营业执照、税务登记、组织机构代码、社会保险、统计等“五证合一”平台应用；推进不动产登记系统建设应用，积极促进多规合一系统与政务服务网对接，为高效审批奠定坚实基础。

（一）开发应用行政审批中介服务网

衢州市于2014年10月建立了市县统一运行的市行政审批中介服务网，较好地破解了“业主寻中介难，中介找市场难，部门监管中介难”的问题。截至2017年8月底行政审批中介服务网上23类行政审批中介机构从最初的107家增至278家，已经在行政审批中介服务网上运作的项目有1 500余个。通过行政审批中介服务网，中介业务办理时间和价格收费实现双下降，下降率都在20%以上。

（二）公租房申请网上办理

公租房审核涉及房管、社保、民政、国土、交警、公积金、市场监管等七个部门。根据住房保障部门的需求，在浙江政务服务网衢州平台上开发住房保障管理模块，将公租房资格准入审核纳入政务服务网。通过优化审批流程，实现部门并联审批，完善准入审核机制，规范审批条件，提高审批效率，进一步确保公租房的公平善用。

（三）推行计生服务类事项跨层级网上办理

根据卫计部门的需求，切实解决外出流动人员和农村特别是偏远山区群众“办证难”问题，在政务服务网上开发了计生专门业务模块，办理再生育证流动人口婚育证明、生殖健康服务证，借助村级网上申报代办点，实行村级受理网上代办、乡镇网上受理、县级部门网上审批的模式，在常山县试点后于2015年底在全市进行推广。

三、搭建政务数据资源共享交换体系

目前衢州市数据共享主要用于市公积金中心、不动产登记、公安服务等审批领域，实现申请人的相关信息数据的调用；另外，衢州市也积极探索户外广告审批等事项进行全流程大闭环网上办事，实现“最多跑一次”。

（一）实现无证明办理

住房公积金事项办理，通过调用办事主体的人口信息、婚姻登记信息、户籍信息、不动产信息、社保信息、地税信息、人才信息、银行征信等信息，实现凭身份证、购房合同就可办理公积金贷款，不再提交其他证明材料。其中人口信息、婚姻登记信息、个人未履行生效判决信息等信息是从省数据管理中心调用，其他数据从市级部门调用。

（二）开发应用电子证照/批文库

这是辅助于政务服务网运行的一项基础性保障工作，2016 年 6 月底成功投入使用，目前已收集 20 个部门 95 类电子证照，生成电子证照 1.1 万余份；2017 年 3 月完成批文库建设，提供部门窗口审批过程中的证照管理、真实性鉴别、信息共享等需要，不再需要办事主体反复提交纸质证照/批文材料，为真正发挥政务服务网优势创造有利条件。

（三）打造全流程大闭环网上办事

从 PC（personal computer，即个人计算机）端或移动端进行在线申请，植入电子签名，实现申请材料的可信化；直接调用历史数据自动写入申请表，让办事群众少录入甚至不录入；直接调用电子证照库的营业执照等电子证照；实现办件申请与邮政速递物流（express mail services，EMS）对接；办结文件可形成电子证照（批文）供办事主体直接下载打印；通过人脸识别系统，引用蚂蚁信用数据，对申请材料实行容缺受理，事项办结前将申请材料补齐补正后即可；在出入境、交通等审批服务过程中试点电子支付；实现权力运行系统的电子归档。

四、推进政务服务网基层延伸应用

针对当前“四个平台”系统林立、信息分散、多头管理、重复建设等问题，着力打造全市统一的基层业务协同系统，保障“四个平台”顺畅运转。2017 年 5 月 24 日，衢州市出台《关于实施党建统领和智慧治理大联动深化“最多跑一次”改革推进区域治理现代化的指导意见》，按照“制度+技术”“线上+线下”“网络+网格”的思路，把“最多跑一次”改革与“四个平台”建设结合起来、与“雪亮工程”“智慧大脑”工程结合起来、与“三民工程”提档升级结合起来，构建党建统领大联动、智慧治理大联动工作机制。

（一）建设乡镇（街道）网上服务站

衢州市依托浙江政务服务网统一平台，全面完成乡镇（街道）网上服务站建设，基本实现乡镇（街道）行政权力和服务事项一站式网上运行；全面推进政务服务网、视联网向村（社区）延伸，加强与智慧社区平台、基层网格化服务平台、农村信息化平台的融合，实现“业务整合、网络整合”。依托浙江政务服务网创新基层政务服务模式，实现市、县、乡、村政务服务四级联动。

（二）推进网上便民服务

推行房屋权属证明、纳税证明、港澳通行证再次签注、行驶证补换、驾驶证补换、结婚登记预约、交通违法罚没款收缴、个人社保信息查询、公积金账户信息查询等网上便民服务，实现网上申请、在线服务、快递送达，并积极开发微信、手机 APP（application 的缩写，即手机软件）等多渠道政务服务应用，创新政务服务模式，拓展政务服务渠道。

（三）“一窗受理”向县乡便民服务平台延伸

2017 年 5 月，市委、市政府组建“四个平台”专班，把“一窗受理”向县乡便民服务平台延伸作为重点研究内容。目前，6 个县（市、区）办事大厅服务环境有了较大改观，“一窗受理”云平台投入运行，审批事项、流程进行了标准化梳理并公布。乡镇（街道）便民服务平台“一窗受理”改革有序推进，各乡镇根据标准化建设方案设置“综合窗口”，取消“条线窗口”，江山市清湖镇作为“一窗受理”云平台的试点乡镇已梳理 43 项便民服务事项进入该平台，目前已受理办件 900 多项，下一步将以江山市清湖镇为模板对该平台进行全面推广。

一网通办的核心理念就是要实现政务随时随地触手可及，通过积极拓展政务服务渠道，整合建设统一身份认证体系，推动群众网上办事一次认证、多点互联，实现政务服务渠道多联畅达，群众办事一网通办，持续提升政务服务的可及性和便捷性，实现政务服务的精准推送，变被动服务为主动服务。衢州市以“零跑腿”为目标，在多个应用点位上实现突破，打造了全流程大闭环网上办事。截至 2017 年 8 月衢州市已推出 7 个部门 32 个全程网上办理事项的移动端应用，“零跑腿”事项总数增至 100 多项。

第四节　一站服务：优化办事大厅服务环境

“一站服务”就是只要客户有需求，一旦进入某个服务站点，所有的问题都可以解决，没有必要再找第二家。“一站式”政务服务要求统一入口，办事大厅服务实行“前台综合受理、后台分类审批、统一窗口出件”，网上办事（含政务服务网、移动 APP 应用、微信公众号等移动渠道）统一入口。同时要求统一平台，建立统一的集综合受理和业务审批功能于一体的政务服务网权力运行系统，集成网上申报、现场排队叫号、服务评价、事项受理、审批（审查）结果和审批证照信息，以业务流促使信息流通畅，实现全市跨部门、跨层级审批信息共享、材料共享、结果共享。

一、打造“一窗受理”标准化大厅

衢州市行政服务中心办事大厅以信息化建设为支撑，按照前台受理、后台审批的新模式进行全新设计，前台提供优质服务与舒适的服务环境，后台体现的是对权力的制约，前台和后台通过政务服务网信息平台实时在线联系，这种布局是权力重塑、机制调整的结果（图 2.2）。

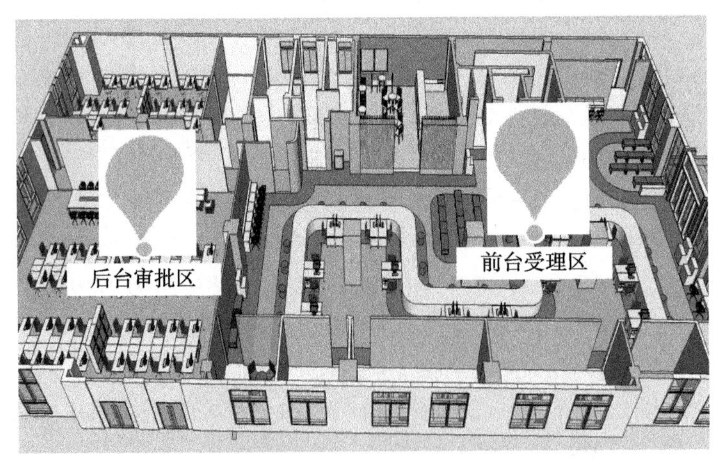

图 2.2　衢州市行政服务中心办事大厅的全新设计

（一）服务窗口便民高效

按照同一板块相对集中、前台综合受理、后台分类审批、统一窗口出件的总体要求，衢州市投入2 000多万元对市行政服务中心办事大厅进行改造升级，进一步完善市行政服务中心办事大厅功能布局。改造后的市行政服务中心办事大厅分为法人事项办理大厅、国地税联合办税和其他专业窗口事项办理大厅、房屋交易与不动产登记办理大厅、自然人事项办理大厅、公安出入境事项办理大厅、公安综合事项办理大厅等6个厅，整体布局更加科学化、人性化；同时配套了咨询区、休闲区、商务区、书吧等，为办事主体营造更方便、更舒适的政务服务环境，进一步诠释了“一窗受理、集成服务”的宗旨。

（二）服务设备不断完善

衢州市对行政服务中心办事大厅服务设施进行完善，在中心大厅设立业务咨询台，由审批部门负责提供咨询解答服务。添置立式触摸屏查询机、自助网上申报办理一体机、多流程排队叫号系统、顾客智能终端、高清监控监察视频系统等系统设备与政务服务网互联互通，为办事群众提供智能化、人性化服务，构造线上线下一体化的办事大厅，满足服务对象的个性化需求。

（三）服务功能综合提升

衢州市行政服务中心从最初单纯投资项目审批逐步扩展到便民服务、政务公开、热线电话、电子政务、公共资源交易、行政投诉等直接面向社会公众且内在联系紧密的政务服务领域，对运行、服务提供、服务监督、考核评价等各环节进行全面规范。

二、建设一网通办智慧化服务大厅

衢州市行政服务中心改造升级为智慧化服务大厅，按照其服务思想、大厅建设愿景以及整体规划，达到“互联网+”的运用、物联网的实现和大数据的应用等信息资源整合，从环境、服务及效能等方面带给公众和企业全新的办事体验。

（一）开发自助电子填表系统

办事大厅推出自助电子填表系统，申请人只需在该设备上刷一下本人的二代身份证，再根据屏幕及语音提示，依次自助拍摄现场人像、采集指纹、制证照片及手写签名、触摸输入本人的基本信息和申请信息，系统就自动打印出申请表格。申请人拿到自助打印的申请表后，即可到前台取号等候受理。实现“你的表格我来填、我的服务你来评”，办事群众个人基本信息表只填一次，解决了以往办事多次填表格的烦恼。

（二）开发排队叫号评价一体化系统

多媒体智能引导查询系统采用大屏幕触摸屏（图 2.3），集成热敏打印、二代身份证读取、办事指南打印、二维码扫描等功能，包括中心简介、中心布局、个人办事、企业办事、办件查询、服务之星、问卷调查等功能，结合计算机技术、多媒体技术，实现统一编号、短信提醒、无声叫号，为公众提供人性化、现代化的帮助引导服务，全面提升服务水准和服务效率，从申请环节保证一窗受理的落实。

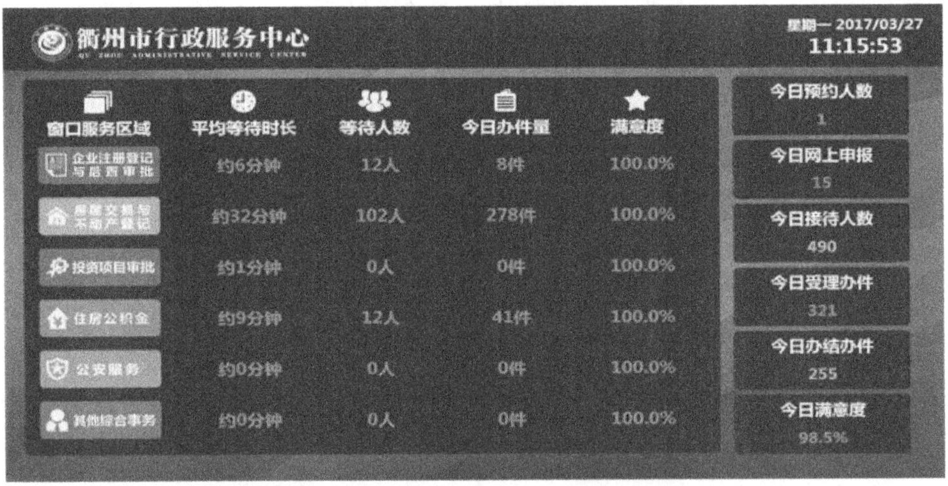

图 2.3　多媒体智能引导查询系统

（三）开发办事进度公示系统

目前，衢州市行政服务中心办事大厅已经形成网络全覆盖、信息共分享、行为有记录的智慧化服务大厅，实时显示各类事项的办理部门、办理进度等信息（图 2.4）。各办事大厅还根据需求增设了社保、个人征信、不动产、公积金缴纳等自助查询机，群众需要的相关证明不用在不同部门、不同窗口来回跑，用身份证就可以在相应大厅自助取得，行政服务中心在跨部门审批服务中的平台作用和潜能得到了充分释放。

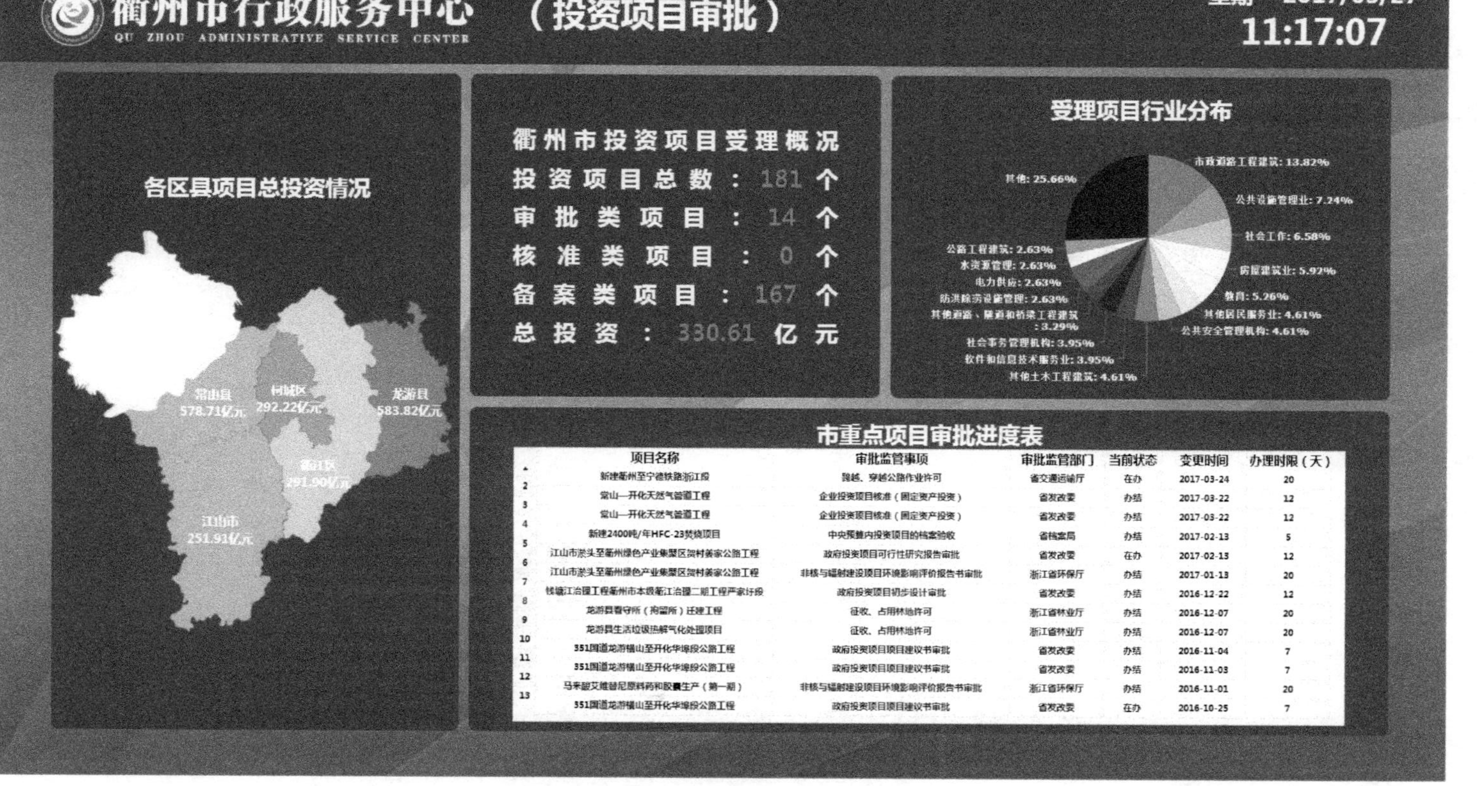

图 2.4 投资项目审批办事进度公示系统

三、营造优美舒适的服务环境

改造后的办事大厅，各板块、区域布局设计更加科学化、人性化，采用无声叫号、环岛窗口、酒店式休息座椅等，新增配套了咨询区、休闲区、商务区、书吧及各类智能办理机，为办事主体营造更方便、更舒适的政务服务环境，进一步诠释了“一窗受理、集成服务”的宗旨精髓。同时，编写行政服务事项办事指南，通过攻略口袋书、网站、扫描二维码等方式，以通俗易懂的语言、简洁明了的流程和直观多样的图例，帮助办事人更直接、更快、更准地掌握办事流程、准备材料、办理时限、相关费用及注意事项等方面的信息，从而更好地提供完整性、一致性的行政办事服务。

（一）人性化的整体布局

行政服务中心办事大厅的功能区划分为咨询引导服务台、窗口服务区、后台工作区、休息等候区等业务板块，同时设置了群众等候区、前台受理区、后台审批区、电子政务体验区、商务区等一系列配套服务区域，并实现3D导示服务，为群众线下办事提供舒适环境。

（二）带温度的直接服务

衢州市行政服务中心“以人民为中心”，不仅体现在服务大厅的环境布置、技术应用、办事流程上，更体现在工作理念的转变、体制机制的设置等方面，确立的“1+12”制度体系把尊重申请人诉求、维护申请人权利、保护申请人权益、解决申请人困难作为核心准则，用“温情服务”连接行政标准与群众需求，努力打造可感知、被认可、高品质的政务服务。

（三）多样化的延伸服务

衢州市行政服务中心建立的“协调受理窗口”尽可能为申请人提供基于审批许可的更加多样的延伸服务，包括业务咨询、法律咨询、政策查询、建议征询以及协助办理、全程代办、部门协调等；同时通过门户网站、咨询引导、意见征询、投诉处理等，了解申请人的意见，倾听公众的建议，认真研究并给予回复，持续改进工作。

四、提升群众政务服务的体验度

“最多跑一次”改革是一项系统工程，既需要各部门能从群众的视角换位思考改进服务的可行途径，更需要以整体的视角审视群众、企业和政府服务架构共同组成的有机体，在整个办事流程上建立连贯一致的用户体验。过去的部门性改革往往从个别点上寻求单一离散的改进方案，如期望通过推行前台受理人员服务标准化，提升群众满意度。但即便工作人员态度再好，事没办成，群众还是不会有获得感。因此，必须以“用户体验”为核心，引入更具有整体观的策略来提升群众和企业对“最多跑一次”改革的获得感。无论是服务中心、政务网站的设计布局，还是各项审批和服务的细节过程，都需要积极主动地从“用户”中获得反馈，不断改进。

（一）对政府形象的认同感知

衢州市行政服务中心在群众和企业最常办、最想办、最难办的事项上寻找突破，以“用户体验”为导向完善细化“最多跑一次”改革的各项举措，将本级行政许可、备案和服务事项统一纳入市行政服务中心（分中心）和政务服务网，实现统一的集成服务，采取容缺受理、联合审批、联合图审、数据实时推送、串联变并联审批等一系列措施，部门权力变成责任，群众跑腿少了，所需材料少了，“少跑腿，好办事，不添堵”的体验获得群众的认可。

（二）对工作人员的认可评价

衢州市行政服务中心对新聘用的20位综合受理人员开展中心制度文化、服务礼仪、板块业务理论、业务操作等培训，提高工作人员综合素质，使他们从“单一职能”人员升级为“复合职能”人员，从只会受理一个部门的特定事项成为能受理多部门、多专业领域事项的综合性人员，能快速受理整个板块的复杂业务，解决了过去因部门窗口人员频繁更换、流动过快带来的管理上的难题。同时制定《行政服务中心平台工作人员管理办法》，严格人员选派和管理，部门派驻人员须具备政治素质高、业务能力强、敬业精神好、综合形象佳，同时设首席代表，履行窗口管理、综合协调、联审会办等行政审批职能，真正做到既尊重、理解和体恤申请人的诉求，拉近与申请人的心理距离，又耐心解释、专业引导、细致说明和真诚沟通，让申请人发自内心地认可服务窗口和工作人员。

（三）愉悦的现场情感体验

衢州市行政服务中心标准化的流程、人性化的服务、数字化的设备，每一处小细节都透露着用心，也体现着温情。实行标准化后一切都有章可循，各种数字化设备的采用，理顺了流程、分解了压力。明亮的办事大厅里，看不到传统办事大厅人声鼎沸、喧闹嘈杂的场景，一切都显得安静有序、有条不紊。办事效率提升了，等待的时间也少了。群众满意，评价自然高了。

从衢州实践看，“最多跑一次”改革在以往诸多改革瓶颈方面都有所突破：一是突破了传统审批模式。以“一窗受理”为切入点，建立统一受理、按责转办、限时办结、统一督办、评价反馈的业务闭环，形成“一窗受理”、“一套标准”、“一网通办”和“一站服务”的工作格局，优化职能资源配置，重构行政管理流程，推进行政审批提质增效，是行政审批办理方式的一次革命。二是突破了部门数据壁垒。通过建设行政审批大数据交换共享平台，打通了各类专网、专库与政务服务网平台之间的信息“屏障”，实现了信息共享，为全面推进审批表单电子化和流程再造、提速提效提供了技术保障。三是突破了“条块分割”格局。过去是依据“每个部门所负责的审批环节”设计操作流程，群众要分头到多个部门窗口申请、填表、报件、领证；现在是按照“群众要办理的整个事情”设计操作流程，实现了“一窗受理、一表登记、一次告知、一网流转、一次办结”，打破了部门条块分割，实现了审批提速提质。

第三章　“最多跑一次”改革的部门引领（经济管理部门）

第一节　“最多跑一次”推动投资项目审批大提速

对企业提出的项目建设申请，政府行政审批部门依法审查后及时准许其从事特定活动、确认特定民事关系或特定民事权利能力和行为能力、认可其资格资质，即完成了企业投资项目的审批。随着“互联网+”和大数据技术的革新、企业需求的推动，衢州市发改委牵头行政审批和流程再造工作，在项目投资审批方面重点突破。优化并全面应用浙江政务服务网投资项目在线审批监管平台，依托行政权力事项库，组织维护更新企业投资项目“最多跑一次”事项、全面落实投资项目统一代码制和审批监管事项平台受理制，推进投资项目办件同步共享，初步实现了企业投资项目高效审批。

一、现实困境

按照企业投资项目审批的传统流程，项目法人需要在细致扎实地做好项目前期工作，对接规划、国土等部门后提交项目供市政府论证决策；通过“招拍挂”的形式取得土地证和相应的规划设计条件；发改部门对项目核准或备案，初步设计方案联审；将有资质的单位的设计方案依次递交住建、规划、消防、气象、人防等部门审查；规划部门牵头职能部门和图审机构确认修改情况，图审机构、规划、消防、人防、气象部门均需出具审查结论文件；缴纳各类规费，提交证明材料，规划部门上门放样，住建部门核发施工许可证，进行施工图审查合格备案、施工承包合同备案、施工监理合同备案、质监手续、开工安全条件审查等一系列手续；项目施工结束需要国土、规划、环保、水利、消防、人防、气象和住建部门专项验收，最终由发改部门组织项目综合验收。整个过程共32步，十分烦琐，需要企业多次向不同职能部门递交审核材料，消耗了投资者的时间和精力，增加了投资者的成本。具体程序见图3.1。

图3.1　企业投资项目审批传统流程

浙江是全国小微企业最集中的省份，平均每 13 人中有一个老板，每 43 人中有一家企业。当前经济正处于转型升级关键时期，政府部门办事效率如何、是否依法依规，政府服务环境和投资环境建设显得至关重要，是企业投资和成长的重要因素。"最多跑一次"改革可以倒逼政府部门简政放权、放管结合、优化服务，促进体制机制创新，以政府权力的减法换取市场活力的加法，通过政府自身改革，实现百姓、企业、政府的共赢。

二、改革举措

衢州市大力倡导"待企业亲如父母，待客商亲如兄弟，待项目亲如子女"的"三待三亲"服务理念，围绕"最多跑一次"和"一窗受理、集成服务"的目标要求，探索出一些有效做法，为经济发展提供优质高效的行政审批服务，使客商到衢州市投资的效率高、成本低、服务优。

（一）新设窗口统一出件

行政服务中心是群众和企业办事的最主要场所，办事来回跑、多头跑、重复跑等问题仍较为突出。"一窗受理"具体来说就是由行政服务中心按功能设立综合窗口进行统一受理，按职责分派部门审批，并作为第三方对各部门的审批情况进行跟踪督办、考核评价。各部门并联审批后，将结果材料送到"综合窗口"统一出件[①]。衢州市行政服务中心的新大厅如图 3.2 和图 3.3 所示。

图 3.2 衢州市行政服务中心的新大厅（一）

① 冯洁：《"最多跑一次"改出"浙江效率"》，《浙江经济》，2017 年第 5 期，第 19-20 页。

图 3.3　衢州市行政服务中心的新大厅（二）

衢州市 2016 年 9 月 20 日开始在行政服务中心设立投资项目综合受理窗口对外试运行。按“前台综合受理、后台分类审批、统一窗口出件”的模式运行，由综合受理窗口统一对各类申请材料、审批结果进行受理、分发和出件。设立后台审批区，抽调各相关部门业务骨干到后台审批服务区集中办公，有效提高了部门沟通协调的效率与信息共享的速度。其中投资项目审批板块共设置六个综合受理窗口，集合了发改、经信、规划、国土、住建、环保、水利、消防、人防、气象等 10 个部门 155 个事项。

（二）打造平台代办服务

“互联网+”时代，以线上审批的“高效”“并联”填补线下审批的“低效”“串联”，让数据“跑起来”是“最多跑一次”改革抓落实的又一创新路径[①]。依托浙江政务服务网，建立起衢州市政务统一数据交换平台，将各审批部门业务系统和审批数据与浙江政务服务网对接联网，实现跨部门、跨领域政务服务信息全方位网络互联互通，数据共享，协同服务。审批部门不需要其他部门的证明证件，办事也不需要重复提交申报材料，并为部门并联审批提供了有力的技术支撑。除涉密或法律法规有特别规定外，全面推广“在线咨询、网上申请、快递送达”办理模式。自 2015 年 8 月国家发改委部署以来，浙江省开始建设涵盖投资项目审批及相关行政管理信息的投资项目在线审批监管平台。衢州市政府制定下发《衢州市投资项目在线审批监管平台建设工作方案》，由衢州市发改委牵头于 2016 年 6 月完成平台的开发建设并正式启用。衢州市投资项目在线审批监管平台的推进过程一直较为顺利，各市县（市、区）基本实现协同并进。

企业投资项目审批改革推进“全程代办制”，向“店小二”兜底服务延伸。“店小二”在项目立项、审批、建设过程中，对部门单位行政审批事项和公共服务事

① 冯洁：《“最多跑一次”改出“浙江效率”》，《浙江经济》，2017 年第 5 期，第 19-20 页。

项实行导办、跟办、代办服务。认真分析项目特性，根据本市投资项目高效审批办法，分项目制定服务手册，指导项目单位熟悉办事流程，协助项目单位准备申报材料并做好与部门单位之间的沟通联络工作，确保项目顺利推进。同时通过模拟并联审批等手段，实现土地“招拍挂”、中介事项服务、建设手续办理、招投标等同步推进，使项目高速运转。

（三）协调部门并联审批

衢州市提出“三合两联一优化一推进”的工作思路。三合即“多审合一”、“多评合一”和“多测合一”。在投资项目审批过程中，企业需要向有关职能部门重复提交多份共性材料，以施工图联合审查为例，需提交给规划、住建、消防、气象、人防共五个部门。市级相关部门联合中介机构推行施工图“多审合一”后，由规划部门牵头施工图联审，五部门一同进行；一般性投资建设项目前期涉及的编制项目申请报告、环境影响评价、安全评价、节能评估、水土保持方案、文物保护评估、地质灾害危险性评估、地震安全性评价等评估事项，以并联方式实行“统一受理、统一评估、统一评审、统一审批”。对符合准入条件的企业，不再另外进行中介评估评价，企业可直接享受评价成果；将建设工程审批涉及的土地测绘、规划测绘、房产测绘等技术服务，统一委托给一家单位承担，有力地提升了测绘成果的准确度，统一测绘、成果共享，切实减轻企业建设工程审批的经济和时间成本。目前，“多审合一”、“多评合一”和“多测合一”均已出台具体实施方案，“多审合一”已完成具体项目的实际操作，其余两个也在逐步开展相应的实施工作。两联即“外贸企业、商事登记证照联办”和商事登记“证照联办”，而一优化则是优化网上审批服务，一推进即推进“最多跑一次”向县乡延伸。

（四）优化流程标准管理

衢州市发改委建立了政府投资项目审批工作领导小组，实行“2+X+1”的工作模式，“2”为“委主任和项目口分管副主任”，“X”为“相关会办处室”，“1”为“审批处”。出台《政府投资项目委内审批操作流程（试行）》，对符合条件的项目，审批处即收即办，按照收文、拟稿、签批各一天的要求，从速办理。在资料齐全的情况下，按照优化和再造后政府投资项目的内部审批流程，衢州市发改委 3 天内即可出批文。

对审批的每一个阶段进行流程优化。由发改部门牵头总协调，牵头项目核准、备案阶段的审批事项协调和跟踪落实。通过投资项目在线审批监管平台，网上申报，网上办理，用快递送达实现“最多跑一次”。规划部门牵头规划设计方案及施工图联合审查。用网上申报、并联审批、快递送达等方式实现政府内部流转，项目业主“最多跑一次”。住建部门牵头施工许可证核发前后事项。通过网络查询、电话告知等方式一次性告知相关事项所需材料及需要缴纳的相关规费，业主经网络支付完成事项办理并取得相关凭证，同步办理施工图审查合格备案、施工承包合同备案、施工监理合同备案、质监手续、开工安全条件审查等相关手续，与此同时规划部门上门放样。最终由发改部门牵头综合验收相关事项。通过网上申报或材料寄送等方式收件，组织相关部门以召开现场会、联合踏勘、联合验收的方式完成综合验收，并以快递送达批复等方式来实现“最多跑一次”。

制定好投资项目事项目录和办理“双统一”标准，事项的基本要素全部规范统一，申请条件、办理时限等实行一个标准。截至 2017 年 2 月市本级涉及投资项目的 13 个部门 74 个事项已完成标准化梳理，编制指南，晒出清单，全面消除模糊语言和兜底条款，大幅压减自由裁量空间，做到“人人看得懂，人人会办事”。

三、初步成效

据有关数据监测统计，有近七成企业对投资项目“最多跑一次”改革基本表示满意，在浙江省 11 个设区市表示满意的企业占比均高于 60%，但由于企业投资项目时间跨度大、涉及部门广、过程环节多，改革难度不容忽视，仍有约三成（30.8%）企业对投资项目“最多跑一次”改革的效果表示“一般”或“不满意”。投资项目审批改革仍存在较大的提升空间[①]，详见图 3.4。

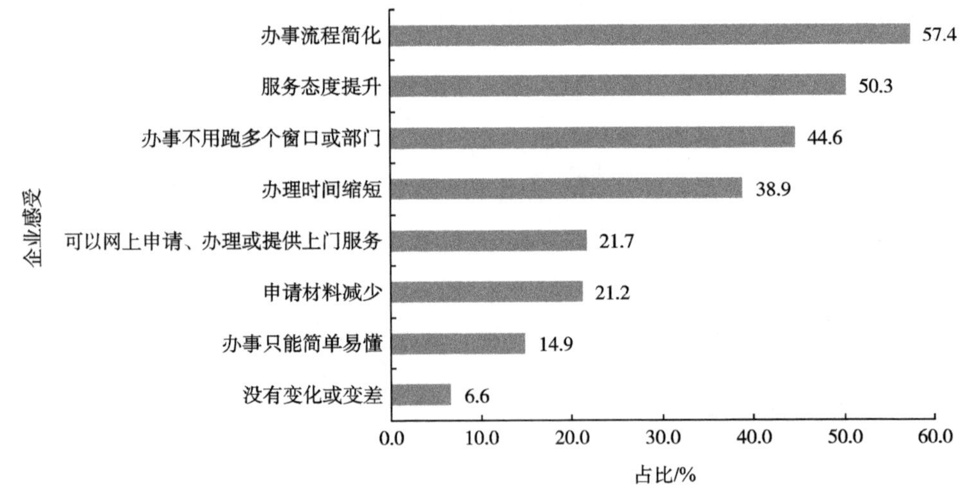

图 3.4　投资项目审批改革后企业感受

① 浙江省发展和改革委员会、浙江省经济信息中心：《企业获得感有提升壁垒性难点待攻坚——万家企业投资项目“最多跑一次”专项监测》，《浙江经济》，2017 年第 14 期，第 31-33 页。

（一）少窗口让群众少跑腿

在衢州市行政服务中心设置综合受理窗口，实现“一窗对外，后台审批”，减少群众跑窗口的次数和材料重复提供。依托浙江政务服务网，在一窗受理基础上，通过建设行政审批大数据库，后台部门审批以电子文件的形式在系统内部流转，跑腿次数由原先的20次以上减至现在的6次，提速明显。

（二）多平台让数据多跑路

依托浙江政务服务网和投资项目在线审批监管平台，通过项目统一代码的运用，实现审批全程留痕、过程实时监控。综合窗口的收发件推送至各审批职能部门；部门审批以电子文件的形式在系统内流转，凡是进入审批流程的项目，一律在审批平台进行推送。变“群众在窗口之间跑”为“数据在网上跑”。作为兜底机制，全程代办帮办服务更能变“企业跑”为“政府跑”，从而充分保障“最多跑一次”的真正落实。

（三）减环节让材料减重复

协调多个职能部门联合办公，并联审批，有效提高了各个部门的信息共享和沟通效率。在项目可行性研究审批环节，容缺国土用地预审和规划选址意见，可在受理时同步进行，在项目可行性研究批复之前完成即可，这样原先3个部门共15天的审批时间缩短为现在的3个部门共5天。在施工图联合审查阶段，原先规划、住建、消防、气象、人防共5个部门分别需用5天审查，共需25天，现在联合审查，由规划部门牵头5部门一起进行，共需用5天。之前需要递交的6种共性申报材料约47份，实行内部电子文件流转与并联审批后，现在只需要收取6种共性材料各一份即可。

（四）改流程让审批改时效

推行标准化管理和网上流程优化再造，实现审批部门监管高效化。清理前置审批事项和申报材料兜底条款，最大限度内规范行政审批自由裁量权，不断优化审批流程，提高审批效率。一方面，市发改委内部流程再造。市发改委领导权力下放，精简环节，由原先7~10个工作日变为现在的3个工作日完成批复，提速明显；另一方面，对部门间流程进一步优化，运用容缺受理和并联相关的办理事项达成前置条件同步审批，施工图审查同步进行。经过一系列的流程改造、合并、并联，项目流程办结时间由原来的 107 天变为现在的 45 天，最快 27 天，大大缩短项目在政府内部流转的时间。企业投资项目审批改革前后对比详见表 3.1。

表 3.1　企业投资项目审批改革前后对比

项目	改革前	改革后
跑腿次数	1. 项目建议书	1. 项目建议书
	2. 国土用地预审	2. 项目可行性研究报告审批
	3. 规划选址意见	3. 初步设计审批
	4. 建设用地规划许可	4. 施工图会审
	5. 项目可行性研究报告审批	5. 施工许可证核发
	6. 建设用地规划许可	6. 项目联合竣工验收
	7. 供地审核	
	8. 土地划拨决定、登记发证	
	9. 初步设计审批	
	10. 住建施工图预审	
	11. 规划施工图预审	
	12. 消防施工图预审	
	13. 气象施工图预审	
	14. 人防施工图预审	
	15. 工程规划许可证核发	
	16. 消防设计审核意见	
	17. 人防设计备案表	
	18. 防雷设计审核书	
	19. 核发施工许可证	
	20. 项目联合竣工验收	
	跑 20 次	跑 6 次
申请材料	营业执照（10 份）	营业执照（1 份）
	法人身份证明（10 份）	法人身份证明（1 份）
	委托书（10 份）	委托书（1 份）
	对建设项目批准、核准和备案文件（7 份）	对建设项目批准、核准和备案文件（1 份）
	规划选址意见（5 份）	规划选址意见（1 份）
	国土用地预审（5 份）	国土用地预审（1 份）
	共计 47 份	共计 6 份
时效	107 天	27 天

四、制约瓶颈

企业投资项目是“最多跑一次”改革的重点和难点，涉及面广、协调难度大、工作要求高，成效显现相对滞后。提供个性化服务、推进网络化办理和综合办理成为网民最为集中的建议。通过大数据分析发现，媒体和网民对企业投资项目“最多跑一次”改革的负面评价主要集中在窗口服务效率有提升（23%）、部门联动不够（15%）、审批环节仍较多（12%）、信息沟通障碍（7%）等方面[①]。而在解决这些问题方面仍存在部分制约瓶颈。

（一）放管权限未到位，工作机制待突破

在“放管服”的工作上还存在着有些权放得不对路。本该直接放给市场和社会的，却由上级部门下放到下级部门，仍在政府内部打转。有些权放得不配套，涉及多个部门、多个环节的事项，有的权限是这个部门放了，那个部门没放，有的是大部分环节放了，但某个关键环节没放等。在这种工作机制下审批环节仍然较多，同时影响了窗口服务的办事效率，引起办事企业与群众的不满。下一步改革需争取在“放管服”工作上放权对路，对配套部门权限统一下放，在关键环节上进一步简政放权。

（二）部门利益有制约，配套制度缺落实

在深化行政管理体制改革时，各职能部门的利益阻碍了政府职能转变，破坏法制统一，使改革与初衷发生偏离，成为建立现代公共行政体制的重大障碍。各相关部门配套改革力度不够，无法有效解决体制内流转速度问题。虽然有些事项通过梳理和整合后变得更加精干，流程更为简便，但在部门内部审批流程上，出于种种原因而缩减不了，造成无法进一步有效地缩减办理事项在政府内流转的时间，企业与群众产生了部门联动不够的负面评价，必须通过深化体制改革，强化制度建设，从体制和制度上打破部门利益的桎梏，才能推进从部门行政向公共行政的根本转型。同时以“问题导向”为指针，着力破解群众和企业办事的痛点、堵点，推进后台各项配套改革有效落地。全面推行企业投资项目高效审批制度和全程代办制作为实现“最多跑一次”的兜底保障机制，并督促各级部门对内部审批流程进行再造，减环节、提效率、优质量。通过各种层面的走访和调研寻找办事流程中存在的问题，认真汲取企业意见，通过“内科手术”式的办法，发现堵点，逐步清除。

（三）线上线下欠融合，办事平台需推广

以浙江政务服务网及移动客户端为平台，运用“互联网+”和大数据，推动实体办事大厅与浙江政务服务网融合发展。线上线下融合度有待加强，各项应用功

---

① 应瑛：《把握“最多跑一次”改革舆情动向》，《浙江经济》，2017年第13期，第43页。

能尚不完善，办事平台宣传力度不够。目前，能够完全通过各种渠道进行自助办理的事项还不够多，即使有些能通过线上办理的事项也因为宣传不到位而起不到应有的作用。投资项目在线审批监管平台是推进企业投资项目"最多跑一次"改革的重要载体。监测显示，在办理过项目审批事项的企业中，有超过五成（55.7%）的企业表示已通过浙江政务服务网投资项目在线审批监管平台办理审批事项。但由于"省市县纵向一体化、省直部门横向协同化"的一体化在线平台尚在推进阶段，还有44.3%的企业尚未通过浙江政务服务网投资项目在线审批监管平台办理审批事项，"不清楚、不了解投资项目在线审批监管平台"（58.1%）、"通过其他平台办理"（26.1%）、"平台功能不够完善"（14.9%）等是影响企业使用该平台的主要原因。值得注意的是，在运用投资项目在线审批监管平台办理过投资项目审批的企业中，有36.9%的企业反映"验收"事项不能在线办理，分别有26.8%、26.1%、25.0%的企业反映核准备案、节能审查、施工许可等投资项目审批具体事项尚未实现在线办理①。要做到"最多跑一次"，关键是要让数据"跑起来"。让数据"跑起来"，关键要在数据信息共享方面寻求突破。过去出于技术层面的原因，"数据孤岛"现象严重，地方网络建设各自为政，结构不合理；业务系统水平低，应用和服务领域窄；数据资源开发利用滞后，共享程度低；标准不统一，安全存在隐患。随着电子文件、证照、签名、档案等在政务活动中的效力明确后，打通公共数据孤岛，规范公共数据获取、归集、共享、开放、应用全流程管理，形成完整的制度闭环。优化推进线上线下平台融合，加强办事平台宣传推广，让数据多跑路，让群众少跑腿，将成为简政放权和"最多跑一次"改革的最重要支撑②。

第二节　衢州地税力推"最多跑一次"改革③

税务部门作为政府的重要组成部分，承担着组织财政收入、调节社会经济等重要职能，纳税服务既是法定的行政行为，又是政府的义务。因此，税务部门的服务效率、服务效果、服务形象、服务水平，尤其是在"最多跑一次"改革进程中的群众办事满意率，自然成为公众关注的焦点之一。自2017年初开展"最多跑

① 浙江省发展和改革委员会、浙江省经济信息中心：《企业获得感有提升壁垒性难点待攻坚——万家企业投资项目"最多跑一次"专项监测》，《浙江经济》，2017年第14期，第31-33页。

② 刘志勤：《浙江探路"最多跑一次"》，《决策》，2017年第5期，第19-20页。

③ 感谢衢州市地方税务局（简称地税局）戴正有同志和衢州市国家税务局（简称国税局）陈艳同志对本节调研的大力支持。

一次”改革以来，衢州市地税部门以“坐不住、等不起、慢不得”的紧迫感和责任感，以最快速度、最高效率、多举并进落实改革清单，直接面对群众和企业的办事需求，在全市“最多跑一次”改革中承担了重要任务，其做法与经验也走在了全省地税系统的前列[①]。目前，衢州市地税局重点着眼于改革中的短板，坚持以“一窗受理、集成服务”改革为主抓手，统筹推进优化营商环境、提升便民服务、加强事中事后监管等工作，努力使群众办事满意率和便捷度有新的提升，实现96%的办税事项“最多跑一次”，实现63%的办税事项“零上门”。

一、为什么要进行“最多跑一次”改革

纳税服务便民化是“最多跑一次”改革中的一项重要内容。从狭义上看，纳税服务是税务部门依照法律法规，主动为纳税人提供优质的涉税服务，实现征纳双方责任权利对等的专业税收服务。从广义上看，纳税服务是以税收简便为原则，以纳税人为中心，依据税收法律法规的规定，税务部门为纳税人履行纳税义务或者代缴义务提供的贯穿税收征管整个过程的涉税公共服务，包括税前、税中和税后服务。衢州市地税局力推“最多跑一次”正是通过多项改革举措，实现“税收简便为原则，以纳税人为中心”的纳税服务宗旨。

（一）着力解决纳税服务重复提交材料

虽然2016年8月浙江省全面实施金税三期工程，从管理角度和技术角度，实现了全国征管标准口径的统一，征管数据的大集中和统一国、地税征管系统版本，消除了国、地税办理纳税的障碍。但是由于纳税人在税务部门办税大厅涉及跨非税务部门办事时，会要求重复提交材料，以至于在办事机制、材料提交等具体操作环节上还没有最大程度降低纳税人上门次数，群众对此意见也较为集中，认为办税服务与税收管理征缴的效率仍然有提升空间。基于这种现实，需要通过推进纳税服务“最多跑一次”改革，倒逼税务部门工作流程，理顺体制机制，提高办事效率。

（二）着力消除纳税服务与部门间的信息障碍

以往纳税人办理与税务相关的事项只能在税务部门办理，原因是纳税服务与其他部门间的办事相互独立，信息不能共享。为突破纳税服务与部门间的障碍，

---

① 国家税务总局财产和行为司：《最快速度+最高效率　浙江地税打造房地产交易办理新模式》，《重点工作动态》，2017年第8期（总第45期），第2-4页。

衢州市地税部门利用“最多跑一次”改革的契机，在现有的税法框架内，制定办理模式改革清单，深入实施“最多跑一次”改革，以群众“少跑”“零跑”为目标，梳理影响内部及部门间的问题障碍，以存在的问题为导向，同相关部门协同完善“一窗受理、集成服务”的纳税“最多跑一次”改革，打通信息壁垒，加强部门合作，优化业务流程，避免纳税人“多头跑”，进一步提升群众满意度。

（三）着力加快业务流程再造破解“上门”难题

过去因为纳税业务流程，纳税人需要经常跑地税机关上门办事。上门的重要原因之一是需要现场核实办税人员身份，以防身份冒用损害纳税人权益；纳税人上门缴税时如果未携带银行卡，则需要再跑银行缴税，很难做到“跑一次”就办完纳税事项；个人在买房、贷款、出国时，需要“跑”税务局查询打印个人纳税证明。这些基于业务流程的“重复上门”难题增加了纳税人的时间成本，影响了纳税人的体验，因此，着力于业务流程改造成了“最多跑一次”改革中的技术重点，即运用“互联网+政务改革”，全面改造实名认证、纳税申报、税费缴纳、个税查询、证明打印等业务流程，让纳税人切实感受到“足不出户、随手即得” 的“最多跑一次”办税体验。

（四）着力借助纳税改革推进诚信社会建设

以往纳税人“多次跑”的重要原因是纳税申报材料的缺失，其深层次的原因是社会的诚信度。因此，亟待建立基于纳税人办税的材料“容缺机制”与“诚信假设”，从根本上突破“少跑”瓶颈。衢州市地税部门在“最多跑一次”改革中，建立纳税人办税自主申报制度，注重突出办税流程和制度设计中的“诚信”，破除征纳双方不必要的“防范”意识，真正减轻了征纳双方的办税负担，同时也明晰了征纳双方的权利、义务和责任。尤其是第三轮改革力推自主办税、实名办税、地税专邮、税收优惠自动享受等十大创新改革举措，实现了96%的办税事项“最多跑一次”。这些举措既推动了衢州市“最多跑一次”的全方位落地，又转变了纳税服务理念、创新了服务方式，也推进了诚信社会建设。

（五）着力使地方改革与“金税工程”对接

已经在各地税务部门推广的金税三期工程是全国性的税收信息化改革工程，属于税收制度改革的顶层设计。而衢州市地税部门力推的“最多跑一次”改革是在顶层设计下，基于地方特点设计的，旨在解决群众和企业办事提交材料流程多、部门间信息封闭、办事耗时长等突出问题，建立一个优质高效的政务服务体系，践行以“纳税人为中心”的思想。因此，衢州市地税部门的“最多跑一次”改革，本质上就是国家金税工程与地方版改革的结合，把衢州市特色版的政务改革放在顶层设计的框架下进行实践与转化提升，进一步优化政府服务，促进信息网络与政务服务深层次融合。

二、如何实现“最多跑一次”改革

为使“最多跑一次”改革落到实处，衢州市地税局力求树立理念与制定科学的措施并举，以“一竿子到底”的形式，多轮部署“最多跑一次”改革清单，着力打通地税工作的各个“末梢”，确保“最多跑一次”改革落地见效。

（一）一窗受理，实现材料减半

（1）一窗受理，压缩流程。“最多跑一次”改革就是避免纳税人多头跑。市地税部门首先在不动产交易税收项目申报启动“一点办结”，即由联合登记窗口受理并办结，实现与国土、住建部门在市行政服务中心联合设立房屋交易与不动产登记综合受理窗口，统一受理房屋交易、税收申报和不动产登记事项，由登记部门负责一次性收取全部资料，大幅减少纳税人申报材料，即由原来的 41 份减少到 22 份，其中向税务部门报送的资料减少了 10 份，地税办事时间缩短至 15~20 分钟。

（2）一网交换，信息共享。申报事项“一点办结”借助了后台一网交换、信息共享，即利用“互联网+税务”和大数据技术，按照简化办事的规则升级改造信息系统，实现交易、税务、登记部门三方信息自动交换、实时共享。一旦前台材料受理后，数据自动在三个部门联动，当场进行交易备案、纳税和登记事项，一次性完成面签和告知纳税等事宜。登记结果通过快递等方式送达。优化设计后的工作流程，不仅让办事的人“少跑”，而且部门自身也提高了办事效率和管理水平。

（3）对照清单，落实责任。为了让部门间无缝对接，衢州市地税部门仔细对照清单落实好本部门的责任（交易、税务、登记三部门），对办理事项、办事流程、办事效率及办理结果承担责任，关注部门之间信息交换在后台的运行状况。为确保改革顺利进行，衢州市地税部门在窗口加派人员，增派骨干人员进驻，确保受理、审批、缴税等环节按规定的办理时限要求完成，实现提速增效。

（二）提升数据质量，保障改革畅通

（1）统一规范处理征管数据。为实现“最多跑一次”在衢州市地税系统的拓展和延伸，市地税系统多次组织学习国家税务总局下发的每项指标 SQL（structured query language，即结构化查询语言）语句、口径和要求，掌握数据查询和处理方法，进一步统一规范处理征管数据，明确指标类型、查询路径方法、工作要求和清理时限等事项，定期监控数据清理进度，及时发现和解决系统数据质量问题，确保数据质量达到最优。

（2）熟练新的数据处理方法。一方面，衢州市地税局遵循金税三期业务标准，加强问题数据的成因分析，合理安排工作完成时限，提出问题数据的处理方法。另一方面，针对“最多跑一次”改革所遇到的问题，采用差异化的处理方法，数据质量共性问题由衢州市地税局统一提交浙江省地税局修改处理，个性问题分头处理，减少基层分局数据清理的工作量，确保征管数据的一致性和标准性。全市第一季度共清理 18 个项目 17 612 条数据。

（3）促成外部信息共享。为实现让数据代替人跑，提供准确信息，促成部门间信息共享，衢州市地税部门通过金税三期国、地税信息共享及外部门数据共享平台补充信息量，充分利用工商办证基本信息和公安身份等信息，及时从源头对相关数据进行修正，确保纳税人基本信息的准确性，夯实改革所需的数据基础。

（三）便利汇算清缴，拓宽改革外延

为努力延伸“最多跑一次”改革的覆盖面，实现企业所得税汇算清缴全覆盖，争取清缴“跑零次”，地税部门一方面改革内部工作机制，在明晰工作职责，落实“以纳税人为中心”的工作机制前提下，明确各项工作的“第一责任人”制度，实现各工种环节的全程跟踪、科学催报。构建纳税服务多元化，落实局长、科长值班制，推行预约集中受理、延时服务等方式。落实认真梳理汇算清缴常见问题，确保人人会操作、懂政策、能答疑。为服务企业便利纳税，内部各科室联合做好上门辅导、进度通报、数据运维和考核督导，紧盯目标，共同推进。与此同时，加强对企业的税收宣传，针对申报的新软件、新程序、新政策，及时召集企业开展培训，将所得税知识普及与申报相关工作宣传结合，夯实申报基础。采用多样的宣传手段，利用办税服务厅 LED（light emitting diode，即发光二极管）屏、网税系统、移动 E 管家短信平台、微信公众号等媒介，进行广泛宣传。除了上述措施以外，市地税部门还通过开辟绿色通道、上门“手把手”辅导等方式，畅通办税渠道，确保目标任务的完成。截至 2017 年 8 月底改革获得了初步成效，以市直属分局为例，一共完成 2 017 户企业 2016 年度企业所得税汇算清缴申报工作，申报率达 100%，成功实现清缴全覆盖。

（四）国、地税双联动，办税提质增效

（1）税收宣传联动，实现“一站式”。为提高税收宣传质效，衢州市国、地税

部门围绕“最多跑一次”改革实施工作联动机制，以税收宣传月为契机，成立国、地税“青年先锋队”“党员志愿队”“所得税专家团队”等宣传队伍，共同深入园区、企业、学校。国、地税部门联合开设纳税人学堂，在全市各地开展多场企业所得税汇算清缴及税收优惠政策辅导、新办企业税收辅导等专题培训会，培训内容全面、受训面广，充分发挥了国、地税部门各自的优势，节约了成本，实现了“一站式”资源共享，解决了纳税人政策理解不全不透，培训“多头跑”等问题。

（2）政策落实联动，实现“破屏障”。2017 年 4 月，衢州市国税局、地税局、科学技术局（简称科技局）三方联合出台《关于企业税前加计扣除研究开发项目鉴定事项的通知》，首次明确研发费加计扣除异议项目解决机制，既理顺研发项目鉴定流程，厘清各部门职责，也解决了企业的后顾之忧，这种政策联动机制打通政策落实的“最后一公里”。国、地税部门还联合举办“一带一路”衢商企业“走出去”政策宣讲会，介绍国内“走出去”税收政策与国际税收信息，面对面交流税收协定额运用、境外投资税务考虑等问题，助力企业顺利“走出去”；联合举办关联申报和同期资料管理宣讲会，辅导企业准确填写《企业年度关联业务往来报告表》，提高纳税人自主办税能力；联合举办研发费加计扣除培训、后续审核辨析干部培训，培训人数达 400 人，进一步统一国、地税政策执行口径，实现部门间的“破屏障”。

（3）征管合作联动，实现“零距离”。为方便纳税人，国、地税部门征管合作联动，建立核定征收“四联合”工作机制，联合确定核定征收企业范围、联合调研调整应税所得率、联合规范核定征收工作程序、联合开展税收执法督查，加强和规范企业所得税征收管理工作。实时监控纳税人汇算清缴和企业关联业务往来等申报情况，及时进行涉税信息交换共享，对重大涉税疑难问题进行联合“会诊”，有效防范税收执法风险，实现税收征管“零距离”合作联动。

（五）建立自体验机制，补齐改革短板

为全方位了解纳税人的办事需求，设计最优化的办事流程，市地税局建立了由“一把手”负总责的工作机制，成立推进“最多跑一次”改革领导小组及其办公室，全面建立起“一把手”亲自部署，分管领导具体组织，各部门协调联动推进的工作机制。建立市地税局主要领导定期在市行政服务中心财税窗口现场办公的制度，以体验、坐班的方式“找短板、促提升、增实效”。窗口坐班期间，主要领导现场为纳税人办理股权转让业务，接受纳税人涉税政策咨询，详细征询纳税人对财税部门“最多跑一次”改革的意见建议，并做好记录和回复，结合自体验式现场办公情况，提出解决窗口工作要努力突破“堵点”“难点”的方案，保证“最多跑一次”改革见实效、上水平，实现“最多跑一次”改革向制度化纵深推进。

三、如何全面推进“最多跑一次”改革

“最多跑一次”是浙江省政府2017年的头号改革工程。在前一阶段的“最多跑一次”改革中，衢州地税部门的做法、经验已经得到了市委、市政府、省地税局的高度肯定，同时，上级部门对于下一阶段衢州地税系统全面推进“最多跑一次”改革提出了更高的要求。因此，衢州地税局需要积极总结经验，研究落实新的办法与举措，以提升便民服务为目的，通过量身定制个性化服务，简化审批流程，争取“最多跑一次”改革工作继续走在全省前列。

（一）加速提升多层级、跨部门的信息共享与相应配套

加快推进多层级、跨部门的信息共享，建立整合各部门信息资源的省、市各级政府部门信息共享平台，着力强化各部门信息共享和业务合作，减少纳税人第三方材料、证明、证照等资料重复报送，以“信息走网路”代替“纳税人走马路”。加快研究落实“最多跑一次”相应业务流程改造和信息化配套措施，如国、地税部门联合电子税务局建设和完善与国税相关业务的衔接与深化合作，与社保部门相关业务的并联办理等。同时，随着省级政府部门信息共享平台建设的推进，衢州地税部门还将进一步做好相应的配套工作，持续精简纳税人报送的涉税资料，持续做好改革清单的动态调整。

（二）从顶层与基础双向夯实，实现数据畅通

调整现有组织结构，重新分配部门权力与资源，改变“以职能为中心”的税收组织结构，真正实现“以纳税人为中心”的组织结构转变，消除“条块分割”带来的所有不利于数据互联和共享的部门权力配置，真正实现信息系统之间的互联互通、数据资源共享和利用。在业务流程方面，重新梳理纳税服务功能与业务流程之间的逻辑关系，改变以往以部门为中心的线性序列，按业务流程的自然先后次序进行整合，并以“效率”为核心，通过删减、并联等方式优化税收服务流程，确保数据按照改革的要求进行流动。

（三）围绕补缺补漏，强化事中、事后监管的制度建设

全面推进“最多跑一次”改革需要破解一些深层次难题，突破现有的一些模式、制度，相应也会产生新的管理风险。“宽进严管”为特征的事中、事后监管格

局将成为常态。在全面推进“最多跑一次”改革中，衢州地税部门重点以完善制度为抓手，继续补缺补漏，在强化事中、事后监管中有所突破。在涉及税收法律法规的规定框架内，大胆创新改革，对于相关税收法律法规制定权（包括修订权）在国家层面的，还需要多向浙江省地税局汇报，并通过浙江省政府向国家税务总局建议，努力实现衢州经验与样本在全国推广，在国家层面清理不符合改革的相关制度，出台新的相关配套政策举措，促使事中、事后监管及时跟进。

（四）搭建更高层次的平台，实现改革“共同跑”

全面推进“最多跑一次”改革对衢州地税部门来说是一个全新的目标，需要搭建更高层次的平台，持续拓宽“最多跑一次”的通道。一是搭建专题业务培训平台，培训与纳税相关的部门和单位，同时也把“最多跑一次”改革向服务企业和中介机构延伸，规范各部门之间的业务衔接、业务规则，解决部门间业务对接上的盲区；二是搭建全市性的国、地税系统改革交流平台，让“最多跑一次”改革方面的有益经验与做法“亮出来”，把存在的缺陷与不足“指出来”，实现国、地税部门“共同跑”，让全市税收系统“加快跑”。

第三节 商事部门领跑“最多跑一次”改革

作为服务型政府建设的重要载体，近年来，衢州市市场监督管理局按照中央“放管服”改革和商事登记制度改革要求，革故鼎新，勇于探索，通过全面实现“一照一码”、试点实现企业简易注销、探索全程电子化智慧登记、深化完善“先照后证”配套机制等举措，有效激发市场活力，有力推动“大众创新、万众创业”。2017 年，浙江省委、省政府推出“最多跑一次”改革后，衢州市市场监督管理局紧紧围绕“继续走在前列”的工作目标，以钉钉子精神，快速完成“四个全覆盖”，着力打造“八个一”窗口建设新模式，牵头引领商事登记“两联多合”模式，积极打造商事制度改革的衢州升级版，领跑推动“最多跑一次”改革落地见效，让企业、群众获取改革叠加带来的显著红利。

一、从市场监管走向市场治理

党的十八大特别是十八届三中全会以来，围绕着发挥市场配置资源的决定性作用，党中央、国务院推动出台了一系列改革措施，深入推进政府“放管服”改革，进一步激发市场活力，充分发挥市场竞争的作用。自 2014 年 3 月全国统一实施商事登记制度改革以来，衢州市市场监督管理局推出了一系列新的改革举措，逐步理顺市场监管与社会治理的关系，为助推市场主体加快发展做出了积极的探索，也为接下来的“最多跑一次”改革实践打下了扎实的基础。

（一）出台推进改革实施意见，构建全面改革机制框架

2015 年 7 月，《衢州市人民政府关于综合推进商事登记制度改革的实施意见》（衢政发〔2015〕28 号）出台，该实施意见立足深化“宽进严管”机制、建立“先照后证”配套监管体系，切实厘清部门监管职责，创新政府监管模式，内容包括推进工商注册登记便利化、有序推进“先照后证”、深化监管等，是改革进入“深水区”后引领全市商事登记制度改革的重要基础性文件，从制度层面构建起了改革的机制框架，对整个改革措施的试行和改革目标的实现具有重要的指导意义。

（二）全面实施“一照一码”，开启便捷服务绿色通道

衢州市自 2015 年 4 月 27 日起，通过在营业执照上增加组织机构代码证号、税务登记证号的方式，实现了“三证合一、一照三码”。同年 6 月 26 日，增加了社会保险登记证号和统计登记证号，正式实施“五证合一、一照五码”。衢州市“三证合一”“五证合一”改革紧密依托浙江政务服务网，实现相关部门之间网上数据流转共享、实时互动，是全省首个通过全程电子化流程核发“三证合一”“五证合一”营业执照的地区。2015 年 9 月 28 日，根据全省统一部署，衢州市正式开始核发“五证合一、一照一码”营业执照，全面实现“一照一码”，进一步减少登记环节，提高企业开办效率，企业办理证照时间从原来的半个月到现在最多三个工作日。

（三）深入推进工商注册便利化，探索全程优化营商环境

一是试点实现企业简易注销。自 2015 年 9 月中旬开始，衢州市开展企业简易注销试点，对领取营业执照后未开展经营活动、申请注销登记时对外没有债权债务的企业，简化注销登记手续，以完善企业退出机制，打破创业者“进门容易出门难”的困局。二是实现取冠名称全程电子化登记。2015 年 10 月底，国家工商行政管理总局完成向衢州市无区划名称全程电子化登记赋权，至此全市所有名称登记，包括取冠县（市、区）名、市名、省名、无区划名称，均可通过电子化流程在线审批。三是初步实现登记全程电子化。依托浙江省企业名称自助查重管理系统实现企业设立网上申请、网上受理、网上审核等功能的一条龙在线服务，率先

在特色小镇进行试点。四是放宽住所（经营场所）登记条件。深化推进“一址多照”“一照多址”等举措，其中对“一址多照”不再限定行业，只要符合多个主要办事机构共同日常办公合理需求的同一地址，均允许登记为 2 个以上企业的住所（经营场所）。五是下放审批权限。将注册资本 5 000 万元以下的有限公司注册登记权限以及外商投资企业、外商投资合伙企业初审权下放至各县（市、区）市场监督管理局。依托这一系列举措，衢州市探索创新从市场主体准入到退出的每一个环节的便利化服务，进一步优化了营商环境。

2014 年开始的商事登记制度改革营造了宽松的市场准入环境，充分释放了市场潜力。2014 年 3 月 1 日以来，衢州市新增商事主体规模保持高速增长，全市新设各类市场主体共 73 789 个，其中新增个体工商户 54 237 户，各类企业 18 637 户，农民专业合作社 915 户。截至 2017 年 7 月底，全市在册市场主体为 171 940 户。

二、全力提升商事登记服务速度和服务质量

浙江省委、省政府推出“最多跑一次”改革后，衢州市市场监督管理局以此为契机，紧紧围绕“‘最多跑一次’改革继续走在前列”的工作目标，以深化商事制度改革为助推器，充分发挥各项改革政策的集成效应，不断推动“自我革新”，在启动速度、覆盖广度、落实深度、服务力度等方面全面深化发展，增加群众和企业获得感。

（一）“四个全覆盖”工程：多维立体发挥平台集聚功能

衢州市市场监督管理局通过“四个全覆盖”，上下联动，充分集聚、整合审批职能权限、信息化应用、服务资源等要素，打造商事登记审批核心平台，以资源整合、要素叠加促进商事审批职能的重构与转型，实现整体层面向“最多跑一次”的持续推进。

（1）整合审批申报要件，实现全事项覆盖。以“少一道程序、多一份便捷”为宗旨，衢州市市场监督管理局整合工商、食药审批事项，采取两步走总战略，先期于 2017 年 2 月 8 日公布第一批 35 项办件量最大、与群众办事关系最密切的“最多跑一次”办事清单；对照权力清单梳理所有依申请审批事项，于 2017 年 3 月 10 日公布第二批清单，实现 57 个大项 161 个子项的全事项“最多跑一次”，全省率先实现市场监管全部依申请办事项目的“最多跑一次”。同时以“告知一口清、办事一趟成”为要求，重整审批事项流程，无须现场核查事项当场发证，需现场核查事项限时发证，受理之后全流程内部流转，以办事群众只需

跑一趟为目标完成全事项流程再造，结合证照快递送达，不能立等可取的，也实现“最多跑一次”在家可取。

（2）市县两级上下联动，实现全市域覆盖。截至 2017 年 7 月 31 日，衢州市各县（市、区）市场监督管理局均出台助推转型升级举措、发布“最多跑一次”清单，在全省较早实现全市域市场监管系统的“最多跑一次”。衢州市市场监督管理局及柯城区市场监督管理局、衢江区市场监督管理局整合工商、食药审批事项，4 个县（市）的市场监督管理局整合工商、食药、质监审批事项，在于法有据的原则下，系统性地优化办事流程、压缩办事时限，分别推出 10~13 项举措、公布 24~57 个大项的“最多跑一次”事项，切实做到了能放则放、能简则简、能宽则宽。

（3）立足电子化审批，实现全流程覆盖。运用“互联网+”思维和手段，不断优化办事流程，大力推进网上审批。一是在全省率先全面启用全程电子化登记管理系统。新的全程电子化登记管理系统颠覆了原先封闭式的数据管理模式，具有智能化提示、全方位逻辑判断、信息快速导入、申报材料自动生成四大特色，实现“网上申报、网上受理、网上审核”。申请人在材料申报、审查人员网上审核通过后，只需到登记窗口一次性提交登记材料即可当场领取营业执照。二是根据“一窗受理、集成服务”的改革要求，按照“先照后证”审批，开发了“企业注册登记联合审批平台”，实现营业执照与后置审批 16 个部门 62 个审批事项的综合受理和联合办理，并通过浙江政务服务网与法人库的对接，对后置审批部门的即时双告知，实现“前台综合受理、后台分类审批、统一窗口出件”，减少企业重复提交各类证明和申请表单，缩短了审批事项时限，提升了服务效率，进一步降低了企业制度性交易成本，做到了“进一家门，到一个窗，办多家事”。

（4）创新多方协作机制，实现全方位覆盖。一是通过加强政银合作，将服务窗口前移。积极拓展银行网点代办工商登记业务的深度和广度，在巩固与中国工商银行（简称工行）、中国建设银行（简称建行）、中国农业银行（简称农行）协作的基础上，推动实现重点创业创新区域至少有一家银行网点代办工商登记业务。二是通过引入 EMS，实现一单速达。加强与相关快递企业的协作，提供便捷的登记材料、证照快递送达服务，探索实现登记信息网上交流、申请材料快递寄送、补正材料快递往来、营业执照快递送达的“零上门”服务目标。三是通过标准化样板，优化职能服务。以创建省级“最优服务窗口”为目标，切实提高履职能力，全面提升各级市场监管审批窗口的服务品质。同时，积极在特色小镇、众创空间、电子商务园等区域进一步放宽住所登记限制，探索“工位注册”等集群登记方式，用“热心、用心、细心、贴心”做好主动服务、精准服务、周到服务、亲和服务。

（二）“八个一标准”窗口：优化细节提升服务效能

2017 年 4 月浙江省召开推进“最多跑一次”改革衢州现场会后，围绕改革中群众反映的一系列难点、堵点，出台了《衢州市市场监督管理局注册登记“最多跑一次”窗口标准化建设实施细则》，从细节出发对窗口建设进行标准化再造。一是“一键取号”，设立无声叫号系统及网上预约系统，增加短信实时告知功能，办事群众可以根据需要到现场取号或者通过网络平台远程取号，解决排队之忧，节省办事时间。二是“一打就通”，受理窗口设咨询热线，及时解答群众办事中遇到的疑难问题，确保咨询电话畅通，监督到位。三是“一口说清”，认真执行首问首办责任制和一次性告知制度，选派工作负责、业务精湛的在编公务员承担窗口接待、受理工作，确保咨询问题“一口说清”。四是“一站导办”，设置导办服务台，配备专门导办人员，在大厅布置多台全程电子化登记平台触摸屏供办事群众查询及办理业务申报。五是“一窗受理”，实行企业登记综合受理，每个窗口均可办理名称核准和企业设立、变更、注销、备案等各类登记事项，衢州市作为改革试点地区，在全省率先实现“一窗受理”，已建立较为完善的“一窗受理”制度。六是“一网通办”，全面开通全程电子化登记平台，并已实现名称和市场主体的全程电子化登记，同时结合浙江政务服务网及统一审批平台，实现网上咨询投诉、网上办件公示及网上查询。2017 年 7 月，衢州市市场监督管理局联合阿里巴巴开发商事服务“最多跑一次”钉钉平台，实现手机端的企业注册咨询及申报，预计将于 2017 年底投入使用。七是“一次办结”，申请材料齐全、符合法定要求的，实行一次性办结。八是“一单速达”，开通 EMS 业务，企业可以根据实际需求，选择现场领取或者邮政送达营业执照，减少来回奔波。“八个一标准”通过强化窗口软硬件建设、优化办事流程、提升办事效能等举措，充分发挥标准化在“最多跑一次”改革实践中的正向引导作用，通过标准化进一步实现规范化和便利化，进一步推动职能转型升级。

（三）“联办集成”新模式：牵头引领便民深入型改革

商事登记领域的“证照联办”改革，是“最多跑一次”改革从单一部门向部门间职能整合的再推进、再深化，它的一系列力促优化营商环境、降低制度性交易成本的举措，充分体现了“以人民为中心”的发展思想。在改革实践中，衢州市市场监督管理局牵头企业注册与后置审批板块，推出了商事登记“两联多合”模式（即注册登记与后置审批的“证照联办”、外贸企业“证照联办”“多证合一、一照一码”），深入探索便民服务新的切入点。

（1）推行注册登记与后置审批的“证照联办”。该项工作于 2016 年 9 月 20

日开始进行试点，目前已纳入食品药品监督管理部门的食品经营许可、交通运输管理部门的道路站场经营、卫生和计划生育委员会的公共场所卫生许可等 11 个事项，涉及餐饮、住宿、美容美发、机动车维修等 17 个行业，形成的《联办指南》成为全省标准化的办事指南。

（2）推行外贸企业“证照联办”。2017 年上半年，衢州市审改办与市场监督管理局牵头公安、商务、海关、出入境检验检疫、贸促会、人民银行等 6 个部门，制定出台了《衢州市外贸企业“证照联办”实施方案》，并于 2017 年 6 月 7 日颁发了衢州市首份 13 证联办执照。根据这种模式，申请人自愿提出办理“证照联办”申请，并将所需材料及开户申请书一次性提交至市行政服务中心综合受理窗口，相关的 13 证（表）以“一窗受理、集成服务”模式实行联办（图 3.5），使办事人员从原来要跑十多个部门变为跑一个窗口，注册全流程所需时间从原来的 14 个工作日缩减到不超过 7 个工作日，提交的材料从原来的 41 份减少到 25 份，减少率为 40%以上，大大缩减了审批流程，提高了服务效率。

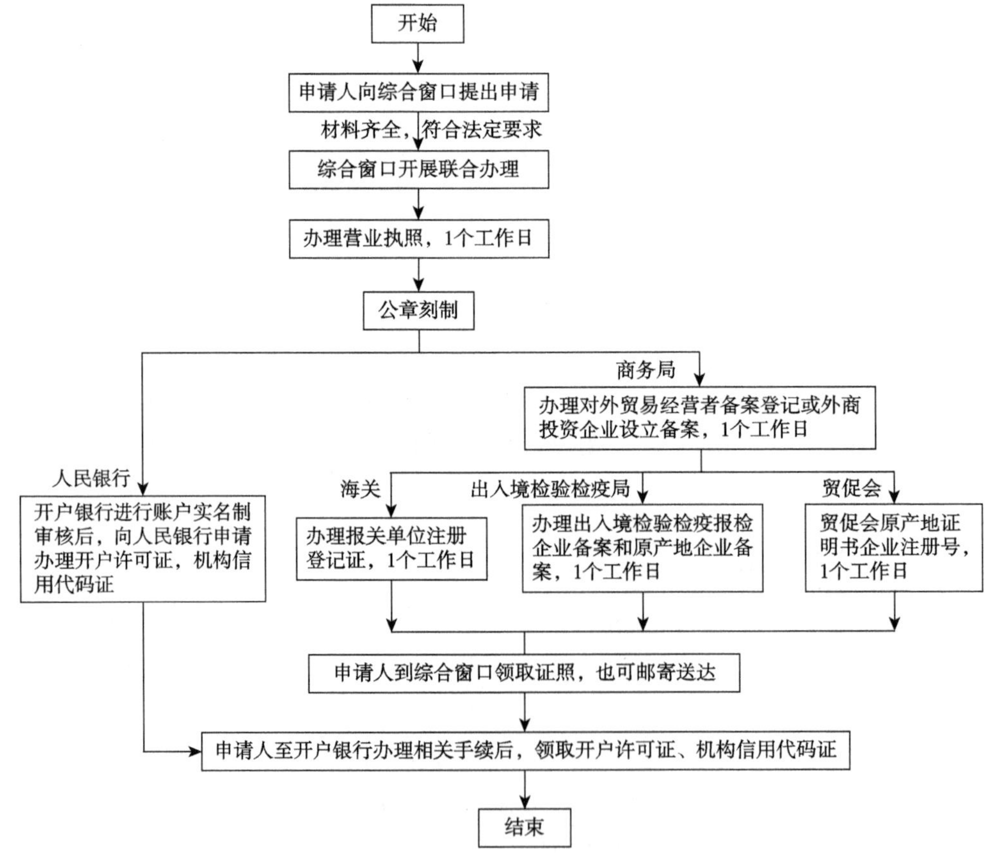

图 3.5　衢州市外贸企业“证照联办”流程图

（3）全面铺开"多证合一"改革。衢州市市场监督管理局于 2017 年 7 月 1 日起，在全市实施"多证合一"改革，首批纳入保安服务公司设立分公司备案、大学生创业企业认定备案、房地产经纪机构及其分支机构备案、住房公积金缴存登记、再生资源回收经营者备案等 11 个事项，涉及公安、人力社保、住建、商务、文化、交通、旅游等 7 个部门。市场主体只要办理这 11 个事项，不用单独再跑这 7 个部门办理审批，而是由各级市场监督管理局窗口直接办理并核发"多证合一、一照一码"营业执照。努力通过更大范围、更深层次的政府部门间证照整合、业务协同和信息共享，加快推进从"每个部门最多跑一次"转向"每件事最多跑一次"，达到"一事、一窗、一次"的改革效果。

三、全面落地亟待突破"玻璃门"

从 2014 年推进的"注册资本登记制度"改革，到"最多跑一次"的"证照联办""多证合一"，三年多来，衢州市商事制度改革沿着降低准入门槛和登记便利化两个方向，陆续探索实践各项举措，打通渠道、重构平台、整合资源、精细服务，逐步形成了新的市场主体服务管理新格局。但是，商事登记制度改革还在进一步探索中，很容易出现一些"拧巴"因素，就像"绿色通道"中设置的"玻璃门"一样，让商事登记主体"欲进不能，欲退不舍"。2017 年 6 月，浙江省统计局民生民意调查中心组织开展 CATI（computer assisted telephone interview，即计算机辅助电话访问）抽样调查，评估结果显示衢州市商事登记事项"一次办结"实现率和满意率离市场主体的要求还有距离，反映出衢州市要对一系列制约因素进行反思。

（一）"先照后证"仍未消除"前置审批"

虽然"先照后证"改革大量削减了工商登记前置审批事项，为市场主体先期发展争取到了宝贵时间，但仍然存在着一部分需要前期审批的事项，如登记过程涉及股权转让、注销的事项时需要提交税务部门的审核意见，企业住所登记材料无法提供房产证明时涉及是否违章建筑的把关问题，需要有关街道、乡镇的证明文件，政府的有关决策部署，如工业项目的咨询决策制度、行业专项整治等都对注册登记设定了一些非法律层面上的前置，等等，致使事项审批办理的难度比较大，等待的时间也相对较长。特别是在衢州实践中，还曾经出现过一些擅设的工商登记前置条件，如股权变更登记股东需到场办理，办理营业执照需乡镇或社区同意，需提供安全监管、计划生育证明等，这在一定程度上影响了"最多跑一次"

的效果。

（二）“无缝对接”依然存在“无人认领”

“双告知”是指企业申领营业执照时，企业审批登记部门将企业的办照情况通过浙江企业信息交换共享平台推送给相关行业主管部门，各相关职能部门到该平台中认领接收，并开展相关的监管。另外，企业审批登记部门将具体的办证流程告知企业，让其知道去哪些行业主管部门办理审批手续，少跑冤枉路。这是商事部门为确保“先照后证”改革各项举措落实，协助审批部门推进改革，实现与审批部门的“无缝对接”的重要举措。但是截至 2017 年 7 月底，从浙江省政府“双告知”认领情况的通报看，衢州市级部门的认领情况不够理想，涉及“双告知”信息推送的 18 个部门中，有 3 个部门认领率低于 5%，还存在着零认领的部门，这意味着部分部门并没做好这项工作，部门间“无缝对接”的理想状态和现实有很大差距。

（三）“集成服务”急需摆脱“形式主义”

衢州市商事登记（证照联办）“一窗受理、集成服务”改革从 2016 年 9 月开始试点，联办事项拓面进展较为缓慢，试点近半年时间仅拓展到两个试点行业。直到 2017 年 4 月，衢州市借助全省“最多跑一次”改革衢州现场会的召开强力推进该项工作，才把联办事项拓面扩大到 17 个行业。但是，与衢州市有权限办理的后置审批事项总数相比仍然差距较大，导致综合受理联办难度大，集成服务需要更加务实地推进。

第四章　“最多跑一次”改革的部门引领（社会服务部门）

第一节　公积金办理的“衢州速度”

衢州市住房公积金管理中心（简称市中心）根据省委、省政府以及市委、市政府部署要求，在群众认为最复杂的公积金贷款审批事项上，最先提出了“最多跑一次”的改革目标，并在全国率先开启“无证明”模式，跑出了公积金办理的“衢州速度”。

一、内外联动倒逼公积金改革

行政生态学认为，行政及其行政生态环境互相影响，是一个相互辩证的关系[①]。任何政府组织及其部门的生存、运行和发展都离不开周围的各种环境因素（制约或影响行政系统的各种条件）。根据作用方式的不同，将市中心开展“最多跑一次”改革的动因分为外生动力和内生动力。

（一）外生动力：高层改革成效奠定坚实基础

党的十八大以来，简政放权、深化行政审批制度改革、推进权力清单制度等成为新一届政府的工作重点，有力地促进了政府职能转变，极大地激发了市场活力和社会创造力，对地方各级政府工作部门行政审批制度改革具有良好的推进作用。同时，浙江省委、省政府围绕“审批事项最少、办事效率最高、投资环境最

① 丁煌：《西方行政学说史》，武汉大学出版社，2004 年，第 281 页。

优”的改革目标，启动了新一轮审批制度改革。除了进一步减少审批部门、事项、环节，压缩审批时间外，以“四张清单一张网”建设为主要抓手，在全省范围内三级联动整体推进行政审批制度改革。从中央到地方不断推进行政审批制度改革取得的显著成效，使政府各级组织及其部门的管理服务越来越规范化、透明化，为市中心推进“最多跑一次”改革奠定了坚实的基础。

（二）内在动力：公积金管理体制长期存在的问题

住房公积金是城镇职工个人的长期住房储蓄金，管好、用好关系到广大住房公积金缴存人的合法权益，关系到居民居住水平的提高，关系到社会稳定和金融安全。衢州市施行公积金制度已二十余年，在提供住房保障等方面发挥了重要作用，但其改革的步伐过于缓慢，难以满足民众需求，加上其运行体制机制的先天不足，问题日益增多。主要表现在以下几方面：一是监管不力，资金安全存在隐患。巨额的资金在一个封闭的运行空间里，而又未建立起一套完整的内部管理控制系统，难以及时发现工作问题从而迅速做出应变。二是资金分散，使用效率低下。住房公积金管理中心虽然是不以营利为目的的参公事业单位，但是在保证资金安全的前提下创造更多的经济效益也是住房公积金管理中心的职责所在。随着住房公积金缴存额的不断增加，大量住房公积金闲置在银行，市中心存贷比低于全省平均水平 20 个百分点。三是信息化水平低，业务工作效率低下。全市实行市县两级分级管理，没有形成统一的业务管理系统和数据库。当前，我国经济发展处于增长速度换档期和结构调整阵痛期，加强对住房公积金的体制机制创新，从整体上提高住房公积金的管理水平显得尤为重要。

二、从“碎片化”走向“整体化”

（一）纵向层级整合：理顺市县两级管理体制

自 2016 年 6 月起，市中心开始启动住房公积金管理体制改革。按照资源整合、提升效益的原则要求，将各县（市、区）住房公积金管理机构统一并入市中心，实现全市域住房公积金管理体制的“四统一”（统一决策、统一管理、统一制度、统一核算）管理模式。目前市中心设立柯城、衢江、衢化三个管理部，下设龙游分中心、江山分中心、常山分中心、开化分中心。全市住房公积金系统机构编制、领导职数、人事关系等实行市本级统一管理，各管理部及分中心经市中心授权，可负责所在区域公积金的业务运作和内部管理。

（二）横向功能整合：调整内部职能科室

管理体制改革后，内部职能科室也做了相应调整，由原来的三个职能科室调整为四个，即综合科、计划财务科、行政审批服务科、信息科。同时，将四个职能科室中与一线业务相关的人员全部前移到市行政服务中心，不论业务类别，每个窗口均能受理，实现服务的集约化、规范化、标准化管理。此外，为提高窗口业务人员的工作效率与服务质量，配合出台住房公积金管理中心业务大厅绩效考核暂行办法，完善一线人员考核机制，对窗口员工的业务量、工作效率、正确率及服务水平进行科学绩效考核，考核结果直接与工资薪酬挂钩[①]，有效提升了服务群众的整体水平。

（三）信息资源整合：打破部门数据壁垒

近年来，市中心充分利用信息技术手段打造大数据应用平台，实现了多部门数据信息共享，这项工作目前走在全国前列。2015 年以来，市中心充分利用信息技术手段，大力推进大数据应用平台建设[①]。一是先后与工行、农行、中国银行、建行、交通银行（简称交行）等各协作银行和中国人民银行征信系统、社保系统、市场监管企业信息系统等联网，简化群众办理程序。二是向省数据管理中心发出全省第一张公积金业务信息数据请求清单，打通各部门间的信息孤岛。通过省政务大数据平台采集房管处、不动产登记、公安、民政、国税、地税等相应部门的信息，解决了公积金业务的全部业务信息需求。许多原本需要缴存职工奔波提供的纸质证明，全部改由市中心从联网系统中获取。三是完善历史数据库。为实现市辖区范围内数据的共享和联动，保障全市公积金资金安全，市中心组织大量人力物力，经过两年多努力，完成 4 000 多万个数据的修复和勘验，实现对全市自有公积金历史以来 8 个公积金管理中心 20 余套旧系统原有数据进行技术恢复、修补和整理，建成了覆盖全市域 16 万多名缴存职工、接续近 20 年来公积金缴存、提取、贷款基础信息的历史数据库[②]，为全市公积金运行提供精准支持。四是在夯实历史数据库的基础上，开发电子档案服务功能。进一步简化一大批办事手续，缩减了一大批纸质材料，让"死"档案"活"起来。

① 王政理：《运用"互联网+"思维 全力打造"智慧公积金"》，《中国建设报》，2016 年 8 月 31 日。

② 王政理：《"智慧公积金"促服务大提升》，《衢州日报》，2016 年 8 月 20 日。

（四）公私部门整合：邀请受托银行进驻业务大厅

除整合自身资源外，还邀请工行、农行、中国银行、建行、交行、招商银行、上海浦东发展银行（简称浦发银行）、中信银行等八家承办公积金业务的银行进驻市行政服务中心服务大厅，八家受委托银行在公积金管理信息系统上办理贷款受理、审核、放款、提取等柜员业务，市中心自主办理贷款审批、财务核算和风险控制等核心业务，实现了公积金贷款手续、抵押签字手续、签订银行贷款合同等“一窗通办”，让以往的“两张皮办事”切实转变为“一窗受理、两家办事、一次办结”，实现“跑一次”办好公积金、商业组合贷款两件事。

三、改革成效落脚到“三个零”

市中心按照“互联网+公积金”思路，不断优化办事流程，精简办事材料，再造服务流程，致力于为群众办事增便利，初步实现了“零跑腿”“零证明”“零等待”三个“零”的终极服务目标。

（一）群众办事“零”跑腿

市中心坚持用“数据跑路”代替“群众跑腿”的服务理念，实现了群众跑路次数大幅度减少，群众办事“最多跑一次”甚至“一次也不用跑”的目标成效。一是设立综合受理窗口，与公积金相关的业务均可在市行政服务中心的公积金业务板块的综合窗口受理。例如，此前群众办理商品房的组合贷款需要跑 10 次部门、办理二手房纯公积金贷款需要跑 9 次部门、办理偿还商业贷款提取需要跑 3 次部门等，现在只需跑公积金一个窗口即可实现，具体如图 4.1 和图 4.2 所示。据统计，改革前需跑 114 次部门，改革后办事群众全年可少跑 18 万次以上。二是开通公积金网上办事大厅。自 2016 年 4 月 1 日开始，缴存单位可登录网上办事大厅直接办理包括职工个人账户设立、缴存基数调整、汇缴、补缴、单位基本信息变更等大部分业务，实现了单位公积金业务的网上办理，经办人可以足不出户就办理好公积金业务。据统计，线上业务办结率占总业务量的 46%。此外，为方便广大缴存职工查询个人信息，除每月免费发送账户余额短信外，还开通了省政务服务 APP 和智慧衢州 APP，只要输入相关信息便可享受随时随地查询个人账户的服务，仅 2016 年网上信息查询就有 61 280 多次。接下来，市中心将不断扩大协作银行和业务合作范围，推进公积金服务社会化改革，将服务窗口延伸至百姓家门口，实现群众办事“零”跑腿。

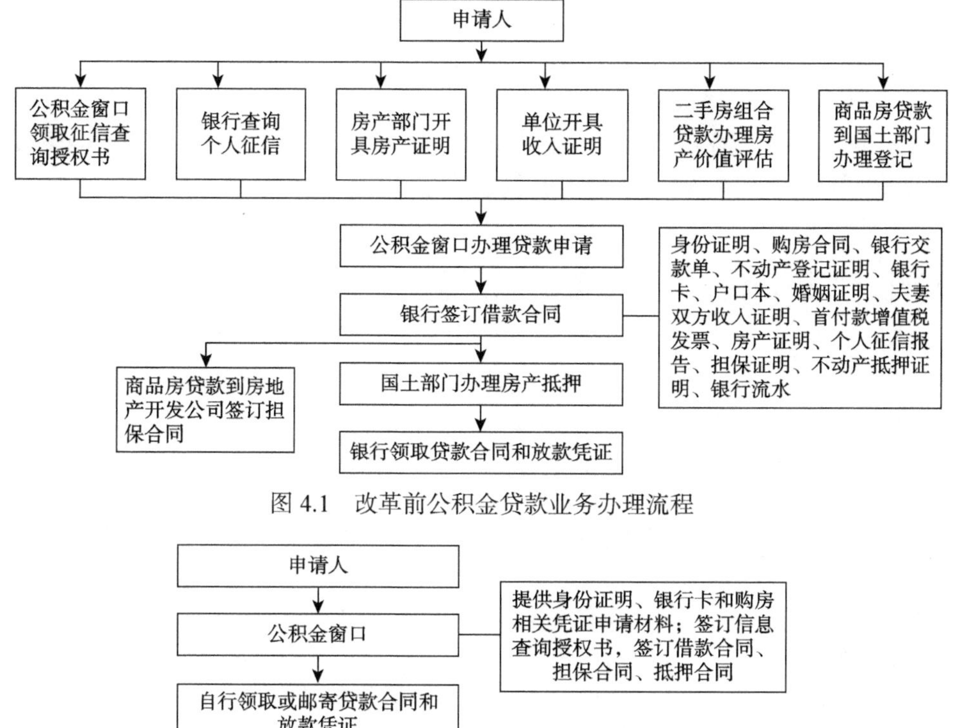

图 4.1 改革前公积金贷款业务办理流程

图 4.2 改革后公积金贷款业务办理流程

（二）申请材料“零证明”

市中心致力于打造大数据应用平台，积极与相关部门建立信息联网共享，打通部门与部门之间的信息孤岛，实现了信息互联互通。住房公积金业务系统可自动关联查询，直接从平台调取，不用缴存职工奔走各部门提供各类证明材料，真正迈入“无证明”时代。例如，群众公认为最复杂的公积金贷款业务，除了办理业务所必须具备的身份证明、购房资料以外，此前办理商品房的组合贷款需 9 项材料、二手房纯公积金贷款需 7 项材料、偿还商业贷款提取需 4 项材料。现在群众只需携带身份证和购房资料即可办理贷款业务，无须提供任何证明。据统计，公积金相关业务办理事项改革共有 19 项，改革前需准备 115 项材料，改革后申请人全年可少开约 12 万份证明材料。

（三）线下服务“零”等待

“最多跑一次”改革实行之后，审批时间压缩十分明显。通过线上线下流程再造后，行政审批效率大幅度攀升，公积金板块审批时限缩短90%以上。例如，常见业务审批总时限从过去需要15天左右变为现在只需30分钟左右。为提供更加高效、便利的公积金服务，2017年7月开通个人网上自助提取、手机端进行查询、公积金业务叫号网上预约等更多智能便捷的服务方式[①]，通过打造智慧公积金，为实现办事群众能够随到随办，线下服务“零等待”提供了可靠的保障。

四、“三个转变”迎来了“无证明”时代

市中心“最多跑一次”改革推行速度快、效果好，在全省乃至全国住房公积金制度改革中起到了良好的示范和带动效应。市中心之所以能在全国率先实现公积金“无证明”，主要得益于三个“转变”。

（一）理念维度：部门职能定位由“管理型”向“服务型”转变

行政审批制度改革的目标是利用现代信息技术，向群众提供优质服务，进而促进政府职能转变，建设服务型政府。市中心在“最多跑一次”改革中，始终贯穿“以人民为中心”的发展理念这条主线，牢牢把握住房公积金专业化政策性金融机构的精准定位，推进公积金制度理念、政策理念、管理理念的根本转变，实现住房公积金管理中心从管理型“参公事业单位”向服务型“住房金融专业机构”转型，成为不以营利为目的、为中低收入职工解决住房问题提供政策性住房金融服务的政策性住房银行。同时，按照政策性金融发展方向，借鉴商业银行流程化管理模式，建立专业金融服务标准，有利于改革制度弊端，提高管理水平和服务效率，符合改革方向要求。

（二）技术维度：数据“部门所有制”向“数据共享”转变

市中心“最多跑一次”的思路在于，证的本质是信息的载体，群众可以是信息的持有者，但决不能让群众成为信息的传递者。既然证可以是信息的载体，同样数据库也可以成为信息的载体，而且相对于纸质证而言，数据库具有低成本、高效率、便捷性等优势[②]。在“互联网+”时代背景下，数据共享是简化办事手续、延伸服务功能的有力保证。政府组织部门条块分割，政府对信息又缺乏统一规划和管理，部门都是根据各自的工作需要采集相应的管理信息，基本上是一个部门

① 张明玥、傅剑青：《衢州公积金在全国率先实现“无证明”办理》，《衢州日报》，2017年4月2日。

② 王印红、渠蒙蒙：《办证难、行政审批改革和跨部门数据流动》，《中国行政管理》，2014年第4期，第13-18页。

一个系统，很少有部门从整体高度设计跨部门的系统，导致政府各部门信息沟通出现“鸿沟”现象。因此，建设统一、标准的数据技术平台和信息共享激励机制，有利于破除数据“部门所有制”困局，整合部门“所有制”信息系统，实现数据跨部门流动。

（三）目标维度：“碎片化”服务向“一站式”服务转变

市中心“最多跑一次”改革的落脚点在于，为全市百姓、企业提供智慧、便捷、高效的“一站式”公积金业务办理服务。改革前，办理公积金贷款业务需要“跑多次”“多地跑”，递交数份材料和证明。改革后，在民本理念的引领、数据共享技术支撑和“整体化”管理体制改革的基础上，服务方式由原来的块状分割转变为直线型，以前“查询、提取、贷款”等业务人员各司其职，群众办事也对号入座，有时办结一项业务需先后在不同窗口排队，通过管理体制、信息资源的改革，不论业务类别，每个窗口均可受理，而且改革前办理贷款业务至少需要跑三个部门，现在只要在公积金一个窗口办理即可，真正实现了“一窗受理、集成服务”的“一站式”服务模式。

第二节 不动产交易拥抱“最多跑一次”改革[①]

不动产交易“最多跑一次”改革，是指依托“互联网+政务服务”和大数据技术，全面推进不动产交易、税务、登记部门自身改革，促进不动产交易、税务、登记体制机制创新，实行一窗受理、内部流转、信息共享、统一归档。

“最多跑一次”改革是浙江省委、省政府做出的重大决策部署，是在“放管服”改革上的新探索与实践，也是践行“以人民为中心”的“军令状”和“承诺书”。不动产交易登记“最多跑一次”改革是浙江省政府实施群众和企业到政府部门办事“最多跑一次”改革重点突破的领域。实行不动产交易“一窗受理、集成服务”是进一步提高行政服务效率、体现行政审批平台集中优势的重要手段，是进一步整合部门资源、创新行政审批办件模式的有效载体，有利于精简审批环节，提高办事效率，节约政务成本，方便企业群众。

---

① 本节的调研得到了衢州市不动产登记中心的大力支持，在此表示感谢。

一、流程再造推进线上线下融合

衢州市不动产交易“最多跑一次”改革，按照“规定动作做到位，自选动作创特色”的要求，在全面落实浙江省政府改革要求的基础上，积极推出富有衢州市特色的改革新举措。衢州市不动产交易“最多跑一次”改革，立足于进一步优化市区房屋与不动产登记流程，创新审批方式，提高审批效率，方便群众办事，确保实现房屋交易与不动产登记“最多跑一次”。衢州市于2017年3月20日在全省率先实现“一窗综合受理、后台并联审批、统一窗口出件、证书快递送达、水电气联动过户、全面推广网上政务服务”的不动产登记新模式。

（一）统一窗口受理，优化工作流程

衢州市政府高度重视不动产交易“最多跑一次”改革，多次召开相关部门主要负责人工作协调会，明确不动产登记“最多跑一次”改革任务及实现路径。衢州市国土资源局（简称国土局）与住房和城乡建设局（简称住建局）、地税局、行政服务中心管理办公室等对接，协调职责整合事项。通过调整优化现有窗口设置，在行政服务中心设立房屋交易与不动产登记综合受理窗口，统一受理房屋交易、税收申报和不动产登记事项。以交易、税收、登记所需的申报材料为基础，按照不缺、不漏、不重复原则，制作统一的申报材料目录并对外公布。登记部门具体负责一次性收取房屋交易、税收申报和不动产登记所需的全部材料。

登记部门统一收取、核对申报材料，完成信息录入后，将信息推送和材料传递给交易、税务部门，三个部门并联同步办理。交易、税务、登记受理当场完成审核，并将结果统一反馈至窗口，窗口人员一次性完成面签、告知申请人缴纳税费等事宜。登记部门完成登记审核后，登记结果通过快递等方法送达申请人。统一窗口后，将交易、税务、登记三部门从串联改为并联，不动产登记窗口工作人员对受理资料进行统一分类，当场完成信息录入，同时将信息和纸质材料在最短的时间内推送给交易和税务部门，进行后台并联审批，大幅提升了审批效率。

（二）加强部门协作，信息互换共享

交易、税务、登记部门互认办理结果，交易、税务部门完成交易、税收后，将结果及时反馈至登记部门，对交易未通过或税收未缴纳的，登记部门不予办理登记。登记部门完成登记后，将相关信息及时反馈至交易、税务部门。房屋交易与不动产登记完成后，交易、税务、登记部门按照各自的规定对需要存档的申报

材料、审核材料及办理结果等分别进行存档，共性（重复）资料由登记部门统一收集存档，数字档案（包括影像档案）与交易、税务部门共享。

随着“互联网+”的兴起，网上政务服务有越来越大的需求。根据国务院推进“互联网+政务服务”的部署，衢州市不动产交易中利用信息技术，发挥互联网优势。交易、税务、登记部门按照新的工作流程，升级改造各自的信息系统，建设数据资源共享交换体系，实现信息自动交换和数据实时互通，着力破解部门壁垒、信息孤岛，以实现多层级、全流程、各环节信息共享。在受理窗口开展资料审核并完成信息录入后，电子数据和资料实时传输，部门之间信息交换通过后台进行，变“群众窗口间来回跑”为“数据部门间网上走”。

（三）线上线下融合，延伸便民服务

交易、税务、登记部门利用信息技术，推广APP、微信预约、在线查询等电子服务，实行“网上提交材料、网上智能比对、网上预审预约”的电子化登记模式，通过线上线下的融合，有效解决群众“一直在路上”的难题，实现“便民、惠民、利民、为民”的政府职能目标转变。

不动产交易登记中，推行不动产部门与水、电、气等公共服务部门的联合过户模式，设立“水、电、气”综合窗口，与不动产登记受理一并办理，实现公共服务业务“一窗受理、集成服务”。为更好地实现群众办理公积金贷款“最多跑一次”，完成了与市中心的业务整合，公积金贷款抵押登记的申请人签字工作委托市中心办理，资料实行部门内部流转，确保群众“只跑一次”。另外，开展“中介座谈会”“销售经理座谈会”“登记纳税进社区”等活动，将不动产登记工作进一步延伸至企业、群众身边，全方位实现一站式服务。

（四）完善机构设置，加强人员培训

衢州市国土局作为“一窗受理、集成服务”的牵头责任部门，负责房屋交易与不动产登记等业务板块并联流程的优化和运行，以及一次性告知、集中核对、统一归档和制证发证等工作；市住建局、市财政局等部门负责本部门的相关资料核对、审批等工作。交易、税务、登记各方对各自的办理事项、办事流程、办事效率承担责任。全过程“最多跑一次”统一设在窗口受理确认环节，部门之间信息交换通过后台进行，交易、税务、登记部门在其他任何环节都不能要求申请人再跑一次。各相关部门落实“一窗受理、集成服务”人员、设备、待遇等各方面的保障，配强窗口力量，指派业务骨干进驻窗口，确保了不动产交易，登记事项的受理、审查、审批、制证等各个环节在窗口规定办理时限内完成。

充实不动产交易窗口工作力量，加强工作人员业务培训。在衢州市编办、市

人力资源和社会保障局的支持下，衢州市不动产交易中心已经完成 11 名编外人员的招聘工作，2017 年 6 月正式上岗，分别充实到综合受理、网上预约、前台预审、上门服务、制证等岗位，长期以来存在的人手紧张问题得到缓解。对新上岗人员、咨询导服人员进行不动产交易、登记业务培训，督促他们尽快熟悉业务和流程，提高咨询导服质量。加强全体工作人员思想教育，增强服务意识，强化服务技巧、文明礼仪培训，倡导“微笑服务”，努力提高队伍的服务水平和服务质量。

二、优化服务环境提升群众获得感

衢州市在不动产交易“最多跑一次”改革中，创新不动产登记工作的理念和方法，统筹协调、补齐短板，取得了四个明显成效。

（一）数据信息得以共享，跑腿次数明显减少

通过优化流程和信息共享，数据实时传输，以部门跑、数据跑代替群众跑，群众办理不动产登记业务由原来 3 个窗口跑 8 次变为 1 个窗口跑 1 次。居民水、电、气联动过户由原来的跑 5 次变为跑 1 次（表 4.1 和表 4.2）。一手房受理材料由原来的 27 件减少为 11 件，二手房受理材料由原来的 41 件减少为 21 件。登记结果通过“证书快递”服务送达办事群众，打通审批“最后一公里”，实现了让“快递多跑腿，群众少跑路”。

表 4.1　不动产交易登记改革前后对比表

项目	改革前	改革后
跑腿次数	1. 跑民政部门开具婚姻证明 2. 跑民政部门开具门牌证明 3. 跑不动产登记部门开具不动产登记证明 4. 跑住建部门办理划拨土地上市审批手续 5. 跑住建部门办理房产交易备案 6. 跑地税部门纳税 7. 跑不动产登记部门办理不动产登记 8. 跑不动产登记部门领取证书 跑 8 次	交易、税务、登记统一在综合窗口受理，不动产登记证明、门牌证明、婚姻证明从各部门共享数据中读取，部门之间信息共享，信息交换通过后台进行，最终登记结果通过快递等方式送达申请人 跑 1 次
申请材料	申报资料由三套减少为一套，共性资料不重复收取，交易、税务、登记信息通过自动交换实时共享，不再提供部门间办理结果资料（交易备案、完税凭证等）	
时效	1~2 个工作日	约 1 个小时

表 4.2　居民水、电、气联动过户业务改革前后对比表

<table>
<tr><th>项目</th><th colspan="3">改革前</th><th>改革后</th></tr>
<tr><td>跑腿次数</td><td colspan="3">1. 跑房产部门办理房产过户申请
2. 跑房产部门领取不动产权证书
3. 跑供电公司办理过户手续
4. 跑水业公司办理过户手续
5. 跑燃气公司办理过户手续

跑 5 次</td><td>在办理不动产过户申请后，凭借加盖水、电、气专用章的《不动产登记申请受理通知书》和其他申请资料，到水、电、气综合受理窗口办理水、电、气联动过户业务

跑 1 次</td></tr>
<tr><td rowspan="3">申请材料</td><td>水业过户</td><td>供电过户</td><td>燃气过户</td><td rowspan="3">1. 原产权人和新产权人身份证明
2. 燃气底表数图片（含实际使用量和剩余量）
3. 燃气卡
4. 填写《衢州市居民水电气联动过户业务申请表》

共 5 份</td></tr>
<tr><td>1. 原产权人和新产权人身份证明
2. 房产证明</td><td>1. 新产权人身份证明
2. 房产证明
3. 填写《客户变更用电（丙类）申请表》</td><td>1. 原产权人和新产权人身份证明
2. 房产证明
3. 燃气底表数图片（含实际使用量和剩余量）
4. 燃气卡
5. 填写《过户申请单》</td></tr>
<tr><td colspan="3">共 10 份</td></tr>
<tr><td>时效</td><td colspan="3">约 5 天</td><td>约 1 天</td></tr>
</table>

（二）审批流程优化创新，办事效率明显提高

通过整合国土、住建、税务三部门窗口工作职责，实现由不动产登记窗口一窗受理房屋交易、不动产登记、税收征管所需的全部资料，全过程“最多跑一次”统一设在窗口受理确认环节，群众提交资料由原先的 3 套减为 1 套，共性材料不重复提交，交易、税务、登记信息通过自动交换实时共享，不再提供部门间办理结果资料（交易备案、完税证明等）。居民水电气联动过户申请材料由原来的 10 份减少为 5 份（详见表 4.2）。不动产登记日均办件量由原来的 100 多件上升为 200 多件，一手房每件受理时间 5 分钟以内，二手房每件受理时间 15 分钟以内，业主完成所有受理审核纳税在 40 分钟以内，比原先受理办结时间提效 50%以上。

（三）窗口部门合理配置，服务环境明显改善

根据改革要求，衢州市对国土、住建、税务三部门窗口工作职责进行了整合，调整优化了现有的窗口设置。由不动产登记窗口牵头，一窗受理房屋交易、不动产登记、税收缴纳所需的全部资料。目前，衢州市行政服务中心共设置 10 个综合受理窗口，窗口业务办件量由原来每天 100 多件上升为 200 多件，实现了“进一

家门、到一个窗、办多家事”的目标。2017 年 5 月，对衢州市行政服务中心二楼不动产板块进行全面改造，扩大等候区、增设电子显示屏，打通玻璃隔断、加快空气流通，等候区与办理区适当分离，采用消音板材降低办事大厅的噪声。

（四）便民服务更加快捷，群众获得感明显增强

调整了以往交易、税务、登记“串联审批”模式，实行三部门联合办公、并联审批，登记结果通过快递等方法送达申请人，大大提升了原有审批速度，有效缩短了群众排队等待时间，群众满意度显著提高。通过全面推行“互联网+”，逐步形成各项便民服务“在线咨询、网上预约、证书快递送达”的零上门机制，让群众足不出户就能一次性办结各项业务。同时，打造专业化服务铁军，不断提高业务人员综合素质，办事面貌焕然一新。2017 年 6 月，浙江省统计局民生民意调查中心对已公布“最多跑一次”事项的特定服务对象进行 CATI 抽样调查。调查显示衢州市不动产登记工作实现率为全省第一，满意率为全省第二，群众反映意见最少，整体处于全省领先水平。其中实现率为 83.6%，高于全省平均值 11.9 个百分点，领先第二名 7.5 个百分点；满意率为 90.9%，高于全省平均值 4 个百分点。

三、健全机制破解制约瓶颈

衢州市不动产交易“最多跑一次”改革虽然取得了显著成效，但也存在着一些瓶颈问题，制约着“最多跑一次”改革深入可持续推进。

（一）思想认识有所偏差，理念更新有待进一步增强

“思想是行动的先导”，不动产交易“最多跑一次”改革，需要国土、住建、税务等各部门统一思想，齐心协力推进，才能做到事事有着落，招招见实效，才能为未来赢得主动。但在实际运行中，各部门思想认识不一致，有的部门对这项改革重视，有的部门重视不够，对不动产交易“最多跑一次”改革的意义认识不充分。另外，同一部门中的工作人员，对不动产交易“最多跑一次”改革的认识程度也不尽相同，影响了“最多跑一次”改革的实施成效。不动产交易“最多跑一次”改革中，理念更新有待进一步增强。

（二）职能定位不够明确，角色转换有待进一步到位

不动产交易“最多跑一次”改革，应着眼于企业和群众急什么、盼什么、缺

什么，改革就要着力改什么，聚焦群众“痛点”，瞄准办事“堵点”，解决服务“难点”。但在实际运行中，有的部门职能定位不够明确，工作人员角色转换尚不到位，没有理顺工作职能，没有做到换位思考，没有贴合企业与群众的需求，没有做到该办能办的实事要竭力为企业和群众办好。因此，在不动产交易“最多跑一次”改革中，需要进一步明确部门职能定位，进一步转换工作人员的角色，充分发挥各方面的作用。

（三）工作机制不够健全，运行机制有待进一步完善

在不动产交易“最多跑一次”改革中，各相关部门在人员、设备等各方面的保障机制需要进一步完善，以保证“最多跑一次”的顺畅运行。容错免责机制有待进一步确立。要按照支持和保护党员干部改革创新的相关规定，大力推进行政审批制度改革创新，对因推进审批制度改革创新而突破常规的单位和个人实行免责。通过健全工作机制、完善运行机制，进一步促使不动产交易“最多跑一次”改革向纵深发展。

（四）特色品牌不够鲜明，衢州标准有待进一步确立

“最多跑一次”是一种承诺，更是一份责任。各部门要履职尽责，做改革的先行者，坚持示范引领、改革创新，才能跑出“衢州速度”，在全国唱响“衢州声音”。在不动产交易“最多跑一次”改革中，特色品牌不够鲜明，衢州标准有待进一步确立。对群众反映强烈、期待迫切的问题，有条件的要抓紧解决，把好事办好；一时难以解决的，要努力创造条件逐步加以解决，才能赢得群众的掌声，形成富有“衢州经验”的特色和品牌，在全省创立“衢州样板”。

第三节　公安全力推进“最多跑一次”改革[①]

在政府的众多组成部门中，公安机关有着鲜明的特点，承担着“维护国家安全，维护社会治安秩序，保护公民的人身安全、人身自由和合法财产，保护公共财产，预防、制止和惩治违法犯罪活动”[②]的历史重任。与此同时，公安机关作为

---

① 衢州市公安局为本节提供了基础性材料，在此表示感谢。

② 《中华人民共和国人民警察法》第二条。

重要的行政管理部门，负责户政管理、国籍管理、出入境和外国人在中国境内居留旅行管理、道路交通管理、消防监督管理、特种行业管理、公共场所与公共秩序管理、易燃易爆危险物品管理等与群众生产生活息息相关的事项，具有一般行政管理的共同特性。让公安机关在行使一般行政管理职能过程中，为广大人民提供方便、快捷、温馨的服务，不断提高人民的获得感，是公安部门不变的追求。衢州市公安机关自开展“最多跑一次”改革以来，认真贯彻习近平总书记“以人民为中心”的发展思想，坚持问题导向和需求导向，依托“制度+技术”支撑，以权力下放、流程再造为切入口，创新推出“一窗式、云服务”改革举措，推动思想、观念、组织制度的创新，推进公安行政服务便捷化、管理精准化、设施智能化建设，实现了“一窗受理、一套标准、一网通办、一个体系、一云监管”。

一、“以人民为中心”统领“最多跑一次”改革

衢州公安部门践行习近平总书记“以人民为中心”的发展思想，以民意为引领、以问题为导向，让“最多跑一次”改革紧紧围绕人民群众的意愿和诉求开展。一是注重察民情，强化领导责任。要为人民提供优质服务，首先要了解人民需要什么样的服务。为此，衢州公安部门建立“一把手”驻窗口制度，市、县两级公安机关领导班子成员每月轮流到窗口坐班，变以往在办公室听汇报为深入一线察民情、找“堵点”、破难题，推动责任下沉、精准施策。二是注重纳民意，改革评判方式。改革成效如何，最终评判权在人民手上。为进一步提高改革成效，让广大人民获得更多改革红利，衢州公安部门改革评判方式，广纳民意，全面开展跟访、回访、上门访等活动，量化考核服务态度、工作效率和工作作风，加大群众和企业打分权重，并将考核结果作为评先评优的重要依据，激励公安干警服务水平不断跨上新台阶。三是注重聚民智，突破瓶颈制约。公安行政管理实现“最多跑一次”，是一项创新型工作，与其他行政部门比较，面临更多的主客观障碍，需要集聚民智，突破瓶颈制约。为此，衢州公安部门在全市范围开展“全警大走访、聚力拼首善”活动，重点针对改革推进的难点、痛点，借助网络、信件、短信等形式向群众征求破解之道，并坚持一周一梳理、十天一通报、一月一督办，推广先进经验、督导后进地区，确保群众意见建议真正落实。四是注重惠民生，提供优质服务。“最多跑一次”改革的目的在于倒逼政府、促进改革、简化程序、方便群众和企业。衢州公安部门在推进“最多跑一次”改革过程中，从理念设计到具体实施，从流程再造到执行细节，从硬件设施改造到软件环境提升，始终注重惠民生，致力于提供更加优质的服务。

二、流程再造全面提升公共服务能力

在“最多跑一次”改革中，衢州公安部门从“职能导向”转为“需求导向”，按照群众和企业到政府办理“一件事情”，在申请材料齐全、符合法定受理条件时，从受理申请到做出办理决定、形成办理结果的全过程一次上门或零上门的要求，改革组织结构和工作方式，整合政务资源，融合线上线下，借助新兴手段，全面提升公共服务能力。

第一，“一窗受理”，着力解决群众办事多头跑问题。针对原先公安部门各个业务警种窗口独立、功能单一、群众到公安机关办事不同窗口“来回跑”、排队耗时费力的弊端，衢州公安积极争取市委、市政府支持，将市行政服务中心三楼整体改造成公安专属的“一窗式”综合办事大厅，将治安、户政、警卫、禁毒、网警、出入境、交警、高速等 8 大警种、116 项业务整合在一个公安受理窗口，确保公安所有业务可在一个窗口实现办事预约、咨询、服务。例如，为解决群众处理车辆违法需要“多头跑”的问题，衢州公安部门将地方交警、高速交警、综合执法局三个部门的违法处理信息系统账号向综合窗口开放，法律文书向综合窗口授权，同时打通系统，实现地方、高速、综合执法违法处理整合在一个系统内进行审批，并与衢州市中级人民法院对接后，将地方交警、高速交警执法主体进行统一，确定“三窗合一”窗口的高速、地方违法处理均加盖衢州市公安局交警支队公章，在全省率先实现地方交警、高速交警、综合执法局车辆违法处理“三窗合一”“一岗三能”，对所有车辆违法处罚实现“一窗式”办结，解决了业务多头受理、群众往返奔波的老大难问题。

第二，“一套标准”，着力解决要求不统一问题。便利群众和企业办事，实现“最多跑一次”，推动规范是关键。衢州公安在改革中，全面梳理市、县两级公安系统所有行政审批服务事项，将“多重要求”规范成“一套标准”，向社会公开，让民警知晓，确保工作人员和办事群众都有对照模板，让行政审批工作按流程实施、在“阳光”下开展。

第三，“一网通办”，着力解决数据不流通问题。数据能否整合、共享在很大程度上决定着“最多跑一次”的实际效果。衢州公安部门在省公安厅和市政府有关部门的大力支持下，突破了公安专网与浙江政务服务网之间数据安全流转的技术难题，实现了一大批行政服务事项全程网办、手机办理。在此基础上，衢州公安部门推出了手机支付、微信预约、识脸办证等一系列便捷服务。同时，为打破时空限制，衢州公安部门创新推出户籍业务“衢城通办”，针对本市户籍人员，依托网上审核，实际管辖地授权，通过电子签章模式取代以往的实体章加盖模式，实现了全城可就近选择任何一个派出所窗口申请办理和当场发证。

第四，“一个体系”，着力解决服务不到底问题。衢州公安部门拓宽思维，延伸服务触角，构建公安行政服务市、县、乡、村四级架构，变“一家办理”为“集群服务”。市级层面，坚持树立“一个公安面向群众”的理念，在全省率先设立公安“一窗式”综合办事大厅。县级层面，各县（市、区）参照市级窗口对现有的行政服务中心窗口进行综合办事大厅改造，将所有县级事项归并至窗口进行受理发证。乡镇层面，全市 55 个户籍窗口，共有 38 个窗口进行升级改造，9 个交警中队进行了功能升级，各地结合本地情况将交警、出入境、治安、网警等 29 个审批服务事项纳入派出所（交警中队）窗口统一咨询办理，实现“小窗口”也能“办大事”。村级层面，通过村干部代替村民跑窗口或民警进农村社区办证的“村居代办”模式，将公安服务送到百姓家门口。

第五，“一云监管”，着力解决批管脱节问题。衢州公安部门探索实施“批管分离”制度，借助大数据、云计算等信息手段，确保审批依法规范、监管到位有力，做到简政放权“放”得有效，“管”得到位。一是实行批管分离。建立“一个部门审批、多个部门监管”新机制，对窗口严格授权，按照一般性事项、特殊性事项和自主受理事项三种情况分类审批，防止权力下放导致权力寻租、权力异化等情况发生。二是全程阳光监督。改进公安行政审批服务网站，纳入浙江政务服务网，确保所有网上审批服务项目“阳光公开”，接受政府统一监管，让第三方机构当“裁判”。制定下发下放行政审批项目事中、事后监管工作规范，办事窗口定期向业务警种通报行政审批事项办理情况，供各部门查询、掌握、监督。三是云上智能监管。借力省公安厅“云上公安、智能防控”建设，依托 360 天眼数据流量分析等系统，通过渗透测试、工具扫描、实时监测等方式，全面排查系统风险隐患。

三、“让人民满意”是公安永恒目标

衢州公安部门“最多跑一次”改革取得了明显成效，91%的市级办事事项实现“最多跑一次”，50 个事项实现“就近跑”，19 个事项实现“零趟跑”，群众对窗口服务的满意率达 98.3%。但是仍然面临系统内数据共享不足的困境，面临全国性规定与衢州实现电子化审批的矛盾，面临数据共享中界定开放程度、限定共享权限的难题，面临线下实现“一个窗口对外”但线上还存在“各自为政”的现象，需要以人民满意为目标，继续全力以赴抓好改革深化。

第一，抓紧补齐短板。通过专项督查，发现短板，补齐短板。例如，积极争取上级支持解决现行户籍管理规定中户口本办理必须加盖实体章与衢州市借助电子签章实现户籍“衢城通办”的矛盾，积极争取交管、出入境等部门数据进一步开放，积极争取出台相关制度对信息共享问题加以规范。同时，制定“最多跑一次”改革工作评估细则，重点围绕办事流程是否达到最精简、群众办事满意度是否有提高等实际问题进行评估，以问题为导向，提升公安综合服务窗口办事效率，最终达到“1小时”办结的服务目标。

第二，进一步推进基层延伸。衢州市作为“最多跑一次”改革“三延伸”试点地区，正在全面推进“四个平台”建设。今后要努力在已有的“四级架构”基础上，重点抓好最基层的派出所（交警中队）一级和村（社）一级服务工作，争取更多的事项进驻基层两级，形成“基层两级综合受理、县（市、区）局后台分类审批、基层两级统一出件”的“金字塔”形政务服务和公共服务新模式，实现基层审批服务“最多跑一次”。

第三，借力信息科技。把信息化作为改革的“助推器”“加速器”，推动完善顶层设计，进一步拓宽与民政、公积金、社保等部门间信息共享渠道，加大保障力度，不断加大公安服务“互联网+改革”工作力度，对数据共享、“机器换人”、网上办理、移动终端等项目实施专项攻坚，努力实现“一个手机办好事”，真正让群众办事“不用跑”。

第四节　社会保障践行“最多跑一次”改革

“最多跑一次”改革实施以来，衢州市人力资源和社会保障局以“服务发展，保障民生”为根本目标，以提高办事效率、提升服务质量为宗旨，着力构建标准化、信息化、专业化社保，紧紧围绕“一窗受理、一套标准、一网通报、一站服务”四个基本内容，全面梳理事项，实施流程再造，服务效能提升，切实方便了群众办事。

一、多管齐下全面落地

社会保障是民生的安全网。衢州市人力资源和社会保障局把“最多跑一次”的要求细化到每项业务规程中，用规程规范业务经办，用“社保一体化”系统控制业务流转，用“互联网+政务服务”实现“工作不下线”，集中破解难题，多管齐下全面落地，服务发展，保障民生。

（一）规范一窗受理，确保“跑一次”

（1）建立事项清单，规范服务标准。按照职权法定、分析履职、简政放权的要求，全面开展现有权力事项梳理工作，在加强内控、确保基金安全的前提下，对现有权力进行取消、转移、合并，保证“类别统一、名称统一、口径统一、实施统一”。缩减办事资料，对各经办业务需提供的每份资料进行必要性审查，优化表单，多表合一、一表多用，实现“三个不提交”：法律法规无明确规定的材料不提交，由本部门出具或通过本部门信息系统数据交换获取的材料不提交，可自行查验获取的材料不提交。健全完善社保业务操作规程，推进经办服务标准化建设。从业务经办的规定条件或适用范围、经办职责、服务流程、审核要点、注意事项等方面，分步编写《衢州市本级社保经办服务工作指导书》。

（2）科学设置窗口，再造业务流程。严格实行“前台综合受理、后台分类审批、综合窗口出件”的审批服务模式，转变过去一窗一业务“单口受理”模式，将所有养老、医疗、工伤、生育、失业保险事项整合成参保、征缴、待遇三类，科学设置综合窗口，统一在一个窗口受理经办。此外，每个窗口配备一名业务流转岗，业务流转岗工作人员除做好正常业务审核工作外，负责协调解决本窗口需要内部科室业务流转事项的再协调工作，避免办事群众在多个窗口跑[①]。窗口人员收到事项后，第一时间将相关材料扫描录入系统，系统根据业务办理要求，自动将其流转到相关业务科室人员办理。相关人员办理完结后，系统自动将相关信息反馈到窗口，窗口人员将相关材料交给办事人员。

（二）借力一体化系统，推进“就近跑”

充分发挥集系统自动推送、业务自动流转、档案实时扫描等功能于一体的“社保业务经办一体化”系统作用，打造基层劳动保障平台，业务下沉，让服务更好地延伸，让群众就近就便接受服务。开展基层劳动保障平台和机关企事业单位劳资工作人员社保业务培训，提供业务指导，着力提高社保延伸经办服务水平。将《衢州市本级社保经办服务工作指导书》分发给乡镇（街道）、社区和企业，将与城乡居民工作紧密相关的业务授权给乡镇直接办理，办理中提供的资料直接通过系统上传到人力资源和社会保障局相关业务科室，人力资源和社会保障局业务科室根据上传资料进行审核后通过系统将审核意见反馈给乡镇，当场予以办理。加强自助服务平台建设。社保服务大厅和部分政府便民服务中心开设社保自助服务一体机终端，为参保人员提供自助服务，为群众办事提供便利。

---

① 江洁：《衢州市社保局“最多跑一次”改革，获省长点赞》，中国劳动保障新闻网，2017 年 4 月 18 日。

（三）依托“互联网+”，实现“不用跑”

依托“互联网+政务服务”，实现社保经办 24 小时“工作不下线”，促进业务经办从实体窗口向网上经办的转换，让经办走网路，群众不走路，真正实现一次不用跑，事事能办好。

（1）应用人脸识别，实现“刷脸”认证。在全省率先启动依托于人脸识别技术和海量身份认证系统、互联网平台的养老待遇资格认证工作，全市所有退休人员可以利用该系统通过电脑终端、APP 手机客户端、自助终端等足不出户完成资格认证工作。

（2）推进网上申报，提高经办效率。做好“阳光政务网上办事大厅”和“社保业务经办一体化”系统数据实时对接，制作网上办事操作指南，大力宣传、引导群众通过手机或电脑登录浙江政务服务网及其 APP，只需免费领取数字证书，通过社保网上申报系统即可办理业务，实现网上咨询、预约、申请、受理、审批、查询、反馈、投诉、评价，努力实现办事“零上门”。

（四）拓宽服务渠道，避免“多次跑”

开展多形式的广泛宣传引导。让老百姓全面了解办事流程和相关要求，不跑“冤枉路”。依托浙江政务服务网、阳光政务网上办事大厅、人力资源和社会保障局网站、“衢州智慧社保”微信公众号等平台和渠道，实时全面发布调整后的行政权力事项，包括事项的具体内容、申报条件、办理条件、办理材料、受理窗口、办理流程、完成时限、联系方式、办理须知、电子表格以及填写样本等，方便查阅和下载。还在社保服务大厅展示事项清单和办事指南，设立咨询台，负责业务咨询、引导。同时，人力资源和社会保障局网站咨询问答渠道和“12333”人力社保咨询热线畅通无阻，在社保服务大厅实行叫号服务，配备值班人员导号。

变群众重复跑为快递跑、通信平台跑。推出便民措施，对已办结的非即办件的证照材料、认定资料提供 EMS 免费送达服务。推出社保业务短信提醒服务，对参保中断、退休到龄等关键信息以短信形式提醒参保人员，避免参保人员权益受损。退休办理无法当场给出退休工资金额的，则通过短信平台免费向参保人员发送短信。主动寄送、主动提醒，避免群众“多次跑”。

二、齐心协力全面加速

社会保障“最多跑一次”改革取得了一定的成效。流程领跑，让群众一次跑完；系统赛跑，让群众就近跑；数据多跑，让群众一次不用跑。在依法准确办事的基础上提高办事效率，提升服务质量，用群众获得感丈量政府改革成效，齐心协力跑出了社保加速度。

（一）事项全面梳理，流程精简优化

目前，“最多跑一次”事项共 139 项，已达到衢州市人力资源和社会保障局需公布事项（150 项）的 93%，在全市“最多跑一次”公布事项中排名第一。制作完成“最多跑一次”优化表。共性事项已实现“八统一”，即主项名称统一、子项名称统一、适用依据统一、办理时限统一、申请材料统一、申请表单统一、办事流程统一、业务流程统一。截至 2017 年 7 月底，在符合内控要求、确保基金安全的前提下，参照省人力资源和社会保障厅出台的“21 事项优化表”，市本级已经完成 18 大项及 52 子项对比优化表、服务指南、流程图的制作和浙江政务服务网录入工作，共梳理精简材料 116 份，精简率达 50.64%①。

（二）服务基层延伸，就近申办代办

依托“社保业务经办一体化”系统，加强规范化管理，全面推进权限下放，服务下沉，向街道、社区、乡镇、定点医疗机构和零售药店等基层服务网点和办事平台延伸。

在全省率先将特殊病种门诊业务延伸到定点医疗机构办理。事先制定特殊病种门诊申请标准，定点医疗机构凭检查结果对照标准，直接确定是否办理特殊病种门诊业务。

将城乡居民养老保险到龄人员的缴费申报、死亡人员丧葬费补助、失业登记证办理、就业困难人员灵活就业社保补贴（“4050”人员社保补贴）等经办服务下放到乡镇基层劳动保障平台，解决了以往到龄人员的缴费申报工作因涉及多个部门，经办步骤多、周期长等问题，变“两头跑”为“跑一次”，保证到龄人员能及时享受到待遇。同时还采取代办服务，让专职村级劳保员多跑腿，群众一次都不用跑。

市本级还将“社保业务经办一体化”系统与巨化集团社会保险服务中心信息系统相衔接，并授权该中心办理部分业务，数万巨化集团员工的 13 项业务可直接在企业办理，免除企业员工来回奔波。

加强了自助服务平台建设。目前，全市社保服务大厅和部分政府便民服务中心开设了 30 台社保自助服务一体机终端，可办理参保证明打印、个人社保信息查

---

① 《衢州市社保局 2017 年上半年工作总结和下半年工作计划》。

询等 22 项业务[①]，为群众办事提供了便利。

龙游县人力资源和社会保障局及时与地税、农村商业银行等相关部门沟通，在社保大厅安装 POS（point of sale，即销售终端）智能刷卡机，可以直接刷卡完成缴费。将原城乡居民基本医疗保险办理由"社保大厅开缴款单—银行缴费—社保大厅办理"的"多次跑"变为社保大厅直接刷卡缴费一次性办结，极大地节约了参保人员的时间。

（三）网上经办转换，"一次不要跑"

全面推广了"在线咨询、网上申报、快递送达"办理模式，基本实现社保经办服务事项网上办理全覆盖，全天 24 小时都可以在网上办理参保、中断、信息变更、缴费基数申报等业务。在申报材料真实完整的情况下实现一次不跑、事事办好。

参保扩面进一步推进。截至 2017 年 6 月底，全市户籍法定人员基本养老保险参保率达到 85.74%，医疗保险参保率达 98.84%，提前完成分别为 85%、98% 的省定年度考核指标。市本级共有 1 536 家单位申报了社会保险缴费基数，网上申报率为 100%，申报单位数同比增加 157%，已申报 73 668 人，申报率为 88.71%。

建成城乡居民省内就医"一卡通"，推进全国异地就医"一卡通"服务，先后完成 15 家异地就医联网结算定点医疗机构本地 HIS（hospital information system，即医院信息系统）系统改造、网络接入改造、跨省异地就医测试、预付金拨付以及异地就医备案工作，异地长期居住人员、常驻异地工作人员持本人社会保障卡就能实现跨省住院就诊即时刷卡结算，方便参保人员异地就医。

养老金资格认证"全面刷脸"。以往养老金资格认证效率低、群众办事不便、基金安全性不高。人脸识别认证系统是"互联网+"和社保经办服务的又一次成功组合，实现社保卡与公安系统身份证相关信息实时对接。截至 2017 年 8 月，全市通过人脸识别系统进行认证的企业退休人员已达 17.45 万人，占企业退休职工总人数的 87%；其中通过手机平台认证的人数为 13.1 万人，占总认证人数的 82%。

（四）线上自动流转，内部控制强化

"社保业务经办一体化系统"将"线下材料"传递变为"线上自动流转"，办事流程清晰透明，既减少了线下传递，又强化了内部流程控制；规范了经办人员业务权限，推进了经办业务日常稽核常态化，也便于专项稽核检查，强化了对权力的制约和监督，发现问题就督促相关科室及时整改落实；有利于明确职责分工，

① 《衢州市社保经办大厅管理服务工作自查报告》，2017 年 6 月 28 日。

增强领导干部和各岗位人员的责任意识与廉政风险防控意识，落实党风廉政责任制和惩防体系建设，把党风廉政工作落到实处。

三、克难攻坚全面增效

为确保2017年底基本实现群众和企业办理社保业务“最多跑一次是原则、跑多次是例外”的要求，必须加快整合和优化权力运行的“业务流”与“信息流”，深化“一窗受理、集成服务”改革，推进“一窗受理”系统与部门业务系统对接，推进“最多跑一次”改革向基层、企事业单位延伸，克难攻坚全面增效，打造社保服务“升级版”。

（一）加强数据整理，减少窗口等待

制订清理计划，组建专门工作班子，实现省、市社保信息联网比对，加强与财政、地税、民政、公安、法院、市监等部门数据的互通共享，逐步开展分用人单位、分险种的社会保险费等涉及个人权益的历史台账资料整理，清理重复信息，剔除无效信息，纠正错误信息，经确认后按程序录入业务系统，完善个人权益信息数据，提高社保整体数据质量，减少窗口办事等待时间。

（二）加快数据共享，缩短办结时限

社保退费等业务需流转财政、地税部门审批，业务流转时间过长。就业困难人员灵活就业社保补贴核定办理需到地税局窗口开具缴费税票，在就业窗口审批后，要重新到社保窗口叫号排队。建议通过部门协调，采取压缩各环节的审批时间或改革审批程序等方式，切实解决办结时限过长的问题。实现“群众跑”向“数据跑”“部门跑”的转变，直接由地税、社保、就业等部门实现缴费数据共享，所有享受补贴的人员均无须到地税局窗口开具缴费税票。

（三）扩大“刷脸”应用，推进便捷支付

提供更加快捷方便的社保经办服务。扩大社会保险（障）待遇领取资格“刷脸”认证对象的范围，将被征地农民基本生活保障待遇领取人员、截至2016年底满80周岁的城乡居民社会养老保险待遇领取人员、工伤供养亲属待遇领取人员一并纳入。

应用“刷脸”技术，加快推进医保便捷支付系统建设，首批8家定点医疗机

构在 2017 年 9 月底完成测试上线运行，全市其他二级以上医院在 11 月底前上线运行。可用电脑或手机实现预约挂号、医师选择、“刷脸”医保支付、检查与报告单打印、医保信息查询、个人信息更新查询等功能。与支付宝、微信等第三方移动支付平台合作，实现除“刷脸”支付报销金额外一键支付自费部分金额，有效缓解大型医疗机构窗口人满为患问题，减少患者 “多次排队、排长队”等候治疗、缴费与取药的时间和医院的人工服务成本，有效提升群众就诊体验，缓解医院“三长一短”难题。

（四）推广社银合作，延伸便民服务

社银合作，延伸服务。推广常山、柯城试点经验模式，推进社保业务向信用社、农村商业银行等各社会保障卡合作金融机构延伸，设置“社会保险政银合作便民服务中心”，开设社保银行综合窗口等社保服务点，代办社保业务，周末无休便民。打破传统社保经办模式，借助“互联网+”，将社保与银行业务联通，原来需多次往返乡镇街道、社保部门、银行的申请、参保、缴费、制卡、签约代扣社保费、停保、挂失、注销、补卡等城乡居民医保业务整合到基层银行“一窗办结”，即来即办。彻底解决从申请参保到领取社保卡至少需要 7 个工作日的“跑多次”“跑多地”问题。参保者只需携带有关证件并缴纳费用后，银行工作人员就能对资料进行网上初审，再发往人力资源和社会保障局进行复审，审核通过后即可办理成功，高效便捷，让数据多跑路、群众少跑腿，实现群众得实惠、社保提效率、银行促发展的“三方共赢”。

（五）锻造社保铁军，提高服务水平

弘扬爱岗敬业、钻研创新、敢为人先、拼搏进取的职业精神。进一步提高社保服务质量，提升社保经办能力，推动干部队伍素质提高、形象提升、服务提效、作用提质。汇编并完善《社保业务知识“应知应会”200 问》手册知识库，适时组织闭卷考试，在全市开展“应知应会”业务知识竞赛和服务技能竞赛活动，推动各科室创先争优，切实加强业务及职业道德学习。继续开展“优质服务”竞赛活动，完善《星级考核办法》，定期对工作作风建设进行督查并实名通报，将服务窗口的效能作风建设落实到位。每月结合群众满意度评选出示范岗和文明标兵，进一步激励先进，鞭策后进，处罚违规，减少工作差错和举报投诉现象的发生。继续开展“社会保险大讲堂”和“师带徒”活动，让新人尽快成长起来，培养全能型社保干部。推行延时服务，事情办结才下班。

第五章 “最多跑一次”改革的区县实践

第一节 绿色产业集聚区：“一窗受理、集成审批”

党的十八大以来，党中央、国务院大力推进简政放权、放管结合、优化服务改革，进一步提出建设人民满意的服务型政府。加快服务型政府的建设，深化行政体制改革是必由之路，就是要通过行政审批流程再造进一步下放审批权限，促进投融资体制改革取得新的突破，企业投资自主权进一步落实，调动了社会资本的积极性，推动政府职能转变，优化公共服务，激发社会活力。

我国行政审批涉及国民经济活动的方方面面，投资项目审批是其重点领域之一，投资项目审批制度改革既关系着项目落地，也关系着投资环境的改善。然而，由于对传统随意性、碎片化、运动式的改革路径的依赖，不少地方投资项目审批制度改革往往“做而不实，推而无果”。为探索“最多跑一次”改革新实践，近年来，作为衢州市经济发展主战场和招商引资项目落地主平台的衢州绿色产业集聚区把进一步深化投资项目审批制度改革、加快“放管服”改革、切实改进投资项目审批管理作为突破口，着重从横向、纵向两个维度再造行政审批流程，着力打通投资项目开工前“最后一公里”，加快“一次不用跑、最多跑一次、我来跑一次”改革进程，通过“一窗受理、集成审批”探索投资项目审批制度改革的可行路径。

一、追问现实，发展倒逼改革

自2012年8月集聚区整合改革为四个园区合一以来，积极推进行政审批制度改革，对市级部门授权进行全面梳理，进一步简政放权，所有区域内的涉企审批事项一律下放到集聚区办理，除“负面清单”外的事项一律实行零审批①，投资项目审批制度改革先后历经“一事一议审批”模式、“零审批”模式阶段，实现相对独立、封闭运行，办事不出区，营造高效运行的投资环境，激发市场主体的创业活力。但是，纵观各项取消、下放的行政审批事项，均有一个共同的特点，就是纵向（行业）取消或下放，但各项事项横向权衡（即行业交叉审批）简政的事项少之甚少，打破原有审批制度中烦琐僵化、机械低效的“坚冰”，改革势在“破冰”②。

（一）前置环节过多、程序烦琐

以前企业投资项目行政审批主要分为项目立项、用地审批、规划报建、建设施工、竣工验收 5 大环节，从立项申请到投产运营一般要经过 20 多个部门、50 多个环节，跑下来，短则 1~2 个月，长则 2~3 年②，具体如图 5.1 所示。旧体制存在的审批职能“应进未进”、审批事项“体外循环”、“两头受理”及“明进暗不进”，尤其是互为前置严重等问题存在，前置审批环节太多、程序烦琐影响了项目进展，这也是投资建设项目领域审批效率低下的最主要原因。

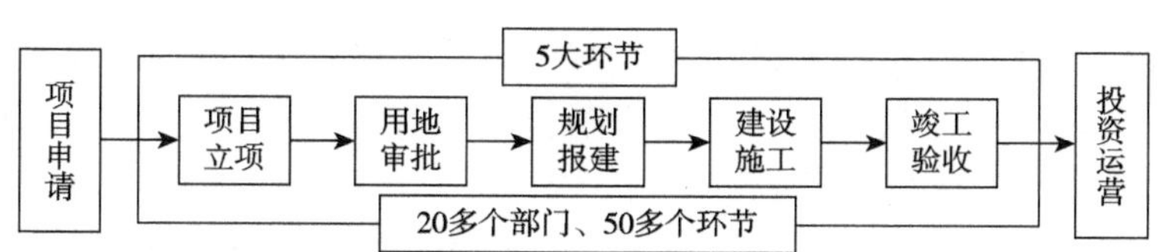

图 5.1 改革前投资项目行政审批流程与环节

（二）项目审批环节“肠梗阻”

多年来，集聚区投资项目涉及五大环节的审批需要历经发改、规划、国土、建委等多个部门先后“串联”审批，通常前一环节未批完、后一环节无法介入③，行政审批制度的“滚雪球效应”，导致出现了“肠梗阻”现象，影响了项目办理的整体效率。

（三）信息孤岛短板效应阻碍发展

审批系统“条强块弱”，各审批部门大多有自己的垂直审批系统，数据信息在

① 朱凤娟、沈凤珍：《一个国家级开发区的改革实验》，《浙江日报》，2014 年 6 月 19 日。

② 徐光胜：《“三大类”项目审批“串联”变“并联”》，《哈尔滨日报数字报》，2017 年 1 月 10 日。

③ 枣庄市机构编制委员会办公室：《赴江苏省学习考察“放管服”改革的思考》，《机构与行政》，2017 年第 4 期，第 12-14 页。

部门之间横向流转存在较大的阻力，部门间数据未能完全实现共享，仍有不少行政机关将行政审批作为“保密”环节，特别是审批的内容、条件、收费标准、相对责任人等项目，各审批部门各阶段审批系统相互独立产生信息孤岛现象，审批过程信息不公开也往往导致行政审批结果有失公允。

（四）少数机制推行成效不明显

针对现在投资项目审批过程中图纸审查和评估评审时间较长，检查验收事项多、参与部门多的问题，集聚区改革创新部分不合理的现有体制机制，如建立安全评价（简称安评）、环境影响评价（简称环评）、能源管理评价（简称能评）等“多评合一”工作机制，以化解项目审批实际操作中的难点和堵点，理论上说是个很好的工作机制，但在投资建设领域的前期立项阶段的各类技术评估在不同部门审批过程中的先后顺序问题无法破解，实际操作难度较大，难以发挥“减少流程、缩短时限”的效果。

（五）事中、事后监管效果不理想

以前比较注重项目事前审批，投资项目引进市场准入门槛降低、政府管理约束力弱，且部门分置、缺乏联系，法律制定、执行、识别、监管、授权等缺乏整合，难以监管始终。虽然集聚区也从审管分离、建立大部门体制、外部监督、建立承诺书制度等方面进行了诸多探索，但加强事中、事后监管涉及部门多、领域范围广、事项冗杂，监管效果仍不理想。

二、多维发力，合力推进改革

凡是改革都会遇到重重困难，不可能一蹴而就，必须循序渐进。集聚区针对当前企业投资项目审批的堵点、难点问题，进一步深化简政放权、放管结合、优化服务改革，聚焦企业投资审批服务，以“把简单带给群众、把复杂留给服务中心”的理念，以“三合一”目标体系，打出效率提升“组合拳”，统筹动能、释放优势、多维发力，合力推进“最多跑一次”改革。

（一）紧盯“三个一”目标，把握改革方向

集聚区以“三个一”为目标深化企业投资审批服务“最多跑一次”改革，形成了以网上办理为原则、线下办理为补充、全程代办为基础的“系统联动”图（图 5.2）。

一是线上“一次不用跑”。运用现代信息技术，积极推行网上审批模式，实现“数据网上跑，群众不用跑”的目标。二是线下“最多跑一次”。设立企业投资项目审批综合受理窗口，按照“一件事”的办理标准，推行“前台综合受理、后台分类审批、统一窗口出件”的服务模式，实现企业投资审批“一件事最多跑一次”。三是全程代办“我来跑一次”。对无法实现“最多跑一次”的企业投资项目，建立完善“一次受理、全程帮办”的全程无偿代办机制，专人负责全程无偿代办相关审批手续，为企业提供保姆式服务，变“企业跑”为“部门跑”，实现全流程、精准化的代办服务。

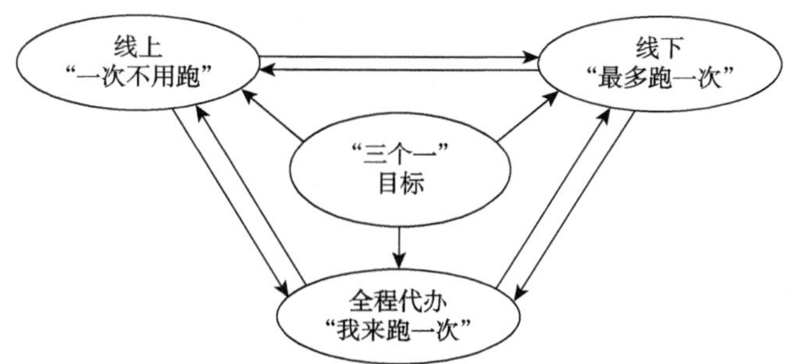

图 5.2　集聚区“三个一”目标“系统联动”图

（二）抓实“三个精准”，催生改革动力

集聚区在投资项目改革手段上突出精准路径，精准对接、精准谋划、精准施策，确保“最多跑一次”改革精准发力、精准破题、精准见效，催生改革动力。一是精准对接，科学确定“由谁对”。按照企业投资项目全流程“最多跑一次”要求，借市区体制机制课题调研的机会，集聚区相关领导和部门主动对接市级部门，针对当前安全条件审查、水土保持方案审查、不动产登记等要到市中心办理的事项，主动对接市安监、水利、国土、地税、行政服务中心等部门，争取获得支持。同时，积极做好事项承接后续准备工作，确保事项承接后，办得了、办得好。二是精准谋划，着力推动“怎么改”。聚焦企业投资审批服务，做到“三减少”，即减少审批环节、减少审批时限、减少申报材料，建立“六联一优一模”工作机制，打出“组合拳”提升效率，促进企业投资项目审批更快、流程更简、效率更高、服务更优。三是精准施策，切实种好“试验田”。推行“六联”工作机制，即联合审批、联合评估（评价）、联合踏勘、联合审图、联合测绘、联合验收等“六联”机制。

（三）做实“三个创新”，释放改革活力

集聚区积极探索开展投资项目审批制度改革，通过创新制度、模式、服务，

实现“制度提保、审批提速、服务提质”三个转变。一是制度保障创新。建立和完善模拟审批制、项目联合验收制、项目容缺受理制等工作机制，摸索出一套流程优化、机制完善的企业项目审批服务制度，以制度保障“最多跑一次”改革扎实推进。二是审批模式创新。提速审批，从创新模式开始。结合实际，集聚区进一步简化投资建设项目审批程序，创新线下线上并联办理同步推进模式。“一窗受理，集成审批”模式可概括为“一窗受理、同步推送；容缺审批、后置补齐；超前介入、预审预研；限时会审、一窗出件”。遵循“一个平台，全程监管；一窗受理，并联审批”的基本原则。三是服务渠道创新。充分利用省、市网上办事大厅等网上办公平台，不断推广线上服务。采取一对一客户服务模式，在业务办理时进行网上申报的政策宣传，引导办事企业用好网上申报平台，不断提高网上申报的覆盖率，极大增强企业的政策获得感和办事便捷感。

（四）夯实“三个机制”，提供改革保障

一是全面实行全程代办机制。做优企业投资项目全程代办制度。开展代办员业务培训，提高代办能力和水平，特别是针对当前改革推进的多审合一、多评合一、多测合一等工作新机制，每个代办员都要做到全面了解、熟练掌握流程和操作办法，为项目顺利推进提供全程保姆式服务。二是全面推进区域性评估机制。根据市发改委、市行政服务中心的要求，集聚区着手推进区域性评估相关工作。在高新片区规划环评完成基础上，衢州绿色产业集聚区管理委员会会议专题研究开展东港区域规划环评工作，按照省环境保护厅、市环境保护局改革的有关要求，全面启动东港片区区域规划环评工作，目前已进入招投标程序。完善区域水保方案。在原区域水保方案基础上，针对区域范围不断扩大的实际，拟按照市水利部门要求，对未纳入区域水保范围的区块，尽快调整完善，做到方案全覆盖。三是建立“一企一策、一项目一策”的服务机制。对重大企业投资项目定期召开专题会议，研究解决审批难题及项目审批推进中的重大问题。对特殊项目、复杂项目、重大项目由牵头部门组织会商，研究提出加快审批的意见和建议，协调解决项目审批中遇到的困难和问题。

三、规范约束，全面完善改革

集聚区注重规范建设，认真梳理与企业和群众生产生活密切相关的事项，通过简化审批，优化流程，规范约束，变“串联审批”为“并联审批”，变“多窗口、多部门跑”为一窗口受理，全面为“最多跑一次”改革提质增效。

（一）明确服务标准，推进审批事项标准化

行政审批服务标准化建设要立足于规范行政审批服务行为，明确每一项审批事项的环节、公开服务的标准和尺度，维护行政审批法规政策的严肃性，维护行政审批服务工作人员和服务对象的合法权益[①]，避免服务因人而异的随意性，进一步提高现有的行政审批服务管理水平，提高行政审批服务的质量和效率。同时，服务标准还需要有一定的超前性，引导服务职能部门强化服务职能、创新服务机制、改革服务方式，引导服务向标准化、品牌化、人性化的方向发展。集聚区把涉及项目建设审批的事项进行全面梳理和工作流程标准化改造，形成相对统一的服务标准和制度规范，提前向办事企业进行告知，从源头上解决了办理顺序不清晰、互为前置、重复递交资料、答复口径不一等突出问题。例如，集聚区推出“店小二”服务模式，充当招商引资全程帮办员、投资项目审批代办员和企业常态服务联络员的角色，以“三待三亲”的理念精准服务。

（二）剔除非法定环节，推进审批层级简化

行政审批存在一些非法定环节，如评估、咨询等有偿中介性质有偿服务，处理起来费时、费力、费钱。对一些非必要、不符合社会发展需要、部分部门为了各自利益临时增加的程序一律取消，以免前期审批过程太过复杂，打击企业积极性。同时，简化部门内部审批层级，为审批过程“瘦身”，只要没有法律规定、企业经营权之内的类似事项，都取消行政审批。

（三）优化“119”服务体系，推进审批过程畅通化

构建并完善以“一个企业服务网格化组织协调中心、一个企业服务智慧平台、九项为企服务机制”为重点的“119”企业服务体系。大力实行“保姆式”服务，做到“项目开工前手续代办，项目开工后协调推进，项目投产后跟踪服务”。扩大项目联审范围，减少审批环节和审批时间，推进审批服务提质提速。

（四）整合信息资源，推进审批全程信息化

打破信息孤岛，实现信息共享，实现与各审批部门自建系统的数据对接，建立多规合一的信息联动平台，整合各部门的信息资源，实现改革数据的真正互通

---

① 谢萍慧：《由登记制度改革到行政审批服务标准化的思考》，载中国标准化协会：《标准化改革与发展之机遇——第十二届中国标准化论坛论文集》，中国标准化协会，2015 年，第 1863-1865 页。

共享，建立项目信息库、企业信息库、审批结果信息库，实现审批材料的全程共享，已有材料无须二次提交，推动集聚区服务再上新台阶，真正实现让企业、群众“最多跑一次”。

四、成效显著，开启全面深化改革

集聚区经过不断探索实践，在深化行政审批制度改革上取得了显著的效果，极大地提高了工作效率，实现了政府引领改革的有序化、整体化和长效化，使“最多跑一次”改革“落地开花结果”。

（一）事项梳理，无缝对接变“通”途

集聚区创新开展事项梳理。一是全面梳理市政府授权事项。对 2012 年市政府授予集聚区的 143 项公共管理权限进行了全面梳理，摸清底数，便于有针对性地开展改革工作。具体梳理情况分五大类型，如图 5.3 所示。第一类是目前正常审批的事项 95 项，其中进驻行政服务中心办理的 44 项，未进驻行政服务中心的 51 项，第一批公布的“最多跑一次”事项 35 项。第二类是已取消的审批事项 22 项。第三类是已收回或不再受理的审批事项 10 项。第四类是一直未授权到位的审批事项 5 项。第五类是已授权但从未办理、建议取消的审批事项 11 项。二是完成一窗受理事项梳理。根据“一窗受理、集成审批”要求，设立综合窗口，按照应进尽进原则，将 35 个事项纳入一窗受理事项并完成事项受理标准制定。

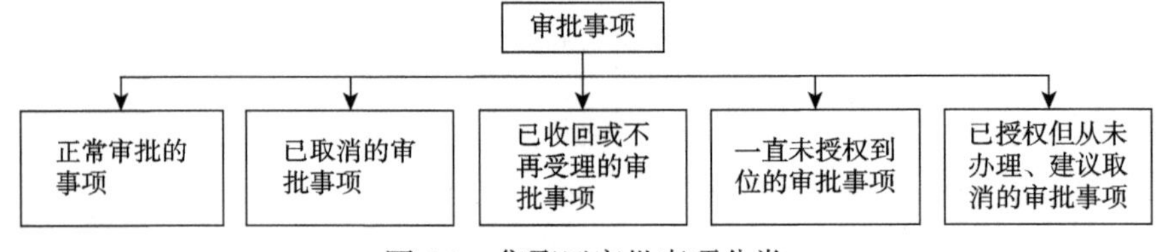

图 5.3 集聚区审批事项分类

（二）清理事项，申请材料一目了然

清理审批事项，“瘦身”办事指南，是开展“一窗受理”的基础性工作。集聚区成立四个清理小组，指导督促行政审批部门开展审批事项清理工作。对申请材料进行逐项逐条审核，实行一事一表一清单，主要列明事项名称、编码、承诺时限、申请材料清单，其中申请材料清单需列明材料的名称、份数、要求等要素，清理后的办事指南由行政服务中心统一印发，确保办事群众据此制作合格的申请

材料。

（三）一窗受理，办事再也不“多跑”

集聚区通过简化审批、优化流程，变“串联审批”为“并联审批”，变“多窗口、多部门跑”为一窗口受理，变群众跑腿为数据跑腿，共明确第一批“最多跑一次”项目35项，并将首批清单公布，接受群众和企业监督。探索推行预约服务制，通过支付宝、QQ、微信等网络平台，为申请人提供各类行政审批事项的预约服务。通过简化登记流程、嫁接电子信息平台、拓宽服务渠道等举措，真正实现群众办理事项“最多跑一次”，甚至申报“零上门”的目标①。

（四）模拟审批，事前热身效率高

对虽未取得土地使用权但土地取得主体明确、规划红线和技术指标明确、用地功能和规划功能明确、招商文件明确的投资项目，实行技术审查与行政审批决定相对分离的“双轨”审批机制，即在暂不具备法定审批条件的情况下，由项目投资主体按审批程序要求准备和递交相关报批材料，审批部门提前进入审批程序，按审批要求对递交的报批材料进行受理和审核，出具盖有“模拟审批专用章”的模拟审核文件。项目建设单位取得土地（签订土地出让合同）并符合正式审批条件的，须及时将正式申报材料报送相关部门，相关部门在规定时限内将其转为正式审批文件。模拟审批文件没有转为正式审批文件的，一律不得开工建设，否则由此造成的一切责任和后果由项目建设单位自行承担②。

（五）全程代办，全程保姆式服务

集聚区为116个项目配备“店小二”，全程保姆式跟踪服务，实行跟踪列表，实时更新，规范提升企业投资项目代办制。一是建立并完善代办员队伍。从区投资部、专业招商局、经济发展部、片区企业服务中心、建设规划与国土等部门抽调项目服务精干力量组成集聚区企业投资项目代办员队伍，总人数25人。二是明确代办工作内容。企业投资项目代办员主要负责企业投资项目涉及的行政审批、接水接电、日常协调、政策处理、基础设施配套等方面的问题，为项目顺利推进提供全程保姆式服务。三是建立代办员工作制度。在窗口设立企业投资项目代办点，由行政服务中心工作人员坐班，负责接收代办业务，根据项目落地区域及行业指

① 叶颖、吴有兴：《衢州绿色产业集聚区首批35个事项审批再提速》，《衢州日报》，2017年3月10日。

② 温州市人民政府办公室：《温州市人民政府办公室关于深化企业投资审批服务“最多跑一次”改革的实施意见》，《温州市人民政府公报》，2017年7月15日。

定代办员负责全程代办[①]。同时，结合改革要求，拟将原有的模拟审批、并联审批等制度进行完善，也将对行政服务中心工作人员的考核管理制度进行调整完善。

第二节 江山市：向五大领域拓展延伸

2017 年以来，江山市拉高标杆，围绕全省一流、全市领先的目标定位，按照“制度+技术”“线上+线下”“网络+网格”的思路，积极探索“最多跑一次”改革江山标准，全力推进改革向乡镇（村）拓展延伸、向中介监管拓展延伸、向项目兜底服务拓展延伸、向经济开发区拓展延伸、向工程招投标拓展延伸，努力营造门槛最低、成本最小、服务最优、体验最好、效率最高的“五最”政务环境。

一、改革动因

“最多跑一次”改革是省委践行“八八战略”关于“进一步发挥浙江的体制机制优势”做出的重大决策部署，是“以人民为中心”发展思想在浙江的生动实践，是信息时代大背景下推进政府治理体系和治理能力现代化的重大创新。江山市全面贯彻落实深化改革决策部署，从方便群众、方便企业、方便项目出发，推进“最多跑一次”改革向五大领域拓展延伸，打造了“店小二”代办、“百名局长驻窗口”等一批品牌，创造了不少先进经验，企业和群众满意度不断提升。从战略和全局的高度看，江山市推进“最多跑一次”改革向五大领域拓展延伸，突出了改革重点，做到了抓具体、具体抓，增强了经济社会发展活力。

“最多跑一次”改革向乡镇（村）拓展延伸，有利于推进基层“一窗受理、集成服务”，直接提升了群众的获得感。当前，“最多跑一次”改革已进入全面攻坚阶段，不少难点、痛点、堵点逐渐显现，越来越多的改革目标、压力层层传递到基层一线，只有重视基层，以基层需求为导向，才能让“最多跑一次”改革见质量、见成效。

“最多跑一次”改革向中介监管拓展延伸，有利于在项目审批中全面实施“多审合一，多评合一，多测合一”。以中介监管为抓手进行“最多跑一次”改革既简化了流程，提高了审批效率，又减轻了企业负担，节约了时间成本，提升了企业的获得感。

① 叶颖：《集聚区项目推进实现“半年红”》，《衢州日报》，2017 年 8 月 23 日。

“最多跑一次”改革向项目兜底服务拓展延伸，有利于促使干部转变工作作风，提升自身服务社会的能力与水平。按照服务要求，干部要围绕项目立项、审批、建设全过程开展“店小二”代办制，实行全程导办、跟办、代办服务，确保项目顺利推进。同时，全面深化百名局长轮流驻窗口活动，同步开展乡镇（街道）“一把手”驻村（社区）活动，切实发挥各级领导的示范、带动作用，在“最多跑一次”改革中抓住领导干部这个“关键少数”。

“最多跑一次”改革向经济开发区拓展延伸，有利于完善部门授权，深化“简政放权、简证便企”，为企业提供办事不出区的高效服务。通过“最多跑一次”改革，经济开发区范围内的企业，除特定项目外，其他项目全部由开发区决策咨询办公室审定。截至2017年底，经济开发区90%以上审批服务事项实现“最多跑一次”。

“最多跑一次”改革向工程招投标拓展延伸，有利于解决重大特殊项目的公平与择优兼顾、小额项目公平与效率兼顾等问题。通过“最多跑一次”改革，在工程招投标领域，扩大了乡镇（街道）、部门建设工程施工不公开招标的审定权限，简化了小额公共资源交易规则，建立了特殊交易方式分级审批机制。

可以说，江山市推进“最多跑一次”改革向五大领域拓展延伸，在更大范围、更深层次，以更有力的举措推进了简政放权、放管结合、优化服务改革，有效形成了全方位的服务格局，为江山市经济社会发展营造了良好的政务环境。

二、主要做法

（一）念好“一字诀”，打造智慧治理大联动

“最多跑一次”改革能够延伸到“经济开发区、中介监管、项目兜底服务、工程招投标、乡镇（村）”五个领域，主要靠做好了“平台服务”“数据共享”“体制改革”等关键性方面，从而为形成互融互通的城乡智慧治理大联动奠定了坚实基础。

（1）一个平台服务。即强化对外服务平台的整合优化。通过深化浙江政务服务网建设，全面整合乡镇（街道）权力运行系统、“12345”政务服务热线、社会治安综合治理（简称综治）平台、数字城管、110报警服务台等数据，开发“E通江山”APP，推进省、衢州市、江山市、乡镇（街道）四级管理、服务等数据互通共享，实现一个平台对外、同一平台办理。

（2）一组数据流转。即实现内网办事与外网服务的有效对接。通过推进公共数据整合和共享利用，建设乡镇（街道）公共数据平台和统一共享交换体系，打

通部门间信息“孤岛”，以数据共享促进流程优化、业务协同，实现服务事项网上办理全覆盖，大幅提高网上办理比例。

（3）一套指挥处置。即完善基层治理平台建设，做大市（县）、乡镇（街道）两级指挥平台，建好两级指挥中心。通过推进“雪亮工程”建设，合理布局监控探头，实现市、乡、村三级视频监控网络的联网联控，实现全市统一调度指挥。

（4）一条热线连通。即进一步整合政府各类服务电话。凡是群众和企业需要联系乡镇（街道）的事项，都可以通过“12345”政务服务热线咨询、投诉和举报，真正做到“一线连通”群众和政府。

（5）一套事项标准。通过梳理部门事项、乡镇（村）便民服务事项，形成“四合一”事项清单，制定发布群众和企业到政府办事“最多跑一次”江山标准，形成“一窗受理、集成服务”标准化办理流程。

（6）一线平台功能。通过建设“四个平台”，理顺部门和乡镇（街道）条块关系，把部门派驻乡镇（街道）的机构和乡镇（街道）相关内设机构整合到与职能相近、工作联系密切的平台上。各有关部门加大对驻行政服务中心和分中心窗口的审批授权，能够下放到乡镇（街道）的行政审批事项，依法下放到位。

（二）当好“店小二”，服务“最多跑一次”目标

（1）全面启动“百名局长驻窗口”活动。通过局长主动跑窗口，担当“工作员”，让广大局长从以往的在办公室听汇报，变为直接为企业和群众提供面对面服务，亲自深入一线找“堵点”、破“难点”，全力解决群众反映强烈的问题。按照规定，驻市行政服务中心窗口的部门主要领导及班子成员需定期轮流到窗口坐班，并实行实名实时签到签退制度。

（2）发挥专业“店小二”和全程“店小二”帮办作用。在项目审批服务推进过程中，既突出专业“店小二”审批服务特长，又发挥全程“店小二”代办帮办作用，建立专业“店小二”和全程“店小二”联席会议制度，切实解决项目服务中出现的梗阻，实现项目高效审批。

（3）镇（村）服务推行“跑小二”代办。“跑小二”是“店小二”项目服务品牌在基层的延伸和拓展，是江山市推进“最多跑一次”改革向镇（村）延伸的一项创新服务。目前，全市划分了 1 160 个网格，每个网格配备一名专职网格员，“跑小二”就是镇（村）里的专职网格员。线下，建立以专职网格员为主的“跑小二”代办服务机制，专门负责接受群众和企业的咨询、求助以及其他事项；线上，建立网格信息员代办机制，帮助群众和企业代办可以在网上办理的各类事项，实现群众不出村就能办成事。

（三）打好“组合拳”，提升企业获得感[①]

（1）推行一站式服务。江山市行政服务中心及经济开发区企业服务中心均设立审批专窗及代办专员，按照“业主委托、全程代办、联审联办、内部流转、限时办结”的运行机制，开展代办及全流程表跟踪督办。特别是经济开发区企业服务中心充分发挥“2号章”作用，加速推进审批提速，确保项目从规划和方案设计、土地摘牌，直至动工建设等12个环节一路畅通无阻。

（2）开展并联式踏勘。推出“周三联合踏勘日”活动，联合经信、国土资源、环保、规划等部门，对项目进行联合踏勘、审查，当场给予业主指导性意见，并根据踏勘情况讨论通过，次日通知业主前来办理审批手续。除采用联合踏勘外，还同步开展决策咨询联审、设计方案联审、施工图联审和联合验收，真正实现一个口子进一个口子出。

（3）实行联动化审批。国土部门将项目供地方案由会审制改为会签制，进一步简化内部程序，对经济开发区内用地面积在30亩（1亩≈666.67平方米）以下或投资在3 000万元以下的工业项目，委托开发区国土资源管理所出具项目选址踏勘意见，加快项目供地前期工作。实行互为前置事项容缺联办，对项目供地阶段所需的土地权属来源、土地利用现状，直接在系统内部流转确认，无须业主提供材料，为服务对象提供最大方便。

（4）启动“红顶中介”“摘帽”。进一步规范行政审批中介服务行为，提高中介服务效率，着力构建“市场开放、竞争有序、执业规范、收费合理、服务高效”的中介服务市场。对投资项目中介服务机构进行信用评级，每年评级一次，根据评级结果由好到差分为A、B、C、D四档。如果中介机构在服务项目办理的承诺时间上出现超期办结或严重违规等情况的，实行一票否决制，并列入黑名单，清退出江山市投资项目中介机构信息服务平台和投资项目中介机构超市，两年内不得再次进入。

三、实际成效[②]

江山市通过加强顶层设计，推进“最多跑一次”改革向五大领域延伸，拉高了标杆，创新了举措，区域投资环境日臻完善，经济社会发展活力不断增强，“最

① 浙江省人民政府法制办公室：《江山市推进“最多跑一次”改革向五大领域延伸，打造“五最”政务环境》，http://www.zjfzb.gov.cn/n134/n140/c140623/content.html，2017年4月19日。

② 有关数据参见江山市行政服务中心汇报材料《2017年上半年亮点工作和下一步工作安排》。

多跑一次”改革也落地见效。

（一）事项清单率先公布

2017 年 3 月，江山市在衢州各县（市、区）中率先梳理公布了第一、二批“最多跑一次”事项清单。涉及 28 个部门 439 项，其中“一次都不跑”25 项，“最多跑一次”372 项，乡镇（村）便民服务中心全程代办 42 项。随后，江山市于 2017 年 4 月 21 日公布了“最多跑一次”第三批事项清单（332 项）。至此，“最多跑一次”事项占全市群众和企业到政府办事事项的 84%，提前完成省政府要求 2017 年底覆盖 80%的改革工作目标。同时，为扎实推进公共服务事项目录体系建设，编印《梳理公开公共服务事项工作指南》。全市 34 个部门、3 家国企共梳理公共服务事项 527 项，全部网上公开。

（二）“一窗受理、集成服务”显成效

截至 2017 年 6 月，行政服务中心窗口共受理各类办件 155 384 件，办结 155 337 件，即办 149 931 件，办结率为 99.97%，即办率达 96.49%。各分中心窗口共受理 446 940 件，办结 396 159 件，办结率为 88.64%，群众满意率为 99.99%。公共资源交易中心完成进场交易项目 254 个，实现交易总额 32.65 亿元，节约资金 2 836.79 万元，增加国有、集体资产交易收入 8.25 亿元。

（三）“店小二”服务项目见真功

江山市从部门及乡镇（街道）选取中层骨干，建立了一支由 118 名全程“店小二”和 26 名专业“店小二”组成的代办队伍，为 100 个重点项目进行全过程帮办、代办。截至 2017 年 6 月，已服务总投资 294.8 亿元，累计解决项目问题 700 多件，其中解决项目审批问题 100 多件，解决项目征迁问题 200 多件，帮助企业完成技改 10 多件，帮助项目向上争取资金 10 多件，提供各类咨询服务 680 多件。另外，通过实施“百名局长驻窗口”活动，先后有 24 名部门“一把手”、87 名班子成员进驻行政服务中心窗口办公，累计解决疑难问题 202 个。

（四）项目审批提速增效

工业投资项目办事环节由 33 个减少至 21 个，其中 24 个行政审批环节合并减少至 16 个，项目审批事项和权限下放到位，工业投资项目实现 50 天高效审批。通过全面开展项目审批全程代办帮办，推动项目建设提速增效，实现项目审批整

体提速30%以上，问题解决率为70%以上。项目事项“最多跑一次”比例为90%以上。

（五）中介服务质量大大提升

通过推动“红顶中介”与行政机关脱钩，制定中介事项“最多跑一次”清单，探索建立“多审合一、多评合一、多测合一”的中介机构集成服务新模式，实现一般投资项目中介服务事项“最多跑一次”比例为85%以上。截至2017年6月，《江山市投资项目涉及中介服务事项及机构目录》涵盖投资项目涉批中介前置服务事项共22类，涉及市内外中介机构118家，118家中介机构皆在行政服务中心实体大厅挂牌。

四、制约瓶颈①

从阶段性的工作来看，江山市“最多跑一次”改革取得了预期的成效，一些政策已经优化，一些流程已经简化，政府部门办事效率比之前提高很多，群众和企业的获得感也得到了前所未有的提升。但从现实来看，“最多跑一次”改革以下瓶颈尚存，改革还必须不断深入。

（一）数据共享和系统连通还不理想

部门间的数据信息共享程度还不够高，无论是行政服务中心大厅，还是乡镇（街道）四个平台建设，都存在着系统互联、数据共享不足的问题。重复录入普遍存在，信息的无效化与碎片化还较常见，信息技术平台的亲民化程度还有待提高，部分事项需要现场查验，网上办件还不普及。

（二）中心硬件条件难以满足“一窗受理、集成服务”要求

目前，出于场地偏小等原因，市行政服务中心窗口布置前后台难以区分，与省督查的要求存在差距，尚不能一步到位。为满足“一窗受理、集成服务”需求的接待受理能力，必须加快完善办事大厅功能布局、推进行政服务中心功能升级。

① 有关观点参见江山市行政服务中心管理办公室2017年6月2日在江山市第十六届人民代表大会常务委员会第七次会议上所作的《关于“最多跑一次”改革工作情况的报告》。

（三）部分窗口单位对中心窗口授权不充分

“最多跑一次”改革涉及部门权力调配和内部机制调整的双重阻力，目前，一些审批权和审批流程仍以部门主导，部分驻中心窗口授权不到位，直接影响行政审批效率提升。另外，基层一线办事力量有限，窗口人员配备不到位。

下一步将通过加快推进行政服务中心搬迁项目，推动县乡体制机制改革，加强部门系统及乡镇业务办理系统与政务服务网对接，提升数据共享水平等措施逐步解决以上问题。

第三节　开化县：重点突破全面推进

开化县位于浙江省西部，衢州市西北部，钱塘江源头，浙、皖、赣三省交界处，主要为中山、低山、丘陵区，金衢盆地外缘。东部和东北部与杭州市的淳安县接壤，东部、南部和衢州市的常山县相连，西南同江西省的玉山县、德兴市毗邻，西部和西北部与江西省的婺源县相交，北部和安徽省休宁县相依，是典型的山区县。近年来，开化县经济建设虽然取得一定成就，但仍为浙江省较为不发达的六个市县之一，山区居民以外出务工为主，地方经济以生态工业和旅游业为主，因此开化县的“最多跑一次”有其自身特色。

2017 年以来，开化县以深化综合信息指挥中心建设为突破口，打造“云”基础数据库，打破部门资源壁垒，加快“网网相通”，促进资源集成、信息共享、整体联动，实现企业、群众“最多跑一次”“最好不要跑”，让信息多跑路、群众少跑腿。截至 2017 年 6 月 30 日，开化县“一窗受理、集成服务”改革工作基本完成，县、乡两级共公布两批“最多跑一次”事项 677 项，占全部事项的 91.5%，其中县级部门有 302 项，乡镇有 375 项。2017 年 1~6 月“最多跑一次”事项办件量为 45 682 件，占总办件量的 86.2%，与 2016 年全年一次性办结率相比提升了 12 个百分点。

一、强化领导

（一）领导重视，及时成立专门机构，明确县政府主要领导对口负责

开化县深入贯彻省委、省政府重要决策部署，将“最多跑一次”改革作为加

快政府职能转变，打造“三区一园”的重要抓手，全力以赴抓推进。对照改革工作要求，开化县委、县政府成立了由县主要领导任组长的“最多跑一次”改革专题组，制定出台开化县人民政府《关于加快推进“最多跑一次”改革实施工作方案》，明确改革工作目标、实施步骤、配套措施，并将“最多跑一次”改革列入单位年度综合争先考核内容，强化工作督查，县人大、县政协也充分发挥职能作用，组织“两代表一委员”专题调研监督。

（二）建立智慧党建综合治理系统，推动党员成为“最多跑一次”主力，凸显党建特色

开化县创新性地提出以党建统领“最多跑一次”改革新思路，探索建立智慧党建综合治理系统，有力推动该项改革提档升级。针对“最多跑一次”未能有效延伸到村社以及其主要侧重于群众和企业要求政府提供服务的狭义民生事项，尚未涉及各级党委、政府最关注的项目推进、经济发展、效能督查等广义民生事项等问题，探索建立智慧党建综合治理系统，具体做到“两个抓实”：一是抓实基层党组织和党员作用发挥。通过将“最多跑一次”改革任务要求纳入基层党建“三张清单”，对党员开展设岗定责、先锋指数考评等举措，推动基层党组织和党员特别是无职党员积极作为。二是抓实改革推进落实。推进改革不搞面面俱到，重点聚焦解决群众办事慢、重点工作推进慢、社会治理反应慢、党员干部奔跑慢等四大顽疾。

（三）以执纪问责为抓手，强化行政不作为监管，以立项监督倒逼“最多跑一次”

开化县把执纪问责融入“最多跑一次”改革中，以立项监督工作督促“最多跑一次”跑出新速度，跑出企业和群众的满意度。把监督的“探头”聚焦到四个方面，包括职能部门是否按时间节点和要求推进改革工作，已经公布的“最多跑一次”事项是否落实到位，是否存在不落实、慢落实、不办事、慢办事的问题，以及有无违反中央八项规定精神和省委、市委作风建设有关要求等情况。坚持“什么问题突出就督查什么问题，什么方式有效就采取什么方式”的原则，结合实际、因地制宜，采取现场跟踪群众和企业办事、模拟办事、暗访群众、座谈了解、随机抽查办理事项等方式，深入服务窗口、基层一线开展督查。对督查中发现的苗头性倾向性问题、“为官不为”问题、作风效能问题，该督促整改的督促整改，该问责的问责。坚持立查立改，对事实清楚、责任明晰的问题，现场交办、限时办结，做到见人、见事、见结果。

二、制度保障

（一）以国务院深化行政审批制度改革为突破口，推进不动产和商事登记制度改革，做好项目审批全程代办，变群众办事“往返跑”为“单程跑”

2015 年以来，开化县扎实推进不动产和商事登记制度改革。首先，成立不动产登记大厅，对不动产登记事项实行一个窗口受理。其次，在商事登记制度改革方面，设立“五证合一”综合窗口，将原先需跑五个部门提交五套资料归并为只需提交涵盖五部门相关内容的“一表申请”，原先需要三天的审批，仅一个小时就可办结，办结速度一度全省领先。

为推动招商引资工作，优化营商环境，开化县政府针对原先涉及部门多、审批事项杂、受理时间长的企业投资项目实行审批全程代办，提供“保姆式”服务，项目负责人只需提出代办申请，充分授权代办员为其办理各项审批手续，即可享受全程免费代办服务。截至 2017 年 7 月 15 日，共代办投资项目 96 个，节省项目审批时间 50%以上。

在多年的行政审批改革过程中，开化县也探索出了一些符合当地实际的审批模式。推行“模拟审批”工作模式，如对土地主体基本确认的项目，利用土地“招拍挂”的时间，对项目各个环节进行预审，待土地摘牌后，将预审意见转为正式审批，实现项目审批零等待。推行“零审批”模式，取消审批环节，实行承诺制、备案制、监管验收制，如对零土地技改项目，按照政府设定的准入条件、建设标准和相关要求，做出具有法律效力的书面承诺，自主依规开展设计评审、选择建设单位，并上报备案，项目竣工后接受全面验收，真正为企业节省审批时间。试行容缺受理服务模式。项目受理中对基本条件具备、主要申报材料齐全且符合法定条件，但次要条件或手续有欠缺的行政审批事项，相关职能部门先予受理和审查，并一次性告知需补正的材料、时限和超期处理方法，在材料补齐后及时出具审批意见，颁发相关批文和证照。改革后，审批效率大幅提高，平均审批时限缩短 1/3 以上。

特别是 2017 年以来，开化县利用“多规合一”试点推动“最多跑一次”。所谓“多规合一”，是指推动国民经济和社会发展规划、城乡规划、土地利用规划、生态环境保护规划等多个规划的相互融合，形成一个市县一本规划、一张蓝图。这项试点意在解决现有的市县规划自成体系、内容冲突、缺乏衔接协调等突出问题，保障市县规划有效实施，强化政府空间管控能力，实现国土空间集约、高效、可持续利用，同时也是改革政府规划体制，建立统一衔接、功能互补、相互协调的空间规划体系的重要基础。目前，开化县在“最多跑一次”实践中，充分利用全国首个实现空间预审与并联审批一体化的“多规合一”信息管理平台，在国土、规划、环保等审批环节实现了“一站式窗口受理、多部门并联审批、全程监管”等功能。

（二）以大数据平台为依托，整合分散数据，参照实施“互联网+政务网”模式，变“现场跑”为“不用跑”

互联网及大数据技术是实现“最多跑一次”不可或缺的支持手段。浙江省范围内钉钉政务移动办公系统受到众多基层使用者的欢迎。该系统是集即时消息、短信、语音、视频等沟通手段于一体，并根据政府行业的业务属性及特殊要求而定制开发的平台系统，可以为政府系统工作人员提供点到点的消息服务、提醒服务。目前，开化县政务系统已有超过 10 000 人次安装并使用了钉钉政务移动办公系统，上至县委书记、县长，下至村支部书记、村主任、村文书，已占应安装人数的 80%以上，为政务信息的流通和组织机构扁平化提供了便利条件。“最多跑一次”中信息传递慢、保密要求高等问题正通过钉钉政务移动办公系统在逐步化解。

开化县还依托浙江政务服务网，全面推行“在线咨询、网上申请、快递送达”办理模式，目前个人社保信息查询、公积金账户信息查询等 10 项便民服务事项已实现网上办理。开通使用浙江政务服务网手机 APP，首批 4 个部门 10 个审批事项实现了手机网上申报办理。例如，县人力资源和社会保障局依托互联网平台和人脸识别技术开展了网上资格认证工作，市民可以通过手机下载海量身份认证系统，只需在家“刷脸”，就能完成认证工作。

加快推进公共数据整合和共享利用也是开化县在推动“最多跑一次”改革中的一个好的做法。例如，县发展和改革局依托浙江省企业投资项目备案系统，首创企业投资备案项目“零上门”不见面办理服务，即取消备案原有的审核环节和备案通知书，改事前审核为事后核查，项目单位提交项目备案信息，并在线承诺对备案项目信息的真实性负责后，即生成备案信息表，完成备案，最大限度便民。积极开展电子证照库建设工作，截至 2017 年 7 月 15 日共收集市场监管等 25 个部门 83 类电子证照底图并完成配置，制作电子印章 34 个，有效节省了业主办事时间。

三、重点突破

（一）坚持“放管服”并举，以抓好权力清单整改落实为抓手，持续推动简政放权，以监管为突破口，变“接力跑”为“齐步跑”

按照省统一梳理口径，开化县全力抓好权责清单落实。从严从细对各部门权力清单进行逐条比对，对16个部门提出158项修改调整意见，共确定权力事项4 428项，基本做到行政权力事项科学全面，实施主体准确清晰。同时，对照部门“三定”规定，对部门主要职责进行梳理和细化分解，共梳理规范部门主要职责 454项，具体工作事项2 234项。并对乡镇权力清单进行了梳理，确定了乡镇法定权力74项、承接委托下放4项、审核转报8项。

开化县从2002年开始，共进行六轮行政审批事项的清理工作，2017年6月底行政审批主项事项从原有行政审批主项事项 579 项（行政许可 311 项、非行政许可268项）缩减到263项，行政审批主项事项减少54.58%。同时，通过“多规合一”试点审批流程再造，开展一站式并联审批服务平台建设工作，政府投资项目审批由原先的73个工作日缩减到26个工作日；企业投资项目审批由原先的70个工作日缩减到16个工作日，确保简政放权措施落到实处。

行政审批制度改革以来，权力的监管成为群众关心的另一件事情。为此，开化县克服困难，完成25条非紧急类政务服务热线的整合工作，妥善处理相关整合事宜，有效确保了“12345”政务服务热线与省市同步运行。并建立双随机抽查监管办法和结果公开机制，确保双随机一公开工作的针对性和实效性。同时完成省建筑市场监管与诚信信息平台搭建工作，基本建立省、市、县三级联动机制。

（二）以衢州市“一窗受理、集成服务”模式为蓝本，根据开化县实际，整合部门资源，统一操作规程，变“多窗跑”为“一窗跑”

根据审批需求，开化县参照衢州市行政服务中心将部门分设的办事窗口整合成投资项目、商事注册登记、不动产登记、社会事务、其他事项等五大板块综合受理窗口，实施前台综合受理、后台分类审批、统一窗口出件，实现受理“一窗式”。五大业务板块涉及 28 个部门 118 项事项的整合调整，实现了老百姓办理多部门审批事项的“一窗口”办结。

开化县组织了县行政服务中心各窗口赴市行政服务中心考察学习，根据地方实际制定了统一的操作流程，实现办理“一套标准”。编印《“最多跑一次”改革暨梳理公开公共服务事项操作手册》和《“一窗受理、集成服务”便民服务事项服务指南》，制定一窗受理审批流程图，使各个办事环节一目了然。全面开展业务培训，对综合受理窗口工作人员进行全方位、多技能培训，提升受理多部门、多领域业务的综合能力水平。

根据开化县外出人口多、地域面积广的现实，开化县政府还推出了“三个一”服务举措，即开通“最多跑一次”6661616服务热线和微信公众号，设立一个快递专窗，推出“政务专递”，增设一批服务设施。推行“延时服务、预约服务、上门服务”等“三项特色服务”。同时，依托“四个平台”建设，把服务延伸到乡村，对需要“跑一次”才能办理的事项，通过村级代办人员“代跑”办理，使群众足不出户就能办成事。改革启动至2017年7月15日，行政服务中心办理事项超过5.3万件，群众办事平均少跑3个窗口，实现了“零投诉”，满意率为99%以上。

四、全面推进

近年来，开化县以建设钱江源国家公园试点为契机，致力于资源和环境保护，致力于民生事业发展，为此整合基层便民服务资源，按示范型、标准型、普通型对乡村便民服务平台实施升级改造，切实服务基层群众。特别是2017年以来，开化县政府加快推进浙江政务服务网行政权力运行系统及移动端应用向乡村延伸，为办事群众提供网上查询和申报服务，全面实行“乡村两级综合受理、县级后台分类审批、乡村两级统一出件”的服务新模式，通过中心窗口即办、网上申办、全程代办，努力实现基层行政服务“最多跑一次”、咨询服务“最多问一次”。

另外，开化县还利用省委政法委员会推进“四个平台”建设的有利时机，加快“四个平台”与“最多跑一次”改革的有机融合，变“多级跑”为“就近跑”。开化县以县内人口最多、地域最广的华埠镇作为“四个平台”建设试点，在全省范围内先行先试。2016年8月县级层面率先制定出台《乡镇“四个平台”建设方案》，为全县面上推进提供根本遵循。标准化构建“四个平台”，在县级层面，成立县综合信息指挥中心。在县乡镇层面，推进“1+4”综合指挥体系建设（即乡镇综合信息指挥室和综治工作、综合执法、市场监管、便民服务四个平台）。

通过整合各部门条线设置的基层网格，以网格员推动“最多跑一次”也是开化县根据农村留守老人、妇女多做出的一个现实选择。开化县将全县共划分为742个网格，实现“全科网格化”，形成“党建+网格”“一长三员”的网格管理模式，并建立健全了30余项统筹协调、信息统揽、分流交办、联合联动等运行机制。“四个平台”还通过开展为民代办服务，极大地方便了群众办事。基层全科网格和网格员队伍及时做好农户走访和民情信息收集，第一时间帮助群众解决实际问题。

同时，打造水电维修、治安巡防、卫生清洁、文娱活动、老娘舅调解室等特色服务团队，打通便民服务的“最后一公里”，推动实现群众到政府部门办事“最多跑一次”。

第四节　龙游县：多维度向纵深化推进

党的十八届三中全会报告强调，必须切实转变政府职能，深化行政体制改革，创新行政管理方式，建设服务型政府。服务型政府的核心是加强公共服务，而公共服务的最大价值在于尽可能方便百姓，服务民生，服务市场。“基层政府直面公众，能否提供有效的公共服务与公共产品，不仅直接关系到人民群众的切身利益，而且直接关系到国家公共行政的效能。”[①]“最多跑一次”改革重在倒逼政府各级各部门减权、放权、治权，进一步强化公共服务功能，也是深化体制改革的创新之举。

龙游县积极践行习近平“以人民为中心”的发展思想，聚焦提升县域治理能力和服务群众的水平，多维纵深推进“最多跑一次”改革向乡镇（街道）、村（社区）、园区等三大区域延伸，深化综治工作、综合执法、市场监管、便民服务等乡镇平台建设，大胆创新、提升水平、做出特色，构建共建共享版县域治理现代化新体系。2017 年 2 月以来，各部门聚焦审批和服务领域的“堵点”与“盲点”，以“受理和审批相分离”原则，自上而下倒逼推进“最多跑一次”改革，助推地方经济快速发展。

一、立足实际补短板

龙游县委、县政府出台《关于推进“最多跑一次”改革向基层延伸构建县域治理现代化新体系的实施意见（试行）》，推进“最多跑一次”改革向基层延伸，着力构建县域治理现代化新体系。目前，县域治理框架体系基本成型，体制机制、社会参与、治理能力、信息互通等方面取得明显进展，“最多跑一次”改革覆盖 80% 以上行政权力事项，在最大化便利企业、群众办事上做了大量有益探索。但是，龙游“最多跑一次”改革相对于其他县（市、区）起步晚，当前工作还存在诸多不到位问题，必须直面短板痛处，进一步探索和挖掘改革工作潜力，全面梳理问

① 马建斌：《地方政府建设公共服务型政府的基本问题分析》，《理论与改革》，2008 年第 1 期，第 70 页。

题清单，不断提升服务效能，高标准推进“最多跑一次”改革。

（一）摸清“家底”，梳理审批事项清单

梳理和明确“最多跑一次”审批事项目录清单，确认全县依申请行政权力事项 1 156 项，公共服务事项 716 项，2017 年 6 月底龙游县共向社会公布“最多跑一次”事项 2 批次 1 680 项，占总数的 89.7%。其中，行政权力事项 1 055 项，占总数的 91.3%，公共服务事项 625 项，占总数的 87.3%（表 5.1）。县发改、财政、教育等 26 个部门依申请事项全部纳入“最多跑一次”清单，占比达 50%。通过梳理和明确“最多跑一次”审批事项目录清单形成倒逼促进态势、优化审批流程、整合政务资源、融合线上线下、借助新兴手段等方式[①]，最大限度实现便民利企。

表 5.1 龙游县向社会公布“最多跑一次”事项种类、数量、比例

名称	总数量/项	公开数量/项	比例/%
行政权力事项	1 156	1 055	91.3
公共服务事项	716	625	87.3

（二）疏通“堵点”，释放审批服务活力

推进一窗受理，破解审批障碍。创新设置六个一窗受理模块。按照审批功能分类，模块化设置受理窗口，打破部门条块分割，实现基于一体化办理的全要素协同，创新衍变出六个一窗受理模块，如图 5.4 所示，具体包括：“一窗受理+一码分段并联”投资项目审批模式，利用投资项目在线审批监管平台，对项目实行赋码管理，跟踪审批进度。“一窗受理+一照一码”工商注册登记模式，对企业登记实行一窗接件、一次告知、多照同码。“一窗受理+一号办结”不动产登记模式，不动产登记实施叫号、取号，全流程一号管理。“一窗受理+一网流转”中介服务模式，对涉批中介服务采取报名参与竞价比选全流程网上流转管理。“一窗受理+一网联办”非常驻部门事项审批模式，对体育、教育、民宗等非常驻部门事项，依托一张网，实现中心综合窗口与有关部门网上联动联办。“一窗受理+一岗通办”民生服务事项办理模式，在国税、地税、车管所、公积金等分中心，推行任一岗位可办分中心任一事项业务。

① 徐文瑜：《“最多跑一次”，把时间还给群众》，《绍兴日报》，2017 年 3 月 20 日。

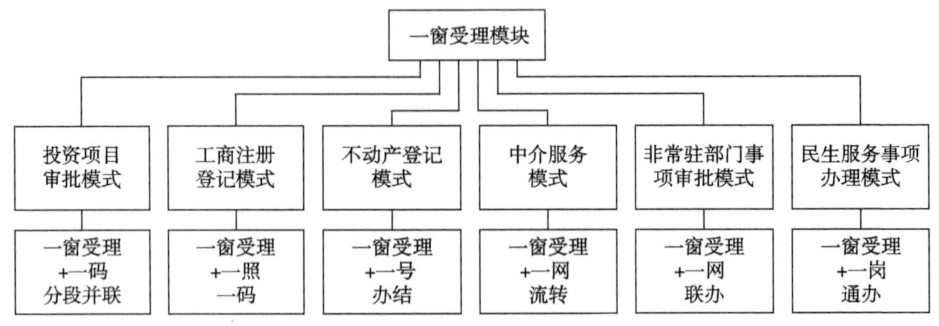

图 5.4　一窗受理创新衍变出六个模块

调整窗口布局，采购安装相关设备。采购了 3 块 LED 电子显示屏、取号叫号系统、台式机、窗口显示屏、打印机、高速扫描仪、高拍仪等一批设备并安装到位。按照不动产登记、企业注册登记、政府性投资项目审批、涉批中介服务、非常驻部门等五大板块，将相关窗口的人员和事项整合到一窗受理窗口。

梳理一窗受理申请材料，整合受理，告知材料。对进驻行政服务中心实行一窗受理的事项，实行一事一表一清单，主要列明事项名称、编码、承诺时限、申请材料清单，其中申请材料清单列明材料的名称、份数、要求等要素，不得要求办事群众提供清单外的材料。同时分业务板块对申请材料进行整合，如商事登记实行一照一码，将商事登记所有申报材料整合到一起，群众办事只需要提供一套申报材料，实现了统一受理材料、统一告知，避免了重复提供资料，方便了群众办事，缩短了办事流程。

（三）消解“痛点”，完善制度体系

开展深入的调研，以老百姓“痛点”问题为切入点，深化统筹谋划，出台配套文件。先后印发了《龙游县人民政府办公室关于印发行政审批（服务）改造提升实施方案的通知》（龙政办发〔2016〕106 号）、《关于印发〈龙游县行政审批“一窗受理”改革实施细则（试行）〉的通知》（龙审改办〔2016〕4 号）、《关于印发〈企业注册登记联合审批“一窗受理”服务实施细则（试行）〉的通知》（龙审改办〔2016〕5 号）、《关于印发〈龙游县不动产登记“一单流转、一号办结”工作实施细则（试行）〉的通知》（龙审改办〔2016〕6 号）、《关于印发〈非常驻部门事项“一窗受理”服务实施细则（试行）〉的通知》（龙审改办〔2016〕7 号）、《关于印发〈龙游县投资项目在线审批监管平台政府投资项目实施细则（试行）〉的通知》（龙审改办〔2016〕8 号）、《关于印发〈浙江政务服务网龙游平台应用管理实施细则（试行）〉的通知》（龙审改办〔2016〕9 号）等“一窗受理”配套文件，为改革顺利推进，完善服务机制体系夯实制度基础。

（四）突出重点，加快工业项目审批改革

精简优化审批流程，挖掘审批服务“新潜力”。例如，深化零土地技改项目审批改革。对工业企业在不涉及新增建设用地的技术改造项目实行零土地审批，采用业主承诺的办法在承诺书上签字，压缩审批流程，减少环节，零土地技改项目承诺备案制的实施，使各有关审批部门在限定时间内实施并联审批，协同办理，较大地提高了项目审批效率，推动了工业企业投资项目从审批制到承诺制的转变，从重事前监管向重事中事后监管转变，为全县全面试行工业企业投资项目承诺制积累了经验。2016 年全县工业项目办理备案 227 个，其中实施零土地技改备案 137 个，占同期工业项目备案总数的 60%。推进相关缴费时间后移，将城市市政基础设施配套费、新型墙体材料专项基金、散装水泥专项基金、白蚁防治费等费用由现行的办理建设工程规划许可证、建筑工程施工许可证时缴费，改为在竣工验收时缴费，有效降低了企业财务成本。

二、突破困境显活力

龙游县全面梳理问题清单，理顺部门职责体系，加强部门间工作协作、制度对接和流程整合，构建新型基层治理体系，倒逼政府部门推进自身改革，着力破解改革难题[①]，补齐短板、提质增效，受理业务延伸拓展的趋势要求，将“最多跑一次”改革向纵深推进，创出龙游改革特色。

（一）招募志愿者，扩大参与

龙游县为进一步将“最多跑一次”改革工作向纵深推进，发动社会力量，依托群团组织、职能部门，推进“每个平台整合一支社会力量”，引导各类群众团体、社会组织、志愿者、中介机构、村（居）民共同参与社会治理，培育志愿互助服务、商业性便民服务。例如，龙游县团县委、县行政服务中心联合面向全社会招募助推“最多跑一次”改革志愿者，积极发挥社会各界力量，让广大人民更多地了解、参与及体验“最多跑一次”改革工作的开展情况，通过引导群众排队取号办理业务、协助工作人员指导群众填写相关表格、对不方便的群众帮助其办理业务、引导群众前往相关办事窗口、维持窗口秩序、协助工作人员收集办事群众意见反馈等志愿服务，积极营造“最多跑一次”改革的良好氛围，提升知晓率，助

① 胡琳芬：《张晓峰调研“最多跑一次”改革等工作》，浙江网闻联播浙江在线，2017 年 5 月 24 日。

阵龙游县“最多跑一次”改革工作。

（二）当好“店小二”，激发活力

龙游县把服务作为发展的前提，深入完善企业服务中心的服务体系，持续深化“最多跑一次”改革和“四个平台”建设，为企业和项目提供“店小二”式惠企服务，帮创办的企业跑审批，通过精准帮扶企业，助战“最多跑一次”改革。

（三）创新“零上门”机制，化远为近

全面推行“互联网+政务服务”工作模式，逐步形成“在线咨询、网上办理”的“零上门”运行机制。一是注重服务细节，打造高品质“微服务”。通过“龙游人社”“龙游公安”“龙游村情通”等一系列微信公众号、QQ群、网上办事大厅等媒介，拓宽服务渠道，实现宣传前沿化、服务电子化、管理动态化。二是积极推行企业网上申报业务。“互联网+政务服务”实现2.0再升级。推行“QQ在线咨询”“网上审核”机制，让数据多跑路，让群众少跑路，大大节省了时间，努力实现办事“零上门”①。

（四）强化“村情通”，多元支撑

创新“大党建”统领下的基层治理“村情通”模式。以基层党建为统领，将基层党组织建设和“四个平台”建设有机结合，创新“村情通”模式，全面推进基层治理现代化。目前全县262个村全面建成“村情通”，每年每村的费用低于500元，基本达到1户1人参与，群众诉求90%以上在村解决。

三、强化服务促跨越

龙游县进一步深化“最多跑一次”改革，以优化服务细节，改善服务环境，转变服务态度，使群众和企业对改革的获得感明显增强。

（一）强化窗口服务意识，提升服务水平

一是按照“最多跑一次”要求开展窗口硬件改造建设。例如，县公安分中心打破警种、部门、区域界限，着力于综合窗口的扩容布点增效。对现有窗口进行

① 方圆:《龙游社保“三化”助力“最多跑一次”改革提档加速》,《今日龙游》，2017年5月11日。

升级改造，投入 100 余万元对原行政审批科办证中心进行装修扩容，引入自助填表机等设备，整合 6 大警种 130 项业务。二是完善窗口各项制度，各单位围绕“一次办结”的工作目标，结合政务公开工作，全面简化办事程序，完善各项制度，如一次性告知制、承诺办结制和请假制度，使“最多跑一次”得到彻底落实。出台并印发事项办事指南和标准供申请人查阅，在办事指南中载明申请主体、办理条件、申报材料、办理流程、办理时限等要素，要求各部门出台的办事指南不得存在要求提交没有法律依据的证明和“×××等材料”“法律法规规定的其他材料”等模糊性表述、兜底条款等情况。三是加强窗口人员培训工作，先后 3 次对乡镇（街道）、各相关部门 400 多人次进行浙江政务服务网系统较大规模的培训。为加强日常业务培训与交流，建立乡镇、部门 QQ、钉钉交流群。通过窗口例会等方式对窗口工作人员以会代训，对乡、村相关工作人员进行上门指导。四是严格窗口管理，坚持开展每日多次巡查，形成“四一一”制度，即每日 4 次巡查、每周 1 次通报、每月 1 次考核。每月对各窗口及工作人员进行星级考评，考评结果对外公布，并与个人奖惩、评先挂钩，鞭策窗口开展优质高效的服务。

（二）成立开发区“企业服务中心”，推进审批服务“专业化”

在经济开发区成立“企业服务中心”，截至 2017 年 8 月共有 16 个部门单位进驻，设置 12 个窗口，配备 18 名工作人员，进驻 66 项事项，负责审批全县所有工业企业项目，实现“涉企事项不出园区”，缩短企业跑路距离，方便企业办事。对涉批中介网上服务大厅服务事项进行了扩容提升，延伸服务触角，修改完善软件配置，将服务范围由市场主体投资类项目扩展至政府投资项目、集体投资项目，特别是将乡镇建设项目、村集体建设项目的中介服务事项纳入网上服务大厅公开比选、择优竞争，新增招标代理、工程监理、地质勘查、交通和水利工程施工图设计等 46 项工程建设中介服务事项，新增中介机构 68 个，总入驻中介机构 440 家，2017 年上半年发布信息 485 条，2015~2017 年累计发布信息 3 400 多条。

（三）建立全程代办制度，实现审批服务“零距离”

为保障审批过程顺利进行，投资项目从进入流程开始，就制订审批服务方案，落实代办员，实行“三员合办”工作办法，进一步明确代办员、承办员、导办员服务小组职责，为项目业主提供全程代办和跟踪督促服务，变企业跑为干部跑。据统计，近几年来共为企业和群众代办 140 多个重点项目，龙游县涉及审批的 37 个重点项目，都已列入代办范围，同时，还在全县各审批部门开展服务竞赛，看谁的服务更优、谁的服务更快、谁的满意度更高，在各责任单位和审批部门中掀起“大干项目、干大项目”和“互学、互看、互比”热潮，推动了一批重点建设项目快速落地和投产。

（四）实现“家门服务”，服务细节再优化

证照快递送达，实现家门服务。一是明确范围。在县行政服务中心、分中心及开发区企业服务中心全面推行“互联网+政务服务”证照快递寄送服务。证照快递寄送服务坚持自愿和必要的原则，由办事群众通过书面或电子方式申请委托，由受托快递公司负责代领和送达，减少了群众往返窗口次数。二是落实制度，促进快递服务长效化。在制定管理办法，建立相应服务规范，落实配套措施，明确服务时限标准、投递深度，细化处理流程和操作等内容上不断完善，确保服务质量。三是加大资金保障，促进快递服务实效化。快递费用由县财政承担，并由县行政服务中心管理办公室“一口子”与快递服务企业结算。截至 2017 年 8 月，县行政服务中心已在办事大厅设置证照快递窗口，快递公司工作人员已进驻大厅开展业务，对 326 项行政审批服务类事项绑定了快递接口业务，并在相关服务窗口统一“快递服务”标志，引导办事群众办理快递服务。

四、提升效能加速度

加快建设服务型政府对促进国家治理体系和治理能力现代化具有全局性、基础性、战略性的重大意义。然而，由于对传统随意性、碎片化、运动式的改革路径的依赖，不少地方改革往往“做而不实，推而无果”。为探索服务型政府新实践，龙游县以“最多跑一次”改革为契机，通过顶层设计，以党建为引领、做实制度规划，问题导向、创新挖掘潜力，资源下沉、联动整合活力，标杆引领、汇聚多元引力等打造出政府引领改革升级的新趋势，是撬动基层治理活力的有益探索。

（一）党建统领，做实制度规则

村落党建促使组织单元进一步下移，组织力量得到有效充实，夯实党建基层基础，推进执法、管理、服务三位一体和法治、德治、自治三治同步，形成党政主导、社会协同、公众参与、上下联动的基层治理新格局[①]，更能深入群众，更易发现问题，更好地统筹协调。全县实行党支部建在“村情通”平台上、党小组建在全科网格上，发挥基层党组织治理的核心作用。通过有效激励村中国共产党员支部委员会和村民自治委员会（简称村两委）、党员、代表三支队伍，梳理村

① 黄合：《推进治理现代化　提升群众获得感》，《宁波日报》，2016 年 12 月 16 日。

级公开清单，在线实时公开，后台精准监管，纪律检查委员会（简称纪委）、组织部跟进督查，有力监督村级组织规范运作，推行“四个平台”部门派驻人员、乡镇（街道）干部“组团驻村”，与村级网格“一长三员”共同认领一批任务、处理一批难题。

（二）问题导向，创新挖掘潜力

改进方式方法，带着问题找答案，创新挖掘潜力。用好浙江政务服务网这张数据共享的“天网”，打造“村情通”模式共建共享的“地网”和上下贯通、条块结合的“钉钉”督办管理“支柱”，建设党委、政府基层治理“110”，统筹集成数据资源，建立健全上下贯通运作机制，塑造“工”形信息架构，形成“天网”（“12345”政务服务热线）被动接收民情和“地网”主动汇聚民情的党群干群互动新格局。

（三）资源下沉，联动整合活力

运用“互联网+”思维，加快县乡村联合联动，深化基层党组织与网格联合整合，动员广大党员干部群众和社会力量参与基层治理。例如，罗家村做实“党建+网格”，创新乡镇（街道）和部门派驻干部“组团驻村”长效机制，推进关口前移、重心下移、资源下沉，形成“宽底尖顶”的“金字塔”形力量布局，推进工作状态从突击运动变常态长效、事后变事前、治标变治本、被动变主动、管理变治理。

（四）标杆引领，汇聚多元引力

在符合基本规范的基础上，鼓励各乡镇（街道）先行先试，争当标杆乡镇（街道），积累经验、做出示范。开展“村情通+网格管理”乡村竞赛，推动基层党建、基层自治、基层服务全面进步，引导农村群众自我管理、自我服务、自我教育、自我监督。在实名认证的基础上，依托“村情通”平台开展重大事项投票摸底、“三度”（公认度、信任度、满意度）测评、最美家庭创建、护水先锋、平安使者评比等活动，打造党员群众“用得着、用得来、喜欢用”的管理监督“神器”。整合部门资源，聚焦“村情通+部门服务”，力争相关部门至少打造一个省级或市级工作品牌。

第六章 “最多跑一次”改革的拓展延伸

第一节 中介机构、基层组织和企事业单位在行动

推动改革向中介机构、基层组织和企事业单位延伸，加速改革成果“落地生根”，让改革更接地气、更具活力，使改革抵达“最后一公里”，成为继续深化“最多跑一次”改革的重要环节。

一、中介机构：实现投资项目“三合一”

长期以来，各类投资项目前期的各类审查、评估和测绘驻留时间过长，经过的环节过多，严重制约了办事效率，已然成为“最多跑一次”改革中的堵点、难点。实际上，各类中介机构在此领域扮演着重要角色，衢州市实施推进中介机构“多审合一、多评合一、多测合一”，将“最多跑一次”改革向中介机构延伸的探索取得了显著成效。

（一）由多部门分散审核到“互联网+审核”实现“多审合一”

流程再造，审查效率大幅提升。房屋建筑和市政基础设施工程施工图审查在改革前耗时耗财现象突出，为减轻企业负担，衢州市进一步整合资源，对建设、人防、消防等施工图审查环节进行整合归并，实行“一窗受理、一套资料、一站审查、一个平台、统一监管”的运行模式，进一步节约审查时间和审查成本。为实现“多审合一”目标，施工图审查相关部门设置统一对外的联合审批受理窗口与网上申报平台，特别是电子综合图审系统投入运行后，将审核需要提交的重复

性资料扫描上传入网后多部门共享，业主不用再提供纸质图纸。牵头部门会同相关审批部门对施工图审批实行一次申报、一窗受理、并联审批、集中反馈、统一发证。企业投资项目实施“多审合一”后，业主跑腿次数由3次以上变为1次。

政府“买单”，审查成本明显下降。为切实减轻企业负担，衢州市在财力有限的情况下，决定自2017年5月1日后出让（或者划拨）的国有建设用地上的建设项目和其他新批准立项的建设项目，政府相关部门不在向企业等建设单位收取房屋建设和市政基础设施工程施工图审查费用，相关费用由政府财政统一“买单”，纳入市、县（市、区）住建部门预算，企业和个人无须付费。这一举措有效降低了企业成本，切实增强了群众和企业的获得感。

强化监管，审查质量全面提升。在放宽准入、容缺受理等多项提升效率的举措出台后，加强审批环节事中、事后监管显得尤为重要。为此，衢州市积极探索创新监管方式，积极开展“双随机、一公开”抽查，形成“部门联合、随机抽查、按标监管”的“一次到位”机制，并将抽查结果与智慧信用评价体系相挂钩，落实奖优惩劣机制。为防止事中、事后“脱管”的现象发生，下一步将建立责任追溯制度，严格按照“谁审批、谁监管，谁主管、谁监管”的原则，明确责任归属。在条件成熟时，探索建立企业诚信承诺备案制，进一步规范企业行为，加大企业失信成本。

（二）由“串联”到“并联”实现“多评合一”

创新优化程序，建立评估审批服务新模式。“拉锯式”的多头评估现象在这轮改革中有了新的突破。由市发改委牵头，在投资项目全流程、多层级、多部门评估工作中实现“最多跑一次”。具体做法是，在明确项目选址方案、建设内容、建设规模等基本情况的前提下，将一般性投资建设项目前期推进涉及的节能评估、环境影响评估、安全评价、水土保持方案、地质灾害危险性评估、地震安全性评价等六类评估事项，由“串联方式”调整为“并联方式”同时进行，创建了“统一受理、统一评估、统一评审、统一审批”服务新模式，大大缩短了评估时间。

规范中介市场，提高评估工作的客观性和科学性。为防止信息不对称而造成的无效评估，针对国家调整或取消的评估事项，及时动态调整中介事项管理目录。对行政审批的前置环节严格把关，清理行政审批前置环节的技术审查、评估、鉴证、咨询等有偿服务，中介评估环节多、耗时长、收费乱、走过场、垄断性强等问题得到有效解决，提高了评估工作的客观性和科学性。加大对评估中介机构的监督力度，促进行业自律，提高中介机构的服务质量和水平。

强化协调联动，保障评估同步推进。项目评估要实现由“串联”到“并联”，部门和地区联动是前提和保障。具体实践中，衢州市借助于浙江政务服务网，强化多部门协同配合，保障并联评估、审批实施效果。在浙江政务服务网投资项目在线审批监管平台增设“多评合一”功能，并与行政审批中介服务网对接连通。对符合不进行单独评估评审的项目，行政审批相对人提出使用区域化评估评审结果的申请，行政审批部门直接使用区域化评估评审结果，实现企业投资项目统一区域评估评价。仅此一项改革，全年可为企业节省成本 1 000 万元以上。

（三）由条块分割到资源共享实现“多测合一”

严格控制把关，确定服务定点供应商。明确中介机构入围标准，注重中介机构的信用等级评定记录，把一批资质好、信用佳的中介机构吸收进来，建立一支中介服务定点供应商队伍。衢州市规划局（测绘局）会同市国土资源局，按照“公开、公正、公平”的原则，从符合条件的测绘资质单位中选定供应商。入围的中介服务机构须入驻市行政审批中介服务网。

依法实施监管，确保测绘成果质量。衢州市规划局（测绘局）和国土资源行政主管部门始终把保障测绘成果质量放在首位，依法履行监管职责，防止建设单位、建设主体及中介服务机构受利益驱动而导致测绘成果不合格的情况发生。对不认真的中介机构及时加以纠偏与告诫，必要时终止服务契约，并追究相关部门的责任。

提高服务效率，降低测绘成本。针对各类项目的测绘环节专业性强、涉及领域多、共享度低的现状，衢州市在市区政府投资建设工程及工业企业建设项目竣工实行联合测绘的基础上，将建设工程审批涉及的土地测绘、规划测绘、房产测绘等技术服务，统一委托给一家单位承担，实行统一测绘、成果共享，从而减轻企业负担，节约时间成本，提高测绘成果准确度。“多测合一”全面实施后，全年可节省企业测绘费用 180 万元左右，时限至少缩减 30%。

二、基层组织：在改革中克难攻坚

基层组织联系着广大人民群众，是协调和凝聚人心的重要堡垒。基层社会治理是城市治理乃至国家治理的重要方面。将“最多跑一次”改革推进到基层，让最基层人民群众和企业享受到改革的成果是改革的重要目标之一。

（一）重点推进“一窗受理”向县乡便民服务平台延伸

延伸服务触点，搭建行政服务四级架构。在“一窗受理、集成服务”成功经验的基础上，衢州市继续前行，把“最多跑一次”改革向乡镇、村（社区）延伸，搭建起市、县、乡、村四级架构。具体做法是，整合各种便民服务平台，乡村便民服务采取“乡村两级综合受理、县级后台分类审批、乡村两级统一出件”。各乡镇取消“条线窗口”，并根据标准化建设方案设置“综合窗口”，大大提升了办事效率和群众满意度。

集成服务下沉，主动服务群众。变群众需求为主动“上门”服务，采取窗口或村干部进村的“村居代办”模式，将公共服务送到百姓家门口，解决村民有事不会办、办不了和来回跑的问题。高频服务部门在基层设立流动窗口，定期定点受理各项群众急需办理的业务，发挥流动窗口的辐射效应，使偏远地区的办事群众和企业实现在“家门口”享受政府服务。

审批权力下放，实现办事不出镇。深入推进行政审批改革，按照“能放则放”的原则，进一步简政放权，将群众最关切的诸如农民建房审批、宅基地使用权及房屋所有权登记、设施农用地审批权力等下放至乡镇，使群众最关注的事务不出镇就能办理，极大地方便了群众。

（二）努力实现网络平台建设基层全覆盖

加强互联网意识，创新在线服务方式。“互联网+政务服务”模式是顺利实现“最多跑一次”向基层延伸的重要载体。加强宣传教育，培养群众互联网意识，使基层群众和企业能借助网络平台顺利融入大政务，全流程对接政务服务平台。运用大数据和网络平台优势，有效弥补地域劣势，实现数据代替人跑腿。

努力实现“一窗受理”云平台建设全覆盖。“一窗受理、集成服务”改革初期，对涉及多个部门综合办理的审批事项，材料需通过内部人工流转，耗时低效，容易出现错误遗漏。“一窗受理”云平台以浙江政务服务网为依托，将内部人工流转变为网上流转，使服务改革进一步推进、“证照联办”进一步升级、审批流程进一步简化，完善了现有的服务模式。云平台向基层组织的全覆盖，有力地助推了“最多跑一次”向基层延伸。

着力打造统一的基层业务协同系统。针对“四个平台”系统林立、信息分散、多头管理、重复建设等问题，着力打造全市统一的基层业务协同系统，保障“四个平台”顺畅运转。江山市清湖镇在基层业务协同系统推进方面进行有益的尝试并取得显著成效。衢州市智慧乡镇综合信息指挥系统在江山市清湖镇上线运行，该系统按省政府相关“四个平台”信息系统设计各项规范要求，实现与平安建设信息系统、信访咨询投诉平台、钉钉即时通信、雪亮工程等融合对接；便民服务子平台将所有乡镇审批服务事项纳入，并实现与“一窗受理”云平台、电子证照库的对接；钉钉端“政务通”微应用可实现事件处理全流程移动端完成。

三、企事业单位：扫除改革盲点

企事业单位承担着大量的社会服务功能，其服务效率和服务水平直接关系到群众的满意度，“最多跑一次”向企事业单位延伸是此项改革的重要环节和应有之义。

（一）梳理“最多跑一次”事项的标准化清单

以市场、社会和群众需求为出发点，反向审视与优化服务流程，提升服务效率和服务水平。组织涉及公共服务领域的事业单位及提供水、电、气、公共交通等公共产品和公共服务的国有企业，结合公共服务事项梳理工作，梳理出“最多跑一次”事项的标准化清单，为群众办事提供清晰的指引。

（二）实现“多头受理”向“一头受理”转变

站在方便“客户”办事的角度，结合事项办理关联度，将企事业单位分设的诸如水、电、气等过户业务进行科学合理的整合，变“多头受理”为“一头受理”。将与群众日常生活密切相关的事务办理进行“打包”处理，不仅实现“最多跑一次”，还要尽可能地实现“最近跑一次”，提供周到贴心的服务，提高人民群众的满意度和获得感。创新服务方式，运用浙江政务服务网、移动客户端、自助终端等多种形式，为群众提供方便快捷的网上公共服务。

（三）树立客户意识补齐服务短板

通过服务外包和政府购买等形式，在公共服务领域打破垄断，引入市场竞争机制，促使企事业单位转变观念，树立客户意识。主管部门加强监管和评估，奖优罚劣，引导其遵循“客户导向”的逻辑，变“掌柜”意识为“店小二”意识，最大限度地精简办事程序，减少办事环节，缩短办事时限，主动增强服务意识，改进服务质量。

第二节　球川镇探索“梭子型”基层治理模式

常山县球川镇2016年便开始基层治理体系“四个平台”建设的试点工作，并在全省率先全面运行，形成了综治工作、综合执法、市场监管、便民服务四个功能性工作平台。2017 年 3 月，该镇通过“最多跑一次”改革与“四个平台”的有机融合，建立了“梭子型”基层治理的组织架构，实现了“最多跑一次”向乡镇延伸的目标。

一、改革呼唤基层治理模式创新

（一）省市县三级联动整体推进改革

2016 年 12 月浙江省委经济工作会议上提出“最多跑一次”改革要求，这是深化“放管服”改革的重要举措。目的是通过优化办理流程、整合信息资源等方式，实现群众办事一次上门或零上门，以倒逼各级政府及其部门简政放权、优化服务、提升效率，从而增强群众获得感。衢州市从 2016 年 5 月开始探索受理与审批相分离的“一窗受理、集成服务”改革试点工作，并作为“最多跑一次”改革的样本在全省予以推广。根据省、市“最多跑一次”改革的总体部署，常山县以“综治工作、综合执法、市场监管、便民服务”这四个关系基层民生大事的建设为载体积极对接“最多跑一次”改革，致力于创新基层治理体系与提升基层治理能力。

（二）乡镇传统公共服务供给与群众需求新变化的内在矛盾

乡镇政府处在“五级政府”管理层级的最末端，直接承担着最基层行政管理和公共服务的职能，是农村公共资源配置的重要组织者和载体。乡镇机构设置可谓“麻雀虽小，五脏俱全”，除设立日常办公室外，还有乡镇所属及县直有关部门派驻的站所。县与乡镇的权力分配关系属于典型的“条块关系”，公安、工商、司法、国土等重要部门实行垂直管理，使乡镇政府权力残缺不全，无法有效管理本辖区内的政治、经济等各项事业。虽步入后农业税时代，但乡镇政府的工作量依然十分繁重，被人戏称为“芝麻大的官，巴掌大的权力，无限大的责任”。与一般乡镇情况相同，球川镇也存在县乡断层、条块分割、功能弱化等基层治理难题。特别是信息化、城镇化、农业现代化等进程推进，城乡社会结构、利益格局和群众的思想观念发生了很大变化，乡镇传统公共服务供给与群众实际需求日益不匹配，急需通过深化改革做大配全乡镇公共服务平台。因此，在省市县三级联动推进改革的浓厚氛围的影响下，破解乡镇公共服务供给困境、提升基层治理能力和治理体系现代化的任务迫在眉睫，以“四个平台”为基础的“梭子型”基层治理模式应运而生。

二、“四个平台”支撑基层治理模式创新

全科网格构成一个信息收集端，触角无缝覆盖乡镇整个辖区；综合信息指挥室进行分析研判和命令指派，成为一个高速运转的处理器；“四个平台”集合了多方力量，可以及时有效地处理事件，成为一个处理终端[①]。可以看出，以“四个平台”为支撑的治理模式为乡镇治理提供了全新的理念和视角，使基层社会治理模式实现了从“独角戏”向“大合唱”的转变，打造出具有球川特色的“114”社会治理体系，具体如图 6.1 所示。

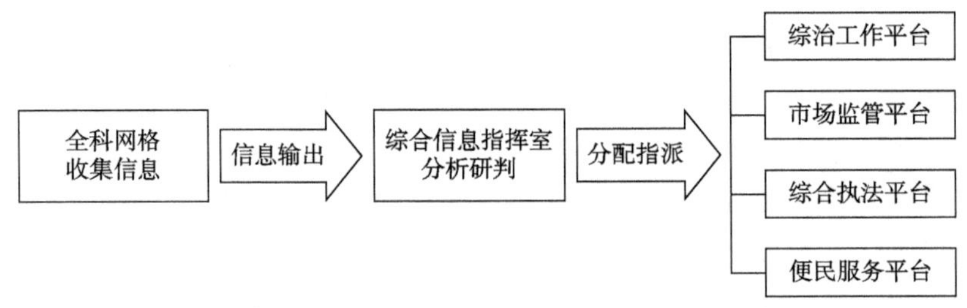

图 6.1 全科网格、综合信息指挥室和四个平台三者关系图

（一）打造基层社会治理网，夯实基层治理根基

按照网格统一划分、资源统一整合、人员统一配备、职责统一明确、服务统一保障、任务统一分配、信息统一采集、报酬统一筹措、考评统一实施的“九个一”工作要求[②]，全力推进全科网格队伍建设，加大网格整合，推进党建网、综治网、服务网等“多网融合”，实现“一网统管”。同时打造全科网格，专门配备 144 名“一长三员”（一个网格长、一个网格指导员、一个专职网格员、一个兼职网格员）[③]，定期对网格员信息收集报送、知晓网格情况等业务开展培训、督查考核，引导网格员全面发挥基层“探头”“触角”作用。此外将钉钉、微信、“平安通”“平安浙江 APP”等智能化媒介与“四个平台”有机结合，构建智能化的综合指挥“一张网”。积极发动“一长三员”网格队伍、村两委成员、村民及社会力量通过智能媒介参与信息动态上报，做到“基础信息不漏项、村情民意不滞后、问题隐患全掌控”。

---

① 金春华：《基层治理体系“四个平台”重构职责重整资源——围着问题转 贴牢一线干》，《浙江日报》，2017 年 5 月 11 日。

② 郑晨：《我区部署深化全科网格建设工作》，柯城新闻网，2017 年 5 月 23 日。

③ 桐庐钟山：《“一长三员”立体式培训 助推全科网格建设》，搜狐网，2017 年 8 月 25 日。

（二）建设综合信息指挥中心，确立基层治理核心

建设乡镇综合信息指挥中心，设操作区、指挥区两个区，负责日常运行中信息汇总、分析研判、分流交办、调度指挥、反馈督办等工作，是“四个平台”运作的中枢神经。在四个平台的架构下，综合信息指挥中心的信息源主要有三种：一是全科网格员采集的信息；二是智慧治理平台汇聚的信息；三是群众投诉反映的信息。智慧治理将全镇 45 个治安监控探头、2 个高空“天眼”、9 个水雨情监测站点、69 个村级应急广播喇叭全部纳入综合指挥平台，结合钉钉、微信、平安通等智能媒介构建一张“多层级、网格化、数据化、全覆盖”综合指挥网。2017 年以来，依托综合信息指挥中心收集汇总上报信息 4 000 余条，其中矛盾纠纷 488 条，治安隐患 628 条，民生服务 1 520 条。综合信息指挥中心采集到实时信息后，在分析研判的基础上进行“一口子”发号施令，按照一般事项“两小时内受理，一天内办结”的要求，所有平台干部接到指令后均能第一时间赶到现场处置，做到业务指令“一键达”。强化钉钉督办流转，每个交办事项同步由综合信息指挥中心发出“钉一下”提醒，告知事项性质及完成时限，有效提高事件流转效率。

（三）搭建四个工作平台，筑牢基层治理支撑

对职能相近、职责交叉的机构和各机构公共服务事项进行整合，搭建了综治工作、综合执法、市场监管、便民服务四个平台。

（1）人员构成及内部分工。整合综治办、人民武装部、司法所等部门，联合县级部门派驻的公检法等方面的力量，主要负责政法、综治、维稳、信访、调解等方面的工作，形成综治工作平台；整合综合执法办、安全生产监管站、县综合执法局球川分局等机构，形成综合执法平台，主要承接县综合执法局职能、承担镇政府行政执法职能，对接县级有关部门开展联合执法；整合县市场监督管理局球川分局、交通工作站等机构，形成市场监管平台，主要承担面向企业和市场经营主体的行政监管与执法职责。依托便民服务中心，县行政服务中心球川分中心，以浙江政务服务网为技术支撑，拓宽服务功能，形成便民服务中心，主要为群众提供窗口服务和公共资源交易工作。

（2）内在关系及运行机理。四个平台是一个有机整体，由综合信息指挥中心实行统一管理，综合信息指挥中心汇集各类信息后，对重大问题进行分析研判后交办，一般问题分流到相关单一平台或机构办理，涉及多个平台的由综合信息指挥中心协调相关平台共同处置。各平台内部独立运行，履行各自的职责，办理结果实时反馈。总之，“四个平台”为各司其职、信息共享、协调配合、相互联动、密不可分的整体。

三、“梭子型”基层治理模式：整体架构及运作机制

（一）以“互联网＋”思维为引领优化基层政府的治理架构

球川镇将“四个平台”建设与“最多跑一次”改革有机融合，建立了“梭子型”基层治理的组织架构。通过这一特色做法，实现了“最多跑一次”向乡镇基层政府延伸的目标。该治理体系的组织架构可以简单地描述为“前台一窗受理—平台协作处置—网格统一出件”，形成了“一个口子接件、内部平台处置、一个口子出件”这样一个“两头小、中间大”的“梭子型”组织架构[①]（图 6.2）。球川镇之所以能在全县乃至全省构建具有地方特色的基层政府治理的组织架构，重要原因在于其以“互联网+”思维为驱动推进基层治理体系创新。“梭子型”组织架构有效地改变了传统公共服务供给方式，“一窗受理”实现了从“群众跑”到“部门内部跑”的转变，其背后的重要支撑在于后台分类审批，审批事项要在后台实现流转须实现信息互联互通。同时，作为“梭子型”基层治理模式的重要引擎——“四个平台”，它们之间能相互联动、协同配合，除机制因素外，还需将新信息技术融入各个平台。

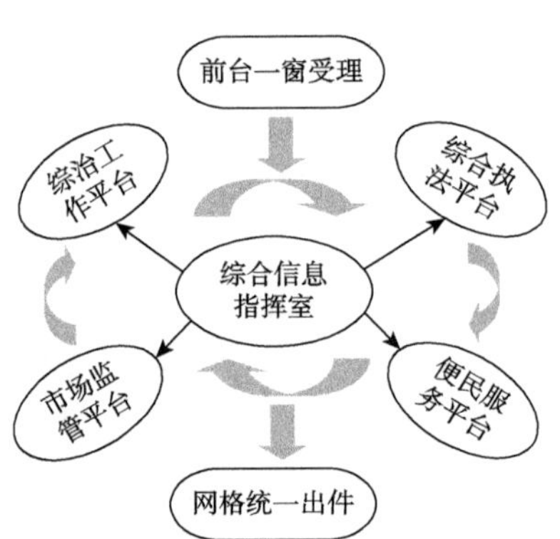

图 6.2　“梭子型”基层治理模式的扁平化组织架构图

（二）以协同合作为方式创新基层政府的运行机制

当今复杂的社会环境和多面的社会问题，对协同合作提出了更高的要求。“四个平台”虽是一个有机整体，但各司其职、独立运行，而“四个平台”所处理的事项涉及政治、经济、文化、社会等多个方面和多个职能部门，问题的复杂性决

① 钱俊：《常山在全省率先全面运行乡镇“四个平台”》，常山新闻网，2017 年 5 月 27 日。

定了单个平台难以有效解决。因此，不论采取哪种改革方式，或者是改革理念，都要从根本上把握“四个平台”之间良性互动的要义，构建跨平台、跨部门协作的合作机制。针对平台间或部门间的协调，建立协作配合机制，涉及平台内多个部门（单位）的，由平台日程管理机构协调处置；涉及多个平台的由综合信息指挥室协调相关平台共同处置。为完成特定任务，构建矩阵式服务联办机制，各服务窗口间相互联动，努力推进“一窗受理、集成服务”。对确定开展的重点整治和执法管理事项，各平台根据职能，统一调配人员力量，组织开展联合执法或专项整治。此外，建立督考评办机制，交给平台以外的单位办理的事项一并纳入“四个平台”反馈评价机制，对协作配合不到位、不及时、不作为、乱作为的部门和人员，进行严肃问责。

（三）以配套改革为助手强化基层政府的要素保障

以“四个平台”为基础的“梭子型”基层治理模式可谓是一场整体性改革。为顺利推进改革，既要把握改革举措的关联性和耦合性，也要注重改革的配套资源建设，从而使改革的各项工作相互促进、相得益彰，达到预期成效。改革落实，关键在人。一方面，完善用人机制，强化属地管理，加强乡镇对派驻人员的属地管理和刚性调控，如派驻机构负责人的人事任免必须征得乡镇党委同意，派驻人员年度综合考核由乡镇负责，为改革顺利进行提供了人员保障。另一方面，完善人员激励机制，创新人员管理和考核办法。先后制定发布了《球川镇“四个平台”派驻机构及干部管理办法（试行）》《关于印发〈球川镇“四个平台”工作专项考核办法〉的通知》等文件，建立人员负面清单制，实行派驻人员日程管理“黄牌制”，事件处理不及时的处“黄牌”警告，全年三张以上“黄牌”，考核将下调一个等次，通过建章立制进一步加强工作人员绩效管理的规范化、科学化和制度化。

四、“梭子型”基层治理模式的实施成效

球川镇虽处在政府体系最末梢，但善于抢抓机遇，充分利用其“船小好掉头”的优势，打造出“梭子型”基层治理模式的“常山样板”，切实提升了该镇治理能力和治理水平的现代化。

（一）窗口整合，便捷化流程更优一步

以“四个平台”建设为契机，重组便民服务中心，大胆改革原有窗口格局，分为综合受理窗口、出件窗口以及后台审批区等，实行“一窗受理，分责交办，

限时办结，统一出件”。改革后综合受理窗口由仅面向便民服务中心的“一窗”功能转变为面向“四个平台”，不仅可以综合受理群众到便民服务中心办理的办件事项，同时也可以受理其他平台的工作事项。综合受理窗口将群众要办的事项记录下来，发往综合信息指挥室，由综合信息指挥室交办其他平台处理，避免群众在各个站所之间来回奔波，简化了审批流程，确保了群众办任何事都可以“最多跑一次、跑也不出乡”。2017 年以来，镇便民服务平台共办理即办类事项 3 810 项，代办类事项 2 975 项，审核转报类事项 710 项，群众满意率达 98%以上，基本实现了“最多跑一次”。此外，创新“政企合作”模式，在镇信用社开设“社保银行综合窗口”，实现群众参保、缴费、社保卡办理、签约等业务“一窗受理、一次性办结”，真正实现多项业务从“跑多次”“多地跑”向“当场办结”转变。

（二）条块结合，精准化保障更快一招

将综合执法、农业农村、民政、信访、计生等职能相近、职责交叉和协作密切的日常管理服务事务进行归类、整合，有利于部门联合开展工作，有效解决了基层治理中乡镇与部门派驻机构条块分割、“两张皮”等治理问题。打破原有办公设置，将全镇干部、派驻干部统一归为“平台干部”，由综合信息指挥室统一调配管理。目前全镇共有平台干部 99 名，其中有来自 9 个部门的 11 名派驻干部，极大地改变了乡镇人员不足的难题。将综治、计生、民政、水利等多条线网格整合成“一张网”，每个网格配备一名“全科网格员”，统一上报各线信息，使基层矛盾和问题在一线发现、一线协调、一线解决，有力地促进了社会的和谐稳定。网格员队伍因条块结合变得更加精简，20 个行政村仅聘用 38 名网格员就实现了全覆盖，为综合信息指挥室进行分析研判提供了精准的信息源。

（三）深度融合，优质化服务更多一点

将方便群众办事和促进乡镇经济发展作为突破口，将“四个平台”建设与“最多跑一次”有效衔接，同时推进党建网、综治网、服务网等“多网融合”，实现“一网统管”。将钉钉、微信、“平安通”“平安浙江 APP”等智能化媒介与“四个平台”有机结合，构建智能化的综合指挥“一张网”。经过平台融合、多网融合等深度融合，集智慧、高效、便民于一体的基层治理体系“一次不用跑”的成效已初步显现。例如，全力推进“只在村里跑”试点，截至 2017 年 8 月，芙蓉村级便民服务事项增至 28 项，实现“群众办事村里跑”。又如，创新推出“一次都不跑”模式，分批次将生育服务登记、计划生育服务证、新生儿入户等业务纳入掌上 APP 办理，轻松实现计生业务网上办、微信办、异地办。针对特殊群体，创新组团“跑小二”，全程由其帮办代跑，实现群众办事“零跑腿”。截至 2017 年 8 月，通过网上办理

代办事项 3 210 件，网格员代办 7 215 件。

第三节 清湖实践：构建数字化的基层治理体系

一、转型矛盾催生基层治理现代化

（一）基层转型期间矛盾重重

清湖镇，地处江山市西南郊，区域定位为江山市城南副中心，区域内三分之一为江山市经济开发区，随着城市范围的扩大和建设项目的推进，征迁任务繁重，经济纠纷多发，流动人口较多，城乡治安压力显著。随着清湖镇建设重心不断向城区靠拢，乡村经济结构、地方治理、家庭伦理遭受到冲击和重塑，乡镇基层政权由"身在农村，其使命为城市服务"转向为村社居民提供服务，乡镇日益成为各种利益关系的交汇点和社会矛盾的集聚点。

一是基层治理"弱政府"与"强社会"的矛盾困境。随着政府改革的推进，乡镇政府愈发成为县区政府的从属组织，乡镇机构的设置和法定职权的完备性与自主性被削弱。但是与乡镇政府机构紧凑、资源控制范围缩小、职能泛化相对应的乡村经济社会生活日益复杂，乡镇政府提供社会管理和公共服务的能力不足。

二是乡镇政府与职能部门法定职能的"条块分割"。乡镇政府的诸多关键职能是通过县区职能部门设置的派出机构实现，部门之间、乡镇与部门之间的协调、配合不畅，乡镇政府的行政权力和行政手段受到限制。

三是乡镇政府职能转变和农村新型社会服务供给不足的矛盾。乡镇政府管理和服务职能不断调整，服务职能占比上升，但是由于政府力量限制，部分行政任务和公共服务传导至农村自治组织。村社自治机构承担着报表填报、拆迁协调、人口管理等诸多行政和服务职能，日常管理压力过重，社区公共服务能力受到较大限制。

为解决这些问题，在当前机构人员和现行法律法规难以出现较大调整的情况下，运用新型治理工具，充实乡镇政府行政职权，打破"条条块块"职能藩篱，夯实村社公共服务基础，探索建设新型农村治理和服务体系的道路。

（二）"平台"数字化开辟蹊径

"四个平台"建设是浙江省为"完善相关机制，整合工作力量，形成综治工作、综合执法、市场监管、便民服务四个功能性工作平台”，在全省推广的重要举措，通过网格整合、闭环管理、属地管理，整合资源力量，构建功能集成、县乡协同的新型基层治理体系，旨在破解权责不对等、条块难融合和“管得着看不见、看得见管不着”等问题。“四个平台”建设的关键是信息通畅，难点也在信息通畅。

在“四个平台”建设实践中，通过“数字化”建设，以乡镇（街道）综合信息指挥体系为依托，以乡镇为中枢布局基层治理体系，推动乡镇法定职权的完备性；通过乡镇、部门间“数据壁垒”的打通和派驻人员的属地管理，充实乡镇的行政管理力量；实施“四个平台”的村社延伸，由农村自治组织引导、帮办，借助移动终端、电脑终端等信息化手段，实现乡村治理“5A 政务服务模式”（5A 是 anyone、anytime、anywhere、anyway、anything 五个英文单词首字母的组合，代表着全体服务对象可以在任何时间、任何地点、选择合适的方式获取各项服务）①。同时，通过信息归集和数据分析，“四个平台”建设能够将乡镇治理信息“集约化”处理，深挖“大数据”，有效解决乡镇政府和职能部门与农村群众存在的信息不对称问题，提高治理效率。

（三）“最多跑一次”指明方向

“四个平台”协同业务构建的数字治理模式，是清湖镇选中的用于推进基层治理的关键，那么这种数字治理模式的目标指向哪里，实现数字治理模式的路径，就成为一个棘手的问题。“最多跑一次”提供了解决问题的答案。

以企业群众需求为导向，乡镇政府职能补“短板”。“最多跑一次”的落实不仅限于对行政办理流程、业务办理事项的调整，而且从服务、政策、制度、环境多方面优化政府供给，补充调整乡镇政府职能，通过加强制度供给，优化政策供给，提升政府服务，让乡镇政府能够紧贴基层提出举措，贴近群众谋服务。

以公共服务便捷化为导向，打破“条块分割”壁垒。通过“最多跑一次”改革，促使县乡部门减权、放权、治权。以“一次办结”的结果要求，促使乡镇政府、职能部门实施信息共享；以“一次到位”的监管要求，推动乡镇政府统筹派驻执法力量。打破“条块分割”壁垒，最终实现服务、监管的“互联网+”。

以新型社会治理为导向，推进农村自治组织能力提升。通过深化改革，乡镇政府和职能部门有意愿，也有能力将与群众关系密切、群众办事频率高的办理事项，向农村自治组织进行延伸，让企业、群众“少跑路”甚至“不跑路”。然而农村自治组织能否将服务做到实处，关键在于着眼自治组织服务能力的增强，配合事项办理延伸。

---

① 盛潇涵：《同城共享 5A 政务服务——威海市人社公共服务一体化模式探析》，http://www.whnews.cn/news/node/2016-08/09/content_6782013.htm，2016 年 8 月 9 日。

二、数字化的基层治理体系及其布局

2017 年，清湖镇被列入全省“四个平台”基层业务协同建设试点乡镇，为全省“四个平台”建设探索打造“乡镇基层治理综合信息系统”。

（一）摸清家底理事项，夯实数据流通基础

系统好不好，关键在于能否适应基层环境，满足办事需求，易于乡村操作。建设乡镇基层治理综合信息系统之前，乡镇层级在用的系统就有 31 个之多，信息布局分散，条块分割管理，系统整合打通是核心，梳理出哪些系统要整合、哪些事项要纳入是基础。

一是理好前期积累，摸清信息化家底。在试点以前，清湖镇就已经试运行了“E 通清湖”平台指挥系统以及手机 APP 终端近两个月，实现了镇村两级信息资源的汇聚、流转、交换和共享。凭借在系统运转和日常维护等方面积累的经验，清湖镇对已有的 31 个涉及综合、业务、便民等内容的电脑端及手机端系统进行梳理分析，对系统是否整合，整合轻重缓急进行综合布局考虑。

二是梳理事项清单，确定信息流转内容。按照“基层易用”原则，清湖镇为做好“四个平台”事项清单的梳理，多次与行政服务中心、各牵头部门开展专题论证会，通过梳理事项精与细、繁与简，开展事项流转能否到位、协同能否开展等评估，对纳入事项进行梳理论证，截至系统设计前，共梳理出四个平台事项 155 类，其中综治工作 32 类，市场监管 37 类，便民服务 36 类，综合执法 50 类（图 6.3），确定乡镇基层治理综合信息系统业务内容，为事件有效流转交办打下坚实基础。

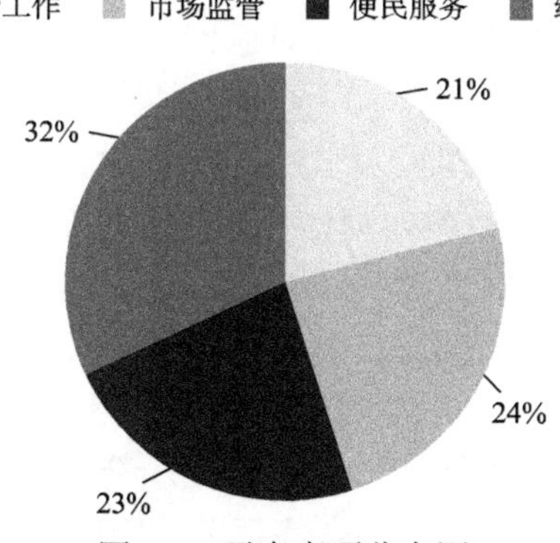

图 6.3 平台事项分布图

为推动“最多跑一次”的村社延伸，提高农村群众的改革获得感，清湖镇自我

加压，在进行乡镇基层治理综合信息系统事项梳理的同时，自觉梳理涉及乡镇层级便民服务即办类事项 23 件，代办类事项 26 件，详细整理所有事件流程及所需材料，编印《便民服务手册》。

（二）打破壁垒精诊脉，构建事件流转框架

乡镇基层治理综合信息系统建设必须在数据融通共享上下苦功，才能取得明显成效。以往，基层干部群众普遍反映乡镇信息系统繁多，系统操作烦琐，数据反复录入，统计口径各异，信息互不认可，已有信息使用效率不高，跨系统使用难度较大。

清湖镇在试点过程中，以“事件流转框架”为着力点和关键点，通过对办理事件的细致分析，研究判定数据交汇点、信息共享点，通过多重推演，设计出基于业务协同的事件流转框架，成功实现打通信息孤岛、实现复杂协同、过程溯源可查、事件处理闭环、掌上智能办公、钉钉全程督办、数据云端分析等 7 大功能（图 6.4）。

图 6.4　事件流转框架图

一是多系统相互打通，复杂业务协同流转。电脑端为浙江统一政务投诉平台、平安浙江信息系统、“12345”政务服务热线、平安通等信息系统以及手机端平安通、浙江平安 APP 等系统设计整合信息出入端口，数据能够流转至新的乡镇基层治理综合信息系统，处置完成后又能及时返回，真正实现了市乡村三级信息资源的汇聚、流转、交换和共享。

打破原有系统流转只能实现点对点、一对一的事件流转的旧模式，探索信息流转推动“一对多”。新建的业务协同信息系统，复杂业务可以交办至多层级，做到线上扁平化协同处置，同时通过线下钉钉功能，实现了及时交办提醒，真正实现了综合信息指挥中心的信息收集、分析处置、分流交办、调度指挥和反馈督办职能。

二是实现事件可溯源，事件处理包容可控。新系统设计，考虑业务办理的真实性，行政过程的可控性，设计每件事件都有固定的“身份证号”，受理办结后，平台会自动留下办理痕迹和结案反馈，每一条交办件溯源可查，既能维护好办事群众的合法权益，又能为基层最终实现系统考评打下良好基础。另外，乡镇基层

治理综合信息系统设计过程中，还充分考虑本地特色需求，提升系统兼容性和开放性，既考虑四个平台主入口的整合，同时还设计整合了综合执法和市场监管的协同模块，将本地三民工程、党员志愿汇等特色模块做了有效整合。

（三）整合资源造流程，推进线上线下融合

系统落地能否实现数据的平顺转换，事项办理和信息反馈的时效性是否能够得到保证，操作界面的用户体验是否友好，系统运行和实际业务运行能否并行不悖，都需要在实践中不断进行检验和提升。

一是做好系统试运行和反馈，优化系统设计。自 2017 年 7 月初乡镇基层治理综合信息系统上线以来，清湖镇就组织乡镇、村社力量，全力抓好测试使用。一方面积极开展业务培训，确保重点人员应知应会。镇政府要求政府业务人员要精通，各驻村干部会用，村网格员能用。另一方面积极督促村社使用，以严要求克服路径依赖。为推动村社组织工作人员学习新技术，善用新手段，明确每村每天至少要上报 2 条以上有效信息，镇督考办每周发通报，督促村常态化使用。同时严抓意见反馈，对界面、流程、环节提出 40 多条意见，推动系统及手机端两次改版调整。

二是推动系统落地建设，实现虚拟与现实结合。系统使用，不仅要做好系统测试、新版本上线，更关键的是要针对新系统做好体制机制改进，让系统与办事人员对应起来，职责明确，基层干部、群众呼应有回响。清湖镇政府明确要求，部门派驻干部要融入乡镇干部，乡镇干部要融入“四个平台”。明确派驻干部除编制人事关系、基本工资待遇外，其他归口乡镇，参照乡镇干部管理，落实属地管理。同时，调整原有办公室设置，增加综合信息指挥室这一内设机构，其他所有机关干部以及部门派驻干部全部纳入“四个平台”。

三、“四个平台”推动乡镇数字化治理转型

建设依托“四个平台”的业务协同信息化系统，相应的机构设置和人员配备到位，信息化系统运转的支撑机制便需要进一步加强。清湖镇以“全科网格”“服务厅一窗受理”为突破口，形成数字化转型的组织支撑机制，整合信息系统和基层治理、服务能力，形成一套完整的基层“数字化”治理体系。

（一）建设以“全科网格”为纽带的基层网格

“全科网格”区别于传统网格管理的主要特点是综合性，凸显一员多用，由

“全科网格员”一人对应多部门，处理基层问题，确保“基层的问题，各部门都能看得见”，减少重复网格建设，加强网格管理的有效性。可以说，“全科网格”是业务协同信息系统在村社运行的组织载体，是数字化背景下，基层治理的“脚”。

有效整合网格。整合原有部门条线的各类网格资源，将全镇 26 个行政村以自然村为单位划分为 77 个网格，网格设置党小组，以“一长四员”为主体，组建覆盖全域统一的基层社会治理网络。一长即“网格长”，一般由支部书记担任；四员，即网格指导员、专职跑小二、兼职跑小二、网格信息员。77 个网格共配备网格长、专职跑小二、网格信息员 98 名。

建好“跑小二”。“跑小二”是江山的特色品牌，是便民服务向“最后一公里”延伸的有效手段。清湖镇在每个村的网格员中筛选 1~2 名综合素质高、热心服务群众的人员担任专职“跑小二”。“跑小二”采用 AB 岗形式，A 岗由各村报账员担任，B 岗由各村综治调解员担任。两岗之间互相配合，互相补充，形成工作合力。同时，以“96345”党员志愿活动为契机，组建以各村党员志愿者、村民小组长为骨干的兼职跑小二，持续配强“助跑团”队伍。

落实待遇保障。专门下发《镇网格员考核激励办法》，网格员的劳动报酬和工作补贴，以“基础待遇+以奖代补”为原则，根据网格大小，采集信息重要程度，完成的交办处置类事项和便民服务类事项，分别给予不同的待遇和激励。同时，将出勤天数、日出勤率、走访时间、上报信息数量、办理效率、回访满意率和网格基础数据采集率等七大类指标作为网格员考核指标，在系统设计上将七大类指标的采集纳入其中。

（二）深化以“一窗受理”为标准的服务体系

“四个平台”建起来，最终落脚点是提升乡镇管理和服务水平。如果说“全科网格”是“四个平台”“最多跑一次”的“脚”，那么“服务厅一窗受理”就是“四个平台”“最多跑一次”的“手”。“服务厅一窗受理”是乡镇政府优化办事流程、发挥业务协同信息系统的关键环节。

一是提升办事大厅服务环境，实现“一窗受理”。按板块业务和“前台综合受理、后台分类审批、统一窗口出件”的流程对行政服务中心办事大厅功能布局进行调整完善，将便民服务大厅窗口划分为三个综合窗口和一个“跑小二”专窗，其中一个综合窗口掌管全镇 54 枚公章，方便群众集中盖章。

二是梳理便民服务事项标准流程，实行“一套标准”。截至 2017 年 8 月，梳理涉及乡镇层级跑一次事项 49 件，完成 13 类高频便民事项梳理，对办事流程、资料做了详细说明，杜绝存在线上线下两张皮的现象，做到办事指南、印制的纸质办事指南以及实际执行完全保持一致。

三是加快"一窗受理云平台"系统建设，实现"一网通办"。截至2017年8月，完成66项乡镇事项库配置及推送，为云平台前端使用打好基础。同时，要求所有便民服务事项能够进"一窗受理云平台"系统的都要使用起来，还将开发手机端"代办功能"，实现移动端的"一窗受理"。

（三）畅通以"数字贯通"为核心的共享治理

"基层治理是国家治理体系的基础，具有基础性、探索件和先导性，推进国家治理体系和治理能力现代化的重点难点在基层，活力源泉也在基层。"[①]清湖镇政府借助"四个平台"业务协同信息化系统试点东风，及时进行系统整合，深挖信息技术基层治理效用，提高复杂信息化条件下发展和治理能力。

群众干部信息共享，树立良好形象。随着"全科网格""一窗办理"等支撑机制运作的不断深入，业务协同信息系统在村社延伸，群众对政府和职能部门办事流程更为熟悉，对办理事项的业务标准理解更为深刻，办事人员业务办理要求更为严格，办理程序更加规范，公共服务更具便捷性、针对性和有效性。政府办事的透明度得到提高，信息流转的公开化也带来了效率的提升，树立了政府的良好形象。

政府村社数据共享，提升治理能力。乡镇基层治理综合信息系统打通了"条块分割"下的数据藩篱，调查和信息收集环节得到整合，重复的行政环节被简并，信息共享的建立极大地提高了各职能部门业务系统的行政效率，降低了行政成本，促进了政务公开。同时，"全科网格"让基层治理触角覆盖至村社的每一个角落，政府应对辖区突发事件的综合响应能力得到全面提升。

第四节 罗家村的"村情通"

党的十八届五中全会提出了"构建全民共建共享社会治理格局"的重要战略任务，指出了基层治理现代化的实践路径[②]。然而，长期以来，政府服务存在着"服务方式难落地、服务平台难进村、服务内容难入户"的问题，从而导致农民享受服务面临"路程远、时间长、成本高"的困境，农村基层治理中面临着社会力量参与缺失和大量社会力量闲置的"资源陷阱"。究其根源，主要是由于缺少有效的

① 罗豪才：《基层治理与软法之治》，《法制日报》，2014年4月10日。

② 张少华：《龙游县："村情通+网格治理"助推"最多跑一次"改革》，《政策瞭望》，2017年第7期，第24-25页。

载体将社会力量引向基层。鉴于此，龙游县在进行试点的基础上，通过建设“村情通”平台、构建全民网格员格局、开展互动推广活动的方式，全面推广“村情通+网格治理”模式，率先推进全县域村级智慧治理，让民情民意实现“零距离”沟通解决，积极探索构建农村共建共享治理新体系。

龙游县罗家村是罗家乡政府所在地，行政村规模调整后成立了新的罗家村，新罗家村包括原余村、原金村、原罗家村、原大坑头村、原上峰村等，新村域面积9.8平方千米，包括12个自然村25个村民小组。全村共有616户，2 071人，党员75名，耕地面积1 278亩，山林面积9 154亩。罗家村在垃圾分类应用试点的基础上，2017年4月全面启动“村情通+网格治理”。

“村情通”分为村情通知板块、党员先锋板块、美丽乡村板块、平安服务板块，29项具体内容一目了然，让村民在家能及时知晓，及时反映意见，真正能够参与村内事务管理工作（图6.5）。龙游县为深化乡镇“四个平台”建设，建立了一套可推广、可复制的“村情通”模式，彻底打通了服务群众的“最后一公里”。截至2017年9月15日，“村情通”模式已覆盖龙游的262个行政村，覆盖率为100%，注册人数已达13.8万人，群众反映的问题90%左右都能在村里解决。全县262个专职网格员通过走访巡查，已将群众最关心的户籍、土地、住房、务工、村务公开等40余项信息电子化、掌上化，并及时动态更新“互联网+民情档案”。据调研，截至2017年6月末，仅40万人口的小县，日均登录量高达50余万人次，日均点击量更达到75万余次，探索出“最多跑一次，跑也不出村”的创新路径。

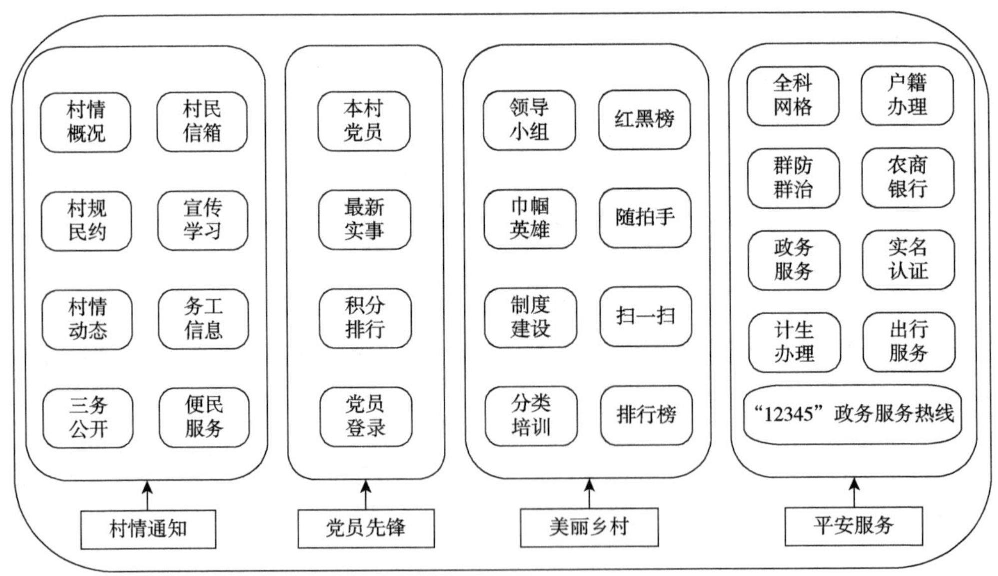

图6.5　罗家村“村情通”APP功能

一、合力推动

为将“最多跑一次”改革向纵深推进，罗家村以“村情通”为特色载体，通过集合网络力量、整合资源力量、凝合人员力量、扩大宣传力量，合力推动“最多跑一次”改革零距离接触人民群众。

（一）网络引领，激活治理新能量

一是构建全民网格员格局。推进“全科网格”与“全民网格”有机融合，并构建以“一长三员”为核心的“微信动员圈”。二是建立“每村一个群”，发挥信息化优势。罗家村依托“村情通+网格治理”，通过建立健全网格“一长三员”走访巡查制度，依托群团组织优势，将该村青年、妇女、寓外人士、乡贤等作为农村网格力量的重要补充，一旦发生重大事件，第一时间通过网格将信息传达至群众，形成快速反应机制。

（二）资源整合，改善服务效能

与浙江政务服务网数据共享“天网”对应，以村为单位，设置基层党建、基层自治、基层服务等功能，将 40 余项村情民情信息“掌上化”，构建信息采集“地网”，打造农村干部群众“用得来、用得着、喜欢用”的村级平台。截至 2017 年 9 月 15 日，全县已有 16.3 万名农民通过“村情通”实现“指尖办事”、参与村级治理，全县 95%的村庄每天通过“村情通”处理群众反映事项 1 件以上。

（三）常态互动，抓实村民自治管理

依托“村情通”创新“三务”公开形式，把涉及群众的重要事项、热点问题在线发布，解决群众参与决策和监督的问题，实现农村群众自我管理、自我服务、自我教育、自我监督。一是构建村币机制，设立实事认领中心，结合“96345”党员志愿服务、巾帼志愿服务等载体，县乡村结合重点工作、项目定期不定期发布各项服务任务，由党员群众自愿认领，完成后获得相应的村币，党员群众可在全县各大超市使用村币兑换需要的物品，进一步提高村民参与村级管理的积极性；二是建立在线“红黑榜”，监督庭院卫生、垃圾分类等，变“要我保洁”为“我要保洁”，推行“信用积分”制，结合“整村授信、信用调剂”示范村创建，依据“红黑榜”、村规民约及好人好事加分事项，对符合信用标准的农户给予积分授信，加强了自我服务、自我监督；三是创新“全民网格员”制度，发动村民

利用“随手拍”实时曝光脏乱差、矛盾隐患、平安建设等问题，由村两委限时办理、反馈。

（四）互动推广，深化治理效用

积极开展互动推广活动，一是每月举办相关竞赛，定期梳理村庄问题，并通过评选“红黑榜”“排行榜”“信用榜”等方式，强化正向引导和约束，对存在的问题实行挂牌督办，对解决的问题给予销号。二是每月举办“四比四赛”，定期梳理问题，实行挂牌销号；村级层面，开展网格治理竞赛，全县每两月评选 20 个红榜村、10 个黑榜村，表彰 2 000 户农户。2 个月内，“村情通”用户从 4 000 人上升到约 14 万人，实名认证达到 4.8 万人。

二、平台载体

“村情通”模式可推广、可复制，以一村一张网、一村一中心、一村两张榜、一村三大员为平台载体，彻底打通服务群众的“最后一公里”，真正创出了基层治理的龙游特色、龙游亮点。

（一）一村一张网，实现村情民情“掌上通”

依托微信服务号，以村为单位，建设“村情通”民情档案库，将最“接地气”的户籍、土地、住房、特殊人群、“三务”公开等 40 余项信息电子化、掌上化，动态更新、分级管理、保护隐私，打造农村干部群众“用得来、用得着、喜欢用”的村情民情信息网①，彻底解决“干部调整，档案消失”问题。2017 年村级换届，“村情通”模式使选民资格认定时间从 3 天缩短至 3 小时。

（二）一村一中心，实现大事小事“微审批”

完善村级便民服务中心的代办、受理职能。创新开辟“微审批”通道，利用“村情通”、“微警务”等手机 APP，对婚姻登记、身份证办理、不动产证办理等村民常办事项所需资料及流程进行发布，并由村组干部、网格员开展代办咨询服务，将“云服务”延伸到户、延伸到人，实现村情民情电子化、办公掌上化。通过构建县、乡、村三级事件的网上网下联动体系，确保部门工作重心下移，实现就近跑，部门权力下放，实现快速跑，部门人员下沉，实现高质跑，最终实现“最

---

① 张少华：《龙游县：“村情通+网格治理”助推“最多跑一次”改革》，《政策瞭望》，2017 年第 7 期，第 24-25 页。

多跑一次”的目标。

（三）一村两张榜，实现党群互动“零距离”

依托“村情通”设置党员先锋、美丽乡村、平安服务、“三务”公开等基层自治模块，建立党员在线“积分考评榜”和村民“红黑榜”，推行“全民网格员”，发动村民“随手拍”爆料，由村两委限时办理、反馈，营造干群党群共建共享、互学互比氛围，解决“流动党员管理难、流动人口参与难”问题。全县 5 个山区乡镇 95%的外出务工党员、群众通过“村情通”参与村庄治理。

（四）一村三大员，助推在线办事“零上门”

坚持网格治理、组团服务，推行县乡“组团驻村”，打通“村情通”服务模块与浙江政务服务网数据接口，村村推广“网上代办”，形成网格指导员、专职网格员、代办员等三支服务队伍，帮助群众“在线办事、指尖办事”，最大限度实现“最多跑一次，跑也不出村”。2017 年 8 月底，户籍办证、生育登记、机动车违法处理等农村群众常办的“九件事”实现指尖办事，村民一次办成率由原来的 60%提高到 95%以上。

三、杠杆效应

为什么罗家村在“村情通”的推广和使用上如此富有成效？罗家村依托“村情通”的小模式，形成大合力、大载体释放大能量起到大杠杆作用。创新“村情通+网格治理”，打造党建统领、共建共享的基层治理新体系，推动资源在基层整合、问题在基层解决、服务在基层拓展①、民心在基层集聚，推进农村共建共享，最大限度地激发了村民自治活力。

（一）“难事”变“易事”，撬动智力资源

罗家村村民自使用“村情通”以来，积极将全村异地务工人员、留守人员等村内外力量联合起来，依托群团组织、职能部门，引导群众团体、社会组织、志愿者、中介机构、村（居）民共同参与，形成政、民、企三支服务力量，丰富网格服务内容，增强其参与意识，提升其参与能力，使其积极为村庄建设出谋划策，

① 李德:《从“碎片化”到“整体性”：创新我国基层社会治理运行机制研究》,《吉林大学社会科学学报》, 2016 年第 9 期，第 90-99 页。

提供智力支持，由“小独唱”到“大合唱”，多元主体形成了合力，让原本看似艰巨的“大事”变成“小事”。截至 2017 年 6 月，全县 2 639 名留守儿童、39 288 名空巢老人建立了服务联系制，通过“村情通”平台落实服务监督；1.1 万名农村中青年党员、村两委干部和网格“一长三员”结对服务农村留守儿童、空巢老人等，做到“不漏一人”；1 500 余名党员志愿者“一对一”或“一对多”结对“留守儿童”2 639 人；全县建成 265 家居家养老照料中心，实现村村覆盖，智慧养老服务“云平台”，将老年人多元化需求与各类社会服务资源进行智能匹配和即时调度①。

（二）“被动”变“主动”，撬动人力资源

“村情通”使群众参与找到了平台，充分调动了村民的积极性和主动性，努力争取让每一个村民都参与村庄建设，变“要我干”为“我要干”，群众的思想观念由向政府“等靠要”扭转到村民自治。一是主动在线自我管理。引导群众通过“随手拍”“村民信箱”等模块，反映诉求、征集问题，由村两委限时处理并反馈公开。截至 2017 年 6 月，群众通过“村情通”累计举报、反映、建议、求助的事件有 7 987 件，办结率为 100%。二是主动在线自我服务。乡镇因地制宜推出群众常办“*N* 件事”，实行干部跑、数据跑、物流跑“三跑”和专（兼）职网格员线上线下协办，推进村级“自助办事”。每村建成 5~10 人代办员队伍，326 项行政审批服务类事项实现办事快递送达“村村覆盖”，群众常办“10 件事”实现“指尖办理”。三是主动在线自我监督。在“三务公开”的基础上，建立农户“排行榜”“红黑榜”，并结合“信用村”评定，探索农户“信用积分”制度，强化正向引导和约束。全县评定信用农户 4.3 万户、信用村 143 个，根据“信用积分”调整个人信贷额度和利率。

（三）“慢拍”变“快拍”，撬动快速反应机制

“村情通”培育乡村“小管家”，缓解了基层社会治理的压力，最大限度地盘活了农村的社会资源。罗家村自全面推广“村情通”以来，依托“村情通+网格治理”，做到了“基础信息不漏项、社情民意不滞后、问题隐患全掌控”。一旦发生重大灾害事件，第一时间通过网格将信息传达至群众，形成了快速反应机制。目前，推行“每村一个群”的信息化组织模式，打造“15 分钟紧急动员圈”。

---

① 张少华：《龙游县：“村情通+网格治理”助推“最多跑一次”改革》，《政策瞭望》，2017 年第 7 期，第 24-25 页。

四、着眼未来

龙游县确立“最多跑一次，跑也不出村”的愿景，以“三民工程”智慧版、“枫桥经验”升级版为抓手，创新“村情通+网格治理”，打造党建统领、共建共享的基层治理新体系，向村民提供审批服务、社会化服务和市场化服务的创新实践，推动资源在基层整合、问题在基层解决、服务在基层拓展、民心在基层凝聚，具有重大的现实意义和推广价值。

（一）深化党建统领是核心

党支部建在“村情通”平台上、党小组建在全科网格上，发挥了基层党组织治理的核心作用。例如，龙游县对村级干部实行“积分榜”管理，在“村情通”上设置党员干部在线“积分榜”，排名实时公开，鼓励群众点赞，有效激励村两委、党员、代表三支队伍。农村党员日均发布学习、办实事动态 500 余条。对党员实行“零基积分法”，全县 10 153 名无职党员、1 855 名外出流动党员纳入“积分榜”，实际覆盖率为 72.5%；2017 年 1~8 月，农村党员主动参与村级工作 16 万余人次，获群众点赞 10 万余次，实现党员“流动不流失、离家不离党”。

（二）挖掘网络服务是途径

目前，政府服务链条大多只延伸到乡镇一级，政府拓展服务缺乏有效抓手。龙游县运用“小模式”撬动了“大资源”，通过“村情通”智慧服务系统的研发，串联了县、乡、村三级服务平台，延伸了服务链条，并充实了服务内容，使农民在家门口的“小政府”就可以享受到除审批服务外的多元服务。推广“村情通”以来，农村群众“跑一次”“零跑腿”的比例明显提升。农村特别是山区群众跑路远、门难找、事难办等问题得到缓解，打通了群众办事“最后一公里”。村务财务、环境卫生、民生事业等相关领域投诉现象明显下降；“村情通”便民模块不断丰富，首个入驻项目“微警务”开通 4 个月，用户逾 5 万，办理户政、出入境 500 余人次，网上预审 1 500 余件，网上咨询 3 000 余条，一次办结率为 99.6%[①]。龙游县以挖掘网络服务为载体便于农民享受公共服务的做法，进一步深化了“最多跑一次”改革。

① 张少华：《龙游县：“村情通+网格治理”助推“最多跑一次”改革》，《政策瞭望》，2017 年第 7 期，第 24-25 页。

（三）寻求多元参与是依托

有机融合基层自治、德治和法治，破解传统“三务”公开关注的人少、民主决策参与不多、流动人口参与难、留守人口参与效果不佳等普遍性问题。推广“村情通”以来群众参与治理的积极性明显提高。对村级事项实行“公开榜”管理，梳理村级公开清单 40 余项，在线实时公开，后台精准监管，纪委、组织部跟进督查，有力监督村级组织规范运作。“三务”公开条均浏览量在 300 人次以上，认可度达 90%以上，卫生保洁、垃圾分类等问题主动整改率达 98%以上；村级治理信息化水平明显提高，全县“民情档案”及时更新率达 95%以上；村级组织凝聚力明显提高，村级“微信动员圈”规模迅速扩大。

第七章　“最多跑一次”改革的制度保障①

“最多跑一次”改革是浙江省一项重大改革举措，它以便民提效为目标，更加注重优化政府职能结构，更加突出公共服务的职能，切实把简政放权改革推向新高度。浙江省“最多跑一次”改革是在全面深化改革大背景下，在习近平总书记“以人民为中心”的发展思想指导下，打造现代高效政府和服务型政府的一次探索，这是浙江省对于中央改革决策部署的积极响应，也是浙江省在前期改革成果基础之上的深化提升。在“最多跑一次”改革中，浙江省各级政府及部门自觉运用法治思维和法治方式，用规范性文件推进和保障改革不断深入，以制度为改革保驾护航，这不仅是治理能力和治理方式现代化的重要体现，也是改革与法治互动共进的一个鲜活样本。

第一节　浙江省政府的制度建构

“最多跑一次”改革是浙江省加快政府职能转变，推进政府公共服务改革的继续与延伸。为贯彻落实“最多跑一次”的理念和目标，2017 年 2 月 21 日，浙江省政府制定并下发《加快推进“最多跑一次”改革实施方案》（浙政发〔2017〕6

① 本章采用的规范性文件主要参考衢州市“最多跑一次”改革办公室编集的《“最多跑一次”改革资料汇编》和《“最多跑一次”衢州实践——“一窗受理　集成服务”文件汇编》，时间均为 2017 年。有关数据来源于市行政服务中心管理办公室《一窗受理　集成服务——衢州市“最多跑一次”改革实践》，市审改办、市“最多跑一次”改革办公室、市行政服务中心管理办公室《以“最多跑一次”为引领　努力打造让群众满意的服务型政府》，市“最多跑一次”改革办公室《关于“最多跑一次”改革进展情况汇报》，《衢州公安的“一窗式、云服务”》等汇报材料，在此一并感谢！

号)(简称《方案》),内容涵盖总体要求、职责分工、实施步骤、配套措施和保障措施等五个方面,从制度上对全省“最多跑一次”改革进行了规范引领,成为全省“最多跑一次”改革的基本遵循与依据。随后,浙江省各级政府及部门陆续出台了相关制度性文件,制定了一系列规定与措施,使浙江省“最多跑一次”改革成为一项顶层设计、全面推进的系统工程,有力推动了“最多跑一次”改革在全省范围的发展。

一、以《方案》构建总体性制度框架

(一)《方案》坚持“最多跑一次”改革全面启动、上下联动、系统推进总体思路

《方案》在总体要求中,明确“最多跑一次”改革的实施范围为:“各市、县(市、区)政府及其部门、承担行政职能的事业单位,乡镇(街道)政府(办事处),省级有关单位包括承担行政职能的事业单位。”《方案》要求省市县乡四级全面推进“最多跑一次”改革,并且明确对涉及多个部门的复杂事项,建立部门联办机制,探索全程代办制,实现行政服务事项就近能办、同城通办、异地可办。此外,《方案》还确定了改革的时间表、路线图,明确了省级政府部门的职责分工,规定了省政府办公厅、省编办、省政府督查室在“最多跑一次”改革中的协调、督查职能,规定了省信访局、省发改委、省公安厅、省财政厅、省人力社保厅、省工商局、省国土资源厅、省质监局、省法制办等部门推动“最多跑一次”改革的职责任务。

(二)《方案》重在实效,坚持从群众最渴望解决、最难办的事情上改起,认真贯彻习近平“以人民为中心”的发展思想

《方案》要求以需求为导向,从与群众和企业生产生活关系最密切的领域和事项做起,对群众和企业到政府办事事项进行全面梳理,制定清单,制定办事指南,推行“一窗受理、集成服务”改革,让群众来办事,无须到多部门或多窗口分头跑,只需将材料提交给综合窗口,由行政服务中心进行全流程协调,按责转办。同时,各部门开展并联审批、模拟审批、容缺预审、全程代办等协同作战模式,为群众和企业提供高效集成的政务服务。到2017年底基本实现群众和企业到政府办事“最多跑一次是原则、跑多次是例外”的工作目标。

（三）《方案》坚持全面深化“互联网+政务服务”，积极扩大电子化应用，加快实现业务部门信息系统、数据资源的整合互通和流程再造

《方案》要求加快各地、各有关部门行政权力运行系统的功能升级、联通整合，完善网上实名身份认证体系，加强电子证照、电子印章应用，做好电子文件归档工作；加快“浙江政务服务”移动客户端建设，深化浙江政务服务网统一公共支付平台应用；加快推进公共数据整合和共享利用，建设公共数据平台和统一共享交换体系，完善全省人口、法人综合数据库和公共信用信息库。全面加强创新政府服务监管，提升政府智慧治理水平。

二、逐步构建“最多跑一次”改革制度体系

（一）办事事项标准化方面的制度规范

为在规定期限内完成“最多跑一次”改革任务，省政府多次下发有关文件和通知，不断推进办事事项标准化规范化。2017 年 2 月 16 日，浙江省政府办公厅下发《关于加快推进“最多跑一次”改革全面梳理公布群众和企业到政府办事“零上门”和“最多跑一次事项”的通知》（浙政办发明电〔2017〕16 号），要求全面梳理、分期分批公布群众和企业到政府“最多跑一次”办事事项，条件成熟一批，公布一批。对已经做到和马上能做到“最多跑一次”和“零上门”的事项，要在 2017 年 2 月底前向社会公布；对近期难以实现“最多跑一次”的事项，研究提出深化改革的对策措施和意见建议，第三季度前再公布若干批“最多跑一次”办事事项，年内基本实现“最多跑一次是原则、跑多次是例外”的要求。

2017 年 3 月 24 日，浙江省“最多跑一次”改革办公室下发《关于进一步规范群众和企业到政府办事“最多跑一次”事项梳理公布工作的通知》（浙跑改办字〔2017〕3 号），就“最多跑一次”改革办事事项范围、“一件事情”的界定标准及事项梳理口径等做出进一步界定和说明。2017 年 3 月 30 日，再次下发《关于进一步做好群众和企业到政府办事“最多跑一次”事项标准化规范化工作的通知》（浙跑改办字〔2017〕6 号），督促省级有关单位抓紧修订《全省系统群众和企业到政府办事事项指导目录》，并开展“最多跑一次”事项对比规范工作，确保形成内容完整、要素规范、上下统一的《全省系统群众和企业到政府办事事项指导目录》。

（二）“互联网+政务服务”方面的制度规范

2017 年 5 月 13 日，浙江省政府办公厅下发《浙江省深化“互联网+政务服务”工作方案》（浙政办发〔2017〕22 号）（简称《工作方案》），对信息数据集成、共享、服务进行规范。《工作方案》提出，不断完善建设集约、服务集聚、数据集中、管理集成的浙江政务服务网，全面推动行政权力网上高效规范运作，力争到 2017 年底前，形成较为完整、规范的统一政务服务事项库，覆盖省市县乡村五级的统一网上政务服务平台基本建成，2020 年，实现互联网与政务服务深度融合，各级各部门政务服务事项基本实现线上办理，群众和企业到政府办事“零上门”事项超过 50%。

《工作方案》强调，“以技术创新为基础，以应用创新为突破口”，探索构建社会团体、互联网企业共建共享的“互联网+政务服务”新平台、新模式、新应用，推动实体服务大厅与网上服务平台融合创新。《工作方案》对推动平台升级融合和夯实浙江政务服务网支撑保障体系方面，做了许多详细规定与具体要求，同时，对 2017 年度浙江政务服务网建设工作任务进行了分工，明确了工作任务、阶段目标、省级牵头单位、时间要求等诸多内容，有力推进了“最多跑一次”改革向纵深方向发展。

为进一步推动“互联网+政务服务”发展，2017 年 3 月 16 日，浙江省政府制定了全国首个专门规范公共数据的省级政府规章——《浙江省公共数据和电子政务管理办法》，对公共数据和电子政务管理与应用、安全与保障等做出规范。5 月，浙江省政府分两批制定《省级公共数据共享清单》，开放 57 个省级单位 3 700 余个公共数据项的共享权限，内容涵盖全省人口、法人基础信息和社保、民政等相关数据，以及部分专业资格证书、资质证照、信用等“信息”，为全省“最多跑一次”改革提供了有力的技术和制度支撑。

（三）行政服务中心改革方面的制度规范

2017 年 6 月 3 日，浙江省“最多跑一次”改革专题组专门下发《关于全面推进行政服务中心“一窗受理、集成服务”改革工作的通知》（浙跑专办字〔2017〕2 号）。要求行政服务中心作为加快实现“最多跑一次”改革目标的有效途径和重要载体，必须围绕群众和企业到政府办事“一站式”服务的目标，进一步推进各类政务服务事项向行政服务中心集中进驻，着力推进进驻行政服务中心的事项向综合受理窗口集中，切实破解群众和企业到政府办事“来回跑、多头跑”的难题。同时，要求加快推进“一窗受理、集成服务”改革向乡镇（街道）便民服务中心、村（社区）代办点延伸，探索建立“乡镇（街道）、村（社区）前台综合受理，县、乡镇（街道）后台分类办理，乡镇（街道）、村（社区）统一窗口出件”的服务流程，逐步实现县、乡镇（街道）政务服务事项的一窗办理、一站式服务、一个平台共享、全县域通办和全流程效能监督。

（四）“多证合一”方面的制度规范

2017年6月6日，浙江省政府办公厅下发《关于加快推进“多证合一、一照一码”改革的通知》（浙政办发〔2017〕53号），要求在已实施的企业和农民专业合作社“五证合一、一照一码”、个体工商户“两证整合”的基础上，将涉及企业（包括个体工商户、农民专业合作社）登记、备案等有关事项和各类证照进一步整合到营业执照上，从2017年7月1日起在全省范围内实行“多证合一、一照一码”改革，通过更大范围、更深层次的政府部门间证照整合、业务协同和信息共享，加快推进从“每个部门最多跑一次”转向“每件事最多跑一次”，达到“一事、一窗、一次”的改革效果。按照要求，“多证合一、一照一码”改革将建立“1＋X”动态清单管理机制。“1”即已经整合的“五证”，“X”即五证之外，政府部门信息采集、记载公示、管理备查类涉企证照，以及工商登记信息能够满足其管理需要的涉企证照。

（五）项目投资审批方面的制度规范

项目投资审批是个系统性工程，存在流程多、前置条件复杂、时耗长等诸多痛点、堵点，而区域能评和环评就是其中的重要环节。2017年以来，浙江省相继出台全面推行“区域环评+环境标准”和“区域能评+区块能耗标准”两项改革的指导意见，精简了审批环节，强化了监管服务，提升了企业投资项目审批效率、激发了企业活力。

2017年6月29日，浙江省政府办公厅下发《关于全面推行“区域环评+环境标准”改革的指导意见》（浙政办发〔2017〕57号），坚持综合当地的经济发展、土地利用、生态环境保护等规划，实施统一的环境影响评价，“一把尺子量到底”，强化了规划环评作用，优化了环评审批流程。此项改革还根据项目建设对环境影响的程度，推行免于环评手续、网上在线备案、降低环评等级、精简环评内容、承诺备案管理、创新环保“三同时”管理等六项措施。

2017年6月30日，浙江省政府办公厅下发《关于全面推行“区域能评+区块能耗标准”改革的指导意见》（浙政办发〔2017〕61号），进一步简化固定资产投资项目节能审查环节，优化节能审查流程，通过全面推行区域能评改革，建立“区域能评+区块能耗标准”取代项目能评的体制机制，实现节能审查“最多跑一次”的改革目标。

第二节　浙江省级政府部门的政策规范

浙江省级政府部门的政策规范是对省政府"最多跑一次"改革制度要求的具体落实和细化，目前，浙江很多省级政府部门采用联合发文方式出台了相应政策规范，推动了"最多跑一次"改革的重大制度创新，为推进部门融合、流程再造、信息共享、绩效提升提供了重要的制度保障。

一、全面推行外贸企业十一证"证照联办"

外贸企业"证照联办"改革涉及工商、海关、商务、检验检疫、公安、人民银行、贸促会等部门，各部门间建立协同推进工作机制非常重要。2017 年 4 月 14 日，浙江省工商局、省公安厅、省商务厅、杭州海关、宁波海关、浙江出入境检验检疫局、宁波出入境检验检疫局、中国人民银行杭州中心支行、省贸促会等 9 个部门联合下发《关于加快推进"最多跑一次"实行外贸企业"证照联办"的通知》(浙工商企〔2017〕6 号)。根据该文件的要求，外贸企业"证照联办"实行"一窗受理、集成服务"工作模式，遵循"一窗受理、联合审批、统一发证"的操作流程。

例如，在"联合审批"环节，按照"先照后证"的登记模式，工商部门核准通过企业设立（变更）登记后，综合窗口将《营业执照》及相关申请材料通过系统平台推送给相关部门进行联合审批。对暂不能实现平台推送的，将申请材料通过部门内部流转的方式进行审批。在规定的时间内，开户银行负责对申请人开户资料的完整性、合规性进行审核，并将有关材料报送当地人民银行进行核准；商务、检验检疫、贸促会、海关等部门完成对外贸易经营者备案登记、出入境检验检疫报检企业备案、原产地证申报企业登记、报关单位注册登记等核准或备案，并将办理结果信息反馈至综合窗口。外贸企业"证照联办"充分运用了商务、检验检疫、贸促会部门的网上申报系统和海关的电子口岸系统，实现了网络互通、数据共享、结果互认，及时解决了改革中出现的重大问题，做好了人员、网络、技术等保障，取得了较好的成效。

二、推进分领域商事登记“证照联办”

商事登记“证照联办”改革以群众眼中的“一件事”为中心，是“最多跑一次”改革由单一部门向部门间职能整合的再推进、再深化。2017年6月19日，浙江省工商局、省食品药品监管局、省公安厅、省卫生计生委、省烟草专卖局、省新闻出版广电局、省文化厅、省环境保护厅、省体育局、省旅游局、省交通厅、省人力社保厅、省农业厅等13个部门联合下发《关于加快推进“最多跑一次”推行商事登记“证照联办”改革的通知》（浙工商企〔2017〕12号），坚持以企业和创业者需求为导向，建立商事登记“证照联办”机制，实现企业和创业者办理商事登记事项“最多跑一次”。为此，要求以企业和创业者办理商事登记关联密切的19个行业作为推行“证照联办”改革的基础，分行业全面梳理能够由同级政府部门同步并联办理的“最多跑一次”事项，因地制宜拓展其他行业的“证照联办”改革，做到能联尽联、能减尽减。对“证照联办”事项的申请材料、审批流程、办理时间等要素进行全面梳理和统筹，做到能合尽合、能减尽减、能优尽优、能短尽短，并制定各行业联办事项办事指南，实行标准化管理。根据“证照联办”的实际需要，依托浙江政务服务网建立统一受理平台，对接关联审批部门的业务系统，建立网上信息推送、接收、反馈的工作机制，实现统一受理平台与各部门审批系统的互联互通，做到能通尽通。

三、投资审批领域推行“多审合一”

2017年5月2日，浙江省住房和城乡建设厅、省发改委、省公安厅、省财政厅、省人民防空办公室、省物价局、省档案局、省数据管理中心等8个部门联合下发《关于贯彻落实“最多跑一次”改革决策部署全面推进施工图联合审查的实施意见》（浙建〔2017〕6号），率先在国内突破传统审查模式，推进建设、人防设计、图审资质互认，扩容中介服务市场，打造“一专多能”中介服务机构，由多机构分别服务向一机构集中服务转变；推进建设、人防、消防施工图审查“多审合一”，由串联式审查向网上联合审查转变；实行政府购买服务，由企业付费向政府购买服务转变；积极探索创新监管方式，由分头监管向联合监管转变。

四、推进不动产交易登记便民服务改革

2017年3月22日，浙江省国土资源厅、省住房和城乡建设厅、省地税局3

个部门联合下发《关于协同推进全省不动产登记“最多跑一次”工作的通知》（浙土资厅函〔2017〕144号），提出从统一窗口受理、优化税费收缴、实行并联办理、互认办理结果、统一公布时限、实现信息共享、明确各方责任、共同遵守承诺、分别进行存档九个方面入手，全面推进房屋交易、税务、不动产登记部门自身改革，促进房屋交易、税务、不动产登记体制机制创新，全面实现不动产登记全业务、全过程“最多跑一次”。“全业务”是指涵盖不动产登记所有业务；“全过程”是指涵盖交易、税收、登记全部过程。交易、税收、登记全过程“最多跑一次”统一设在窗口受理确认环节，在其他任何环节都不能要求申请人再跑一次。

不动产交易登记便民服务改革的重要内容是，房屋交易、税务、不动产登记三部门要互认办理结果，交易、税务部门完成交易、税款征收后，应当将结果及时反馈给登记部门，便于登记部门管理。登记部门完成登记后，也应当将相关登记信息及时反馈给交易、税务部门，便于交易、税务部门管理。三部门应当按照信息共享的相关规定，尽快实现交易、税收、登记信息的自动交换和实时共享。

第三节　衢州市政府的制度建构

作为政府公共服务改革先行先试地区的衢州，在浙江省政府全面推行“最多跑一次”改革之前，就在加快转变政府职能、优化政府服务等方面进行过有益的探索，积累了一些经验。在浙江省政府全面推行“最多跑一次”改革之后，衢州市委、市政府紧扣全省顶层设计和部署要求，抓好落实，主动担当，结合实际制定了一系列制度规范，推动了“最多跑一次”改革全面实施。

一、《加快推进“最多跑一次”改革实施方案》和《关于实施党建统领和智慧治理大联动深化“最多跑一次”改革推进区域治理现代化的指导意见》构建衢州改革总体性制度方案

为深入贯彻浙江省委、省政府关于加快推进“最多跑一次”改革的精神，2017年3月31日，衢州市人民政府制定下发《加快推进“最多跑一次”改革实施方案》（衢政发〔2017〕11号）（简称《实施方案》）。《实施方案》不是对省政府《方案》的简单复制和模仿，而是吸取了衢州市前期相关改革的经验与成果，紧密结合了衢州市县联动改革的实践。

根据衢州市《实施方案》，衢州市“最多跑一次”改革在成立审批局还是采用行政服务中心“一窗受理、集成服务”模式之间，选择了行政服务中心“一窗受理、集成服务”模式。《实施方案》明确提出，以浙江政务服务网为平台，全面深化“互联网+政务服务”，推进行政服务中心“一窗受理、集成服务”，2017 年底基本实现群众和企业到政府办事“最多跑一次是原则、跑多次是例外”的目标，“最多跑一次”事项覆盖 80%以上的行政事项。和省政府《方案》精神一致，在衢州市“最多跑一次”改革工作部门职责分工中，市编办负责加快推进“最多跑一次”改革的日常工作，督促各县（市、区）、各部门抓好工作落实，其他部门，如市信访局、市发改委、市公安局、市财政局（地税局）、市市场监管局、市国土局、市质监局、市法制办、市督考办均负责相关的专门改革事宜。此外，衢州市政府还结合本地区实际，规定市行政服务中心管理办公室负责加快推进“最多跑一次”改革实施工作，尤其是“一窗受理、集成服务”改革实施工作，牵头行政审批和流程再造等工作，市电子政务中心参与开发建设全市行政审批数据中心，实现数据共享与交换，提供政务云平台保障。

2017 年 5 月 24 日，衢州市委、市政府联合下发《关于实施党建统领和智慧治理大联动深化“最多跑一次”改革推进区域治理现代化的指导意见》（衢委发〔2017〕9 号）（简称《指导意见》）。《指导意见》指出，衢州市“最多跑一次”改革将在坚持党建统领、智慧治理和系统集成“三大基本原则”下，构建起市县一体、部门联动的架构体系。衢州市“最多跑一次”改革按照“制度+技术”“线上+线下”“网络+网格”的思路，将改革向中介机构、企事业单位、乡镇基层延伸，向综治工作、综合执法、市场监管等各个领域延伸，最终构建党建统领大联动、智慧治理大联动工作机制，为加快推进区域治理体系和治理能力现代化注入动力和活力。由此，《指导意见》和《实施方案》一样，共同构成了衢州市加快推进“最多跑一次”改革总体性制度方案。

二、着力构建“一窗受理、集成服务”规范体系

2017 年 2 月 20 日，衢州市人民政府办公室下发《关于做好市级部门公共服务事项梳理公开工作的通知》（衢政办通〔2017〕24 号），要求各部门对现有公共服务事项进行全面梳理，列出目录并实行动态调整。共完成 43 个部门 1 090 项审批事项筛选，先后公布两批“最多跑一次”事项共计 987 项，占 90.6%。

2017 年 3 月 8 日，衢州市人民政府办公室下发《关于深化“一窗受理”加快推进“最多跑一次”改革工作的通知》（衢政办通〔2017〕40 号），要求各级政府和有关机关围绕“一窗受理”“一套标准”“一网通办”“一站服务”四个基本内容，

实行“前台综合受理、后台分类审批、综合窗口出件”的审批服务模式，确保2017年3月底完成“一个窗口受理”改革。

2017年3月24日，衢州市审改办下发《衢州市行政审批“一窗受理、集成服务”改革实施细则》(衢市审改办〔2017〕5号)，要求市级各部门以受理和审批相分离为原则，依托浙江政务服务网进行资料共享和传送，进一步优化业务流程，精简申请材料，实现集成服务。将市本级行政许可、备案和服务事项统一纳入市行政服务中心（分中心）和浙江政务服务网，建立统一的集综合受理和业务审批功能于一体的政务服务网权力运行系统，集成网上申报、现场排队叫号、服务评价、事项受理、审批（审查）结果和审批证照信息，以业务流促使信息流通畅，实现全市跨部门、跨层级审批信息共享、材料共享、结果共享。

目前，在“一窗受理”方面，加快了便民服务平台建设。除了编制六大板块（投资项目审批、企业注册登记及后置审批、不动产交易登记、公安服务、公积金办理、其他综合事项）“一窗受理”事项标准化受理清单作为前台受理与后台审批的共同规范外，还按照“群众要办理一件事”设计操作流程，制定了“一窗受理”审批流程图，使各个办事环节一目了然。同时配套制定各板块“一窗受理、集成服务”实施细则和相应考核评价办法。

在“集成服务”方面，不断深化“互联网+”应用。全面推进行政服务中心智慧化平台建设，让系统通起来、数据连起来。依托浙江政务服务网，衢州市先后开发完成“一窗式”综合受理平台、投资项目和企业注册登记联合在线审批平台，实现投资项目、企业注册与后置审批等窗口统一使用综合受理平台，该套系统已经向各县（市、区）行政服务中心延伸，全市都可以在一个平台进行综合受理。开发完成浙江政务服务APP衢州站点，建成移动网上办事大厅，截至2017年8月底已实现21个事项移动端网上全流程办理，同时，建设电子证照批文库和办件资源共享库，截至2017年7月已经形成电子证照10 000多份。实现了市级审批平台与10多个省级自建系统数据库的互通共享，实现了法人库、人口库、公共信用信息平台等基础数据库与浙江政务服务网实时交换共享，审批部门可以直接调取数据管理中心的户籍、社保、婚姻登记、国地税、不动产登记以及金融数据。

为提升行政服务中心工作人员“一窗受理、集成服务”的业务素质与水平，2017年3月23日，市委组织部、市人力资源和社会保障局、市编办和行政服务中心联合制定《衢州市行政服务中心平台工作人员管理办法》(衢市组〔2017〕114号)，明确了中心平台人员的选派、管理、考核、培养办法，制定了行政服务中心“最多跑一次”业务培训制度，努力打造一支支撑“最多跑一次”改革始终走在全省前列的服务铁军。

第四节　衢州市政府部门的政策规范

群众办事是跑一次还是跑多次，不仅限于部分环节，而且还涉及“群众要办理的整个事情”，如果让群众在办理涉及多个环节的整个事情中仍能做到只跑一次，那么群众就会更有获得感，这正是现代服务型政府发展的方向。在创新政府服务管理方面，衢州市政府部门出台了一系列政策规范，通过强化功能集成，流程再造，努力实现“一站式”服务。

一、推进投资项目审批综合受理

2017年3月24日，衢州市审改办下发《衢州市投资项目审批“一窗受理、集成服务”实施细则》(衢市审改办〔2017〕6号)。

投资项目综合受理作为改革的一项重要内容，就是要通过服务方式的创新，把过去“跑项目”变为网上“及时办”，大大缩短办事时间，提高办事效率。目前，衢州市所有投资项目通过行政服务中心的相关综合受理窗口受理，再由投资项目在线审批监管平台将各种申报材料发送至各审批职能部门进行内部流转、并联审批，从而实现一网协同、并联审批、信息共享、一网通办。

二、推进商事登记联合审批

2017年3月19日，衢州市审改办下发《衢州市商事登记“一窗受理、集成服务”实施细则（试行）》(衢市审改办〔2017〕7号)。该实施细则适用于市级企业注册登记及行政审批，具体包括企业注册登记、企业经营项目等所涉及的审批。市行政服务中心设立商事登记综合受理窗口，综合受理窗口在“五证合一、一照一码”的基础上，实行企业注册登记、经营许可联合审批制度，着力推进企业注册登记与涉及后置审批事项进行联办。联合审批改革在餐饮服务经营许可、道路运输站（场）经营许可、机动车维修经营许可等先行试点，逐步推广分行业统一受理、联合办理。市级企业注册登记、经营许可等审批事项，在综合受理窗口的统筹协调下实行联合审批。

三、不动产交易、税收、登记并联办理

2017 年 3 月 19 日，衢州市审改办下发《衢州市区房屋交易与不动产登记“一窗受理、集成服务”实施细则（试行）》（衢市审改办〔2017〕8 号），要求依托“互联网+政务服务”和大数据技术，全面推进市本级不动产交易、税务、登记部门自身改革。按照不动产交易、税收、登记全过程“最多跑一次”的工作要求，登记部门统一收取、核对申报材料，完成信息录入，将信息推送和材料传递给交易、税务部门，三个部门并联同步办理。交易、纳税、登记受理当场完成审核，并将结果统一反馈至窗口，窗口人员一次性完成面签、告知申请人缴纳税费等事宜。登记部门完成登记审核后，登记结果通过快递等方法送达申请人。交易、税务、登记部门按照信息共享要求，升级改造各自的信息系统，实现交易、税务、登记信息的自动交换、实时共享，同时互认办理结果。

四、推出公安综合服务“一窗式、云服务”

2017 年 3 月 19 日，衢州市审改办下发《衢州市公安服务“一窗受理、集成服务”实施细则（试行）》（衢市审改办〔2017〕10 号）。公安综合服务牢固树立“一个公安面向群众”的理念，创新推出“一窗式、云服务”为载体的改革模式，将市行政服务中心三楼 3 100 余平方米的大厅打造成公安专属的“一窗式”综合办事大厅，整合 8 大警种，116 项业务进驻，率先实现高速交警、地方交警、综合执法局车辆违法处理“三合一”。“一窗式、云服务”改革举措，推动“线下”实现一个窗口受理办结，“线上”信息数据多跑腿，将公安服务向互联网全时空拓展，让群众“一次跑”“就近跑”，最大限度“不用跑”。截至 2017 年 4 月，衢州市公安局已实现 98%的项目“最多跑一次”，50 个项目就近办理，19 个项目“零跑路”，17 个项目全程网上办理。

五、推行投资项目中介机构“多审合一、多评合一、多测合一”

在推进行政审批制度改革方面，衢州市以推进“最多跑一次”改革向中介机构延伸为抓手，敢于创新、勇于实践，在投资项目“一窗受理”工作基础上，着

力探索以“多审合一、多评合一、多测合一”为主要内容的投资项目一站式中介服务，有效破除项目落地难、市场准入慢及企业办事难等行政审批难点、堵点。

2017 年 5 月 8 日，衢州市人民政府办公室转发市行政服务中心管理办公室、市住建局、市规划局、市公安局、市财政局、市人防办、市发改委、市档案局等八个部门联合制定的《衢州市贯彻落实“最多跑一次”改革决策部署全面推进施工图联合审查工作方案》(衢政办通〔2017〕108 号)，针对项目前期过程中的施工图多头审查、效率不高等服务弊端，由市行政服务中心、住建、人防、消防等八部门联合中介机构在全省范围内率先推行施工图“多审合一”模式，依托综合性图审机构，以“一窗受理、一套资料、一站审查、一个平台、统一监管”，着力打造跑腿最少、流程最简、成本最低、服务最优、效率最高的施工图审查新模式。

按照“多审合一”方案要求，2017 年 5 月 1 日起，将住建、消防、人防、气象施工图统一委托施工图审查机构开展联合审查，并纳入政府购买服务内容，实现多机构分别服务向一机构集中服务转变。6 月 21 日，市审改办正式下发《关于开展全市施工图电子化联合审查工作的通知》，明确了施工图电子化联合审查的时间、范围、程序和要求。7 月 1 日起，新送审的项目全面运行施工图审查信息系统，实行网上申报、网上审查、法律文书按需免费寄送，审查报告通过平台直接推送至政务网项目材料库可实时提取，真正实现了施工图审查“零跑腿”。据了解，这种做法尚属全国领先，为投资项目审批开创了一个全新模式。

2017 年 5 月 22 日，衢州市审改办联合市发改委、市经信委、市环境保护局、市安监局、市水利局、市国土局、市科技局等部门下发《衢州市关于推进投资项目“多评合一”实施方案的通知》(衢市审改办〔2017〕16 号)，将一般性投资建设项目前期推进涉及的节能评估、环境影响评估、安全评价、水土保持方案、地质灾害危险性评估、地震安全性评价等六类评估事项全部纳入“多评合一”范畴。在遵循现有法律法规的基础上，积极创新优化投资项目评估审批流程，将各项评估由“串联方式”调整为“并联方式”进行，实行“统一受理、统一评估、统一评审、统一审批”服务新模式。

2017 年 6 月 30 日，衢州市审改办、市规划局、市国土资源局等三个部门联合下发《衢州市区建设工程项目“多测合一”实施方案》(衢市审改办〔2017〕19 号)，在衢州市区政府投资建设工程及工业企业建设项目竣工实行联合测绘的基础上，将建设工程审批涉及的土地测绘、规划测绘、房产测绘等技术服务，统一委托给一家单位承担，实行统一测绘、成果共享。实行“多测合一”后，衢州市区范围内的新建、改建、扩建工程项目建设过程中及竣工后涉及的规划竣工测绘、不动产测绘等技术服务将统一由一家测绘中介服务机构承担，实行“统一测绘、分类报告、一次收费”　。

六、推动群众到企事业办事“最多跑一次”

2017 年 3 月 19 日，衢州市审改办下发《衢州市本级不动产权属与居民水电气联动过户工作方案（试行）》（衢市审改办〔2017〕14 号）。按照“一窗受理、集成服务”总要求，根据事项办理关联度，将企事业单位分设的诸如水、电、气过户业务，变“多头受理”为“一头受理”，为群众提供更加快捷便利的公共服务。目前，在市行政服务中心设立水、电、气综合受理窗口，由国网衢州供电公司、衢州水业集团有限公司、衢州新奥燃气有限公司等三个部门的派驻人员组成。水、电、气综合受理窗口工作人员全面掌握水、电、气三个部门的过户业务，实现不动产登记与水、电、气联动过户，真正实现群众到企事业办事“最多跑一次”。

2017 年 3 月 21 日，衢州市中心下发《衢州市住房公积金管理中心“一窗受理、一次办结”实施细则》（衢公积金〔2017〕7 号），率先提出了公积金贷款“最多跑一次”的改革目标。在衢州市行政服务中心及人行、社保、住建、国土、民政、公安、税务等相关部门的大力支持下，市中心通过部门授权利用大数据应用平台直接获取相关业务信息，极大地减少了公积金贷款业务办理的申报材料和审批环节，由原先办理需开 7 个证明跑 10 次以上，变成“最多跑一次”。2017 年 3 月 30 日起，群众办理公积金业务实现“最多跑一次”，业务办理正式进入“无证明”时代，这在全国尚属首家。

现阶段，与“最多跑一次”改革相配套的制度规范已经陆续建立起来，各类方案标准已经进入操作层面，机关部门的办事效率不断提高，群众和企业的获得感不断增强，改革已经取得了阶段性成效。可以说，这次改革最大的亮点在于高层次的制度安排和协调推动。正是在省委、省政府的高度重视和大力支持下，通过统一思想认识，加强顶层设计，注重实践试点，形成部门合力，许多历史性改革难题才迎刃而解，“最多跑一次”改革才不断深入。下一步应全面贯彻落实省委、省政府关于“最多跑一次”改革的部署要求，深化各项体制机制改革，落实配套措施，纵深推进浙江政务服务网开发应用及互通共享，迎难而上，攻坚克难，将以“最多跑一次”改革为牵引的各项改革进行到底。

第八章 “最多跑一次”改革的实施成效

第一节 评价体系设计

行政审批是政府职能的重要组成部分，行政审批的绩效评价与政府绩效评价有着许多相同的方面。但是，旨在打通行政审批“最后一公里”梗阻的“最多跑一次”改革，有其明确的目标指向，评价实施成效，应在政府绩效评价共性基础上，建立更加体现改革目标的指标体系。

一、评价主体

（一）理论研究

第一，上级政府对下级政府进行绩效评价。在我国，上级政府对下级政府进行绩效评价也称为政绩考核。早在 1973 年，中国共产党中央委员会组织部（简称中组部）就提出要对干部的德、能、勤、绩进行考核。1979 年，中组部下发了《关于实行干部考核制度的意见》。1988 年，中组部制定了《县（市、区）党政领导干部年度考核方案》和《地方政府工作部门领导干部年度考核方案》。1995 年，中组部下发了《关于加强和完善县（市）党委、政府领导班子工作实绩考核的通知》。2006 年，中组部下发了《体现科学发展观要求的地方党政领导班子和领导干部综合考核评价试行办法》。政绩考核的主要方式，是上级政府根据与下级政府签订的年度目标责任书进行考核，考核结果的好坏成为上级政府对下级政府领导班子进行奖惩和领导干部任用的主要依据，因此各级政府官员最为重视。

第二，公众对政府绩效进行评价。公众对政府绩效评价在国外称为顾客满意度测量，在我国称为公民评议政府。例如，1998 年沈阳市开展的“市民评议政府”，1999 年珠海市开展的“万人评议政府”，2001 年南京市开展的“万人评价机关”。公民评价政府的主体一般包括“人大代表、政协委员、企业代表、服务对象和普通群众等，有些还包括外地甚至外籍的投资商”①。

第三，第三方专业机构对政府绩效进行评价。“所谓第三方评价是指由与政府无隶属关系和利益关系的第三部门与民间机构所组织实施的评价政府及其部门绩效的活动。”“第三方评价依靠其自身人才、理论和技术方面的优势，在政府绩效评价中占据极其重要的地位。”②目前，我国第三方组织承担的政府绩效评价项目越来越多，第三方评价呈现出较快的发展趋势，尤其是财政专项资金绩效评估，“引入第三方评价，符合绩效评价理论的发展预期，有助于提升财政专项资金绩效评估的信度和效度”③。

（二）实际筛选

对于“最多跑一次”改革实施成效的评价，以公众评价和上级政府对下级政府评价为主。一方面，按照浙江省 2017 年《政府工作报告》的要求，推进“最多跑一次”改革，要“按照‘群众和企业到政府办事最多跑一次’的理念和目标，从与企业和人民群众生产生活关系最紧密的领域和事项做起，逐步实现全覆盖”。浙江省第十四次党代会也明确提出，“这项改革与群众切身利益息息相关，评判权在老百姓手上”。因此，公众理所当然成为改革成效的评价主体。另一方面，浙江省委明确要求，“以‘最多跑一次’改革撬动各方面各领域改革，狠抓改革落地”。在浙江省政府官网发布的《2017 年政府工作报告重点工作责任分解的通知》中，“最多跑一次”改革排在 115 项重点工作之首。“最多跑一次”改革被誉为当前浙江省的“头等大事”，全面深改“牛鼻子”。因此，浙江省政府非常希望及时掌握改革进展，非常希望借助绩效考核的手段推动“最多跑一次”改革落地，上级政府理所当然成为改革成效的评价主体。当然，上级政府对下级政府进行绩效评价，也可以借助各种专业机构具体实施。例如，2017 年上半年，浙江省就以省委全面深化改革领导小组办公室、省编办牵头，省社会科学院、省统计局等单位承担了

---

① 吴建南、庄秋爽：《“自下而上”评价政府绩效探索：“公民评议政府”的得失分析》，《理论与改革》，2004 年第 5 期，第 69 页。

② 包国宪、张志栋：《我国第三方政府绩效评价组织的自律实现问题探析》，《中国行政管理》，2008 年第 1 期，第 49 页。

③ 鲍静、李春：《第三方参与财政专项资金绩效评估的理论基础与制度设计》，《行政论坛》，2014 年第 6 期，第 48 页。

半年来全省“最多跑一次”改革抽样调查评估工作。

二、评价维度

（一）理论研究

20 世纪 60 年代，美国会计总署率先建立了以经济性（economy）、效率性（efficiency）和效果性（effectiveness）为主体的“3E”评估方法[①]，后来又加入了公平（equality）指标，发展为“4E”绩效评估法。

国内学者关于评估维度的研究，根据研究对象不同各有侧重。范柏乃教授等针对地方政府绩效评价，提出从行政管理、经济发展、社会稳定、教育科技、生活质量、生态环境六个维度进行评估[②]。吴建南教授等提出从利益相关者满意、关键议题解决和组织管理状况三个维度评价政府绩效[③]。利益相关者满意体现政府行为的公平性，组织管理状况体现政府组织的效率，关键议题解决体现政府组织的经济性和效果性。厦门市思明区政府与厦门大学共同开发了“公共部门绩效评估系统”，从基本建设、运作机制和主要业绩三个维度评价地方政府绩效[④]。毕克新教授等从效率、效益和制度保障三个维度评价行政审批制度改革绩效[⑤]。其中，效率包括发展收益、政治收益、经济成本、政治成本等方面，效益包括政审时限、政审收费、政审流程、政审网上审批等方面，制度保障包括告知制度、监督制度、审查制度和责任制度等方面。

（二）实际筛选

“最多跑一次”改革的绩效评价维度，应该紧密结合改革目标确定。《浙江省加快推进“最多跑一次”改革实施方案》确定的目标是，使群众和企业对改革的获得感明显增强、政府办事效率明显提升、发展环境进一步改善，不断增强经济社会发展活力。浙江省第十四次党代会再一次提出，“‘最多跑一次’改

---

① 财政部财政科学研究所《绩效预算》课题组：《美国政府绩效评价体系》，经济管理出版社，2004 年，第 25 页。

② 范柏乃、朱华：《我国地方政府绩效评价体系的构建和实际测度》，《政治学研究》，2005 年第 1 期，第 84-95 页。

③ 吴建南、杨宇谦、阎波：《政府绩效评价：指标设计与模式构建》，《西安交通大学学报（社会科学版）》，2007 年第 5 期，第 79 页。

④ 卓越：《公共部门绩效评估》，中国人民大学出版社，2011 年，第 301 页。

⑤ 毕克新、施芳芳、温巧云：《基于 FAHP 的行政审批制度改革绩效评价研究》，《科技与管理》，2012 年第 2 期，第 20-23 页。

革，是政府自身改革的再推进再深化，是推进供给侧结构性改革、‘放管服’改革、优化发展环境、加强党风廉政建设的重大举措”。要“加快打造‘审批事项最少、办事效率最高、政务环境最优、群众和企业获得感最强’的省份”。从省委、省政府提出的“最多跑一次”改革目标出发，从群众满意度、政务服务环境、政府治理能力、党风廉政建设等四个维度，对“最多跑一次”改革进行绩效评价。

三、评价指标

（一）理论研究

美国哈佛大学教授Robert · S. Kaplan和美国复兴方案公司总裁David · P. Norton两位教授于 20 世纪 90 年代共同创立了组织绩效评估的新方法——平衡计分卡（balance score card，BSC）。平衡计分卡以组织的使命和战略为出发点，把组织发展战略转化为可衡量的目标，通常从财务、客户、内部流程、创新与学习等四个层面确定组织的发展目标；再将这些组织目标变成一个个绩效指标[①]。

2002 年，厦门市思明区政府与厦门大学共同开发的“公共部门绩效评估系统”[②]，采用部门指标与通用指标相结合、定性指标和定量指标相结合、传统指标与现代指标相结合、正数指标与负数指标相结合、基本指标与修正指标相结合的方式对地方政府部门绩效进行评估。毕克新教授采用 3 个一级指标、12 个二级指标、27 个三级指标对行政审批制度改革绩效进行评价。

（二）实际筛选

借鉴相关研究成果，“最多跑一次”改革的绩效评价指标应充分反映组织的使命和战略出发点，即浙江省委、省政府实施“最多跑一次”改革所要达到的目标。同时，由于“最多跑一次”改革绩效评价内容有的易于量化，有的不易量化，借鉴相关文献思路，采取客观指标和主观指标相结合的方式，可以获取客观数据的采用客观指标，无法获取客观数据的采用主观指标。无论是主观指标还是客观指标都应有相关资料数据支撑。

对于“最多跑一次”改革，选择了 4 项一级指标，17 项二级指标进行绩效评价，具体指标见表 8.1。

---

① 张定安：《平衡计分卡与公共部门绩效管理》，《中国行政管理》，2004 年第 6 期，第 69-74 页。

② 卓越：《公共部门绩效评估》，中国人民大学出版社，2011 年，第 301 页。

表 8.1　“最多跑一次”改革绩效评价指标

一级指标	二级指标	主客观指标
群众满意度	跑路次数	客观
	办理时限	客观
	提交材料份数	客观
	表格填写难易程度	主观
	办事大厅环境	主观
政务服务环境	审批环节增减	客观
	审批时限增减	客观
	审批费用增减	客观
	窗口服务态度	主观
政府治理能力	部门协同能力	主观
	整合资源能力	主观
	窗口受理人员数量	客观
	窗口工作人员素质	主观
	部门服务意识	主观
党风廉政建设	审批流程公开透明度	客观
	审批全过程电子监管	客观
	党员岗位示范作用	主观

（1）群众满意度指标。该指标反映“最多跑一次”改革给群众带来的获得感，是从顾客角度对改革绩效进行的评价。我们没有直接设置满意度或满意率调查，主要原因是，满意度或满意率是一个时点的概念，是某一时刻背景下顾客的主观感受。对于同样的服务标准，不同时刻的顾客满意度评价会不同，甚至会对过去某一时刻较低的服务标准给予较高的满意度评价，而对现在较高的服务标准给予较低的满意度评价，因为顾客的主观感受会随着生活水平、物质条件以及期望值等变化而变化。难以依据过去某一时刻的满意度和现在某一时刻的满意度来比较绩效的高低，也难以用现在某一时刻的满意度来比较不同地区绩效的高低。事实上，我们调阅了 2007~2016 年统计部门进行的行政审批服务满意度调查，每年的满意度都十分接近，即满意度不能反映绩效的变化。因此，尽量选择能够反映群众满意度的客观数据来描绘满意度。评价方法是：选取不动产登记、公积金办理、公安服务等与群众办事密切相关的三大板块。三大板块中，每一个板块都包含很多事项（截至 2017 年 8 月 6 大板块纳入一窗受理的事项有 611 项），有的事项办事频度高，有的事项办事频度低。从易于评价且能基本反映改革效果的角度出发，每个板块选择办事频度最高的一项作为评价对象。不动产登记板块选取二手房交

易事项，公积金办理选取二手房组合贷款事项，公安服务选取机动车限制、禁止区域或者路段通行、停靠审核事项。二级指标包括跑路次数、办理时限、提交材料份数、表格填写难易程度和办事大厅环境5项。其中，跑路次数[①]、办理时限、提交材料份数为客观指标，从群众实际办事情况获取相关数据。表格填写难易程度和办事大厅环境为主观指标，通过访谈获取相关资料。

（2）政务服务环境指标。该指标反映“最多跑一次”改革给企业带来的获得感，是从投资主体这一特定顾客角度对改革绩效进行的评价，选取政府投资项目审批、外贸企业“证照联办”两大事项[②]。二级指标包括审批环节增减、审批时限增减、审批费用增减、窗口服务态度等四项企业关注度高的指标，能较好地反映一个地区的政务服务环境。事项审批环节越简、审批时限越短、审批费用越低，该地区的政务服务环境越好。四项二级指标中，审批环节增减、审批时限增减、审批费用增减为客观指标，从文件规定获取相关数据。窗口服务态度为主观指标，通过访谈获取相关资料。

（3）政府治理能力指标。该指标反映“最多跑一次”改革对政府自身带来的影响，是从组织角度对改革绩效进行的评价。政府治理能力是一个大概念，群众满意度、政务服务环境、党风廉政建设都是政府治理能力的反映，本书设置了部门协同能力、整合资源能力、窗口受理人员数量、窗口工作人员素质、部门服务意识等五项二级指标评价政府治理能力。部门协同能力是指目标协同、政策协同、监管协同方面的能力，是政府从碎片化治理走向整体性治理的关键因素，部门协同能力越强，政府治理能力越强。整合资源能力是指政府整合涉政中介和企事业单位共同推进“最多跑一次”改革的能力，整合资源能力越强，政府治理能力越强。窗口受理人员数量和窗口工作人员素质反映行政效能和行政能力，窗口受理人员越少，行政效能越高，窗口工作人员素质越高，行政能力越强。部门服务意识反映服务型政府建设情况，服务意识越强，服务型政府建设水平越高，政府治理能力越高。五项二级指标中，窗口受理人员数量为客观指标，从人员编制和相关文件获取相关数据；部门协同能力、整合资源能力、窗口工作人员素质、部门服务意识为主观指标，分别通过访谈和实际工作表现获取相关资料。

---

① 跑路次数是指办事者带齐审批事项指南要求提供的资料、符合审批法律规定的情况下，办结事项所需跑路次数。

② 衢州市行政服务中心设置的六大审批板块中，与企业联系密切的有投资项目审批、企业注册登记与后置审批两大板块。投资项目审批分为政府投资项目审批和社会资本投资项目审批。目前社会资本投资项目审批由各开发区“跑小二”代办，无须企业跑腿，政府投资项目审批在市行政服务中心办理，仍需企业跑腿，因此选择政府投资项目审批作为评价对象。企业注册登记与后置审批板块包含非常多的子项目，本书选择衢州市重点改革的外贸企业“证照联办”项目作为评价对象。此外，除了群众满意度评价中列出的三大板块、政务服务环境评价中列出的两大板块外，还有一个“其他综合事务板块”。该板块既有针对群众的事项，又有针对企业的事项，但多数为专业窗口，属于即办即结的审批，与“最多跑一次”改革前的审批没有实质性变化，所以没有列入绩效评价。

（4）党风廉政建设指标。"最多跑一次"改革对党风政风带来的影响，是从组织角度对改革绩效进行的评价。在全面从严治党战略布局下，作为"最多跑一次"改革的目标之一，有必要把党风廉政建设单独作为一级指标予以突出。二级指标包括审批流程公开透明度、审批全过程电子监管、党员岗位示范作用三项。审批流程公开透明度体现社会监督能力，公开透明度越高，社会监督能力越强，党风廉政建设水平越高。审批全过程电子监管情况体现组织内部监督能力，电子监管越到位，党风廉政建设水平越高。党员岗位示范作用在行政服务中心审批服务中具有重要作用，示范作用越好，党风廉政建设水平越高。三项指标中，审批流程公开透明度、审批全过程电子监管为客观指标，从公示和电子监察数据获取相关资料；党员岗位示范作用为主观指标，通过岗位挂牌和访谈获取相关资料。

第二节 评价信息获取

本书没有使用调查问卷形式获取评价信息，也没有采用大样本数据测度绩效，而是通过查阅文件资料、监察数据和现场访谈的方式，对衢州市"最多跑一次"改革前后的指标进行比较，评价改革成效。

一、文件资料

文件资料的第一个来源是浙江政务服务网。浙江政务服务网上公布了衢州市所有办理事项的办事指南，包括受理机构、联办单位、法定期限、承诺期限、申请材料、收费情况等。文件资料的第二个来源是衢州市审改办或衢州市行政服务中心牵头发布的"最多跑一次"改革相关文件，这些文件对审批事项需要提交的材料、跑窗口情况、办理时限等都有明确的规定。文件资料的第三个来源是衢州市行政服务中心年度工作总结及向市委、市政府的汇报材料，从这些材料可以获得"最多跑一次"改革前后的一些指标情况。文件资料的第四个来源是行政服务中心办事群众所要填写的表格材料，从中可以了解到表格填写难易程度等信息。

二、监察数据

衢州市以"一窗受理、集成服务"为路径推进"最多跑一次"改革后，部门自建系统与浙江政务服务网实现对接，所有“一窗受理”的事项都接受电子监察系统的监察，包括接受一窗受理的时间、等待的时间、办结的时间、各个审批部门的办事效率等。

三、现场访谈

分三个层次进行访谈。第一个层次，面向办事群众和企业进行访谈。群众和企业是评价“最多跑一次”改革成效的最重要主体，在群众满意度评价中，表格填写难易程度、办事大厅环境，需要通过对办事群众进行访谈获取信息；在政务服务环境评价中，窗口服务态度，需要通过对企业主体进行访谈获取信息；在政府治理能力评价中，窗口工作人员素质，需要通过对群众和企业进行访谈获取信息；在党风廉政建设评价中，党员岗位示范作用，需要通过对群众和企业进行访谈获取信息。第二个层次，面向行政服务中心工作人员进行访谈。2017 年 8 月衢州市权力清单公布的市级行政权力事项 1 090 项，有 35 个部门 833 项行政权力事项进驻市行政服务中心，纳入一窗受理的有 611 项。市行政服务中心对进驻部门窗口工作人员负有管理责任，对窗口工作人员素质、部门服务意识、党员岗位示范作用具有深入的了解，对各职能部门在行政审批过程中的协同能力也有很深的感受，并且实际参与了整合涉政中介机构和企业事业单位进入“最多跑一次”改革实践，对政府整合资源能力最为清楚，因此，通过对行政服务中心工作人员进行访谈，可以获取相关评价信息。第三个层次，面向各职能部门进驻窗口的工作人员进行访谈。在涉及需要多个职能部门审批的事项办理过程中，部门间的审批人员每天都要相互配合、协同审批，每天都要与涉政中介机构和企业事业单位进行工作对接，对部门协同能力、政府整合资源能力、联动单位的服务意识感受较深，对职能部门进驻窗口的工作人员进行访谈，可以获取相关评价信息。

第三节　评价结果分析

通过二级指标在“最多跑一次”改革前后的比较，对一级指标做出评价判断。二级指标改革前后变动幅度的大小表明改革成效的大小。

一、增强了群众获得感

（一）指标数据信息

二手房交易事项。“最多跑一次”改革前，需跑 8 次窗口，分别为跑民政部门开具婚姻证明、跑民政部门开具门牌证明、跑不动产登记部门开具不动产登记证明、跑住建部门办理划拨土地上市审批手续、跑住建部门办理房产交易备案、跑地税部门纳税、跑不动产登记部门办理不动产登记、跑不动产登记部门领取证书。改革后，需跑 1 次窗口，即不动产登记综合窗口（不动产证办好后免费快递送达，如群众不同意快递送达，则需再跑一次到行政服务中心领取）。改革前，办理时间为 1~2 个工作日，改革后为 30~50 分钟。改革前，需提交 41 份材料，改革后需提交 22 份材料。

二手房组合贷款事项。“最多跑一次”改革前，需跑 10 次窗口，分别为跑公积金窗口领取征信查询授权书、跑人民银行或受托银行查询个人征信、跑房产部门开具房产证明、跑民政部门开具婚姻证明、跑单位开具收入证明、跑评估公司评估房产价值（二手房）、跑公积金窗口办理贷款申请、跑受托银行签订合同、跑不动产登记中心办理抵押、跑受托银行领取贷款合同和放款凭证。改革后，需跑 1 次窗口，即公积金综合窗口。改革前，办理时间约 5 天，改革后约 1 天。改革前，需提交 15 份材料，改革后需提交 2 份材料，即身份证和购房资料。

机动车限制、禁止区域或路段通行、停靠审核事项。“最多跑一次”改革前，需跑 3 次窗口，分别为跑辖区大队窗口提交申请、跑辖区中队审核和车辆检验、跑辖区大队开具通行证。改革后，无须跑窗口，直接通过互联网或手机终端申报。改革前，办理时间约 3 天，改革后约 1 天。改革前，需提交 8 份材料，改革后需提交 5 份材料，省去车辆环保卡、违章情况证明和运输（供货）合同 3 份材料。群众满意度评价指标数据一览表见表 8.2。

表 8.2 群众满意度评价指标数据一览表

项目	二手房交易		二手房组合贷款		机动车限制、禁止区域或路段通行、停靠审核	
	改革前	改革后	改革前	改革后	改革前	改革后
跑路次数/次	8	1	10	1	3	0
办理时限	1~2 天	40 分钟	5 天	1 天	3 天	1 天
提交材料份数/份	41	22	15	2	8	5

表格填写难易程度。随机对正在使用自助电子填表系统填表的群众进行的现

场访谈，群众的部分观点如下：“把身份证放在读卡区，一些基本信息会自动填入表格，大大减少了需要输入的内容。”“表格填写有困难，可以随时寻求大厅咨询台人员的帮助，也有志愿者服务人员提供帮助。”

办事大厅环境。群众对服务大厅提供的休息等候区、书吧、咖啡吧、无声叫号、短消息提醒、自助查询机、咨询服务等评价很高，如“就像酒店对待顾客，有星级体验”。

（二）结论

五项二级指标评价信息表明，衢州市“最多跑一次”改革后，群众办事跑路次数大幅减少到一次，甚至一次都不用跑；办理时限显著缩短；提交材料普遍减少一半以上，公积金组合贷款除了提交身份证和购房资料外，已经不需要提供其他证明材料，进入无证明时代；表格设置越来越简单明了，并且已有的基本信息通过输入身份证信息就可以实现自动填写；办事大厅环境更加人性化。总体而言，群众办事更方便、更快捷、更舒适，群众获得感实实在在得到提高。

二、优化了政务服务环境

（一）指标数据信息

政府投资项目审批事项。“最多跑一次”改革前，需跑 20 次窗口，分别是跑项目建议书、国土用地预审、规划选址意见、建设用地规划许可、项目可行性研究报告审批、建设用地规划许可、供地审核、土地划拨决定及登记发证、初步设计审批、住建施工图预审、规划施工图预审、消防施工图预审、气象施工图预审、人防施工图预审、工程规划许可证核发、消防设计审核意见、人防设计备案表、防雷设计核准书、核发施工许可证、项目联合竣工验收。改革后，需跑 6 次窗口，分别是跑项目建议书、项目可行性研究报告审批、初步设计审批、施工图会审、施工许可证核发、项目联合竣工验收。改革前，办理时限约 180 天，改革后约 45 天。改革前，需提交材料 47 份，改革后提交材料 6 份。

外贸企业“证照联办”审批事项。“最多跑一次”改革前，需跑 4 次窗口，改革后需跑 1 次窗口，即综合窗口。改革前，办理时限约为 14 天，改革后为 7 天。改革前，需提交材料 41 份，改革后提交材料 25 份。政务服务环境评价指标数据一览表见表 8.3。

表 8.3　政务服务环境评价指标数据一览表

项目	政府投资项目审批		外贸企业“证照联办”审批	
	改革前	改革后	改革前	改革后
跑路次数/次	20	6	4	1
办理时限	约 180 天	约 45 天	约 14 天	7 天
提交材料份数/份	47	6	41	25

审批费用增减。衢州市在相关文件中明确规定了几项涉企收费减免，并根据往年办件量对减免费用进行了预测。《关于印发衢州市区建设工程项目“多测合一”实施方案的通知》（衢市审改办〔2017〕19 号）规定，测绘中介服务机构收费在现行基础上下降 20%，预计全年可为企业节省测绘费用 180 万元。《关于印发衢州市关于推进投资项目“多评合一”实施方案的通知》（衢市审改办〔2017〕16 号）规定，实行企业投资项目统一区域评估评价，对凡符合准入条件的企业，不再另外进行中介评估评价，相关费用由绿色产业集聚区统一承担，企业可直接享受评价成果，预计全年可为企业节省成本 1 000 万元。《关于印发衢州市贯彻落实“最多跑一次”改革决策部署全面推进施工图联合审查工作方案的通知》（衢行发〔2017〕10 号）规定，国有建设用地上的建设项目和其他新批准立项的建设项目，政府相关部门不再向企业等建设单位收取房屋建筑和市政基础设施工程施工图审查费用（包括气象、人防、消防等专业审查），相关费用由相关政府财政承担，预计全年可为企业节省成本 1 500 万元左右。

窗口服务态度。随机对企业办事人员进行了现场访谈，同时向行政服务中心管理人员了解窗口工作人员服务状况。被调查者认为，衢州市成为全省“最多跑一次”改革样板后，中央电视台、新华社等中央媒体对衢州市行政服务中心的宣传报道日益增多，各地到衢州市行政服务中心参观考察的团队日益增多，无形中增加了窗口工作人员的荣誉感、使命感，窗口服务态度与以前相比，又上了一个台阶。

（二）结论

四项二级指标评价信息表明，衢州市“最多跑一次”改革后，企业办事跑路次数减少幅度超过 70%，办理时限大幅缩短，提交材料减少一半以上，仅“多测合一”“多评合一”“多审合一”三项改革一年就可以为企业减负 2 700 万元左右，窗口服务态度上了新的台阶。总体而言，企业获得了更好的行政审批服务，从一个侧面表明了政务服务环境的持续优化。

三、提升了政府治理能力

（一）指标数据信息

窗口受理人员数量。“最多跑一次”改革前，如果是多部门联合办理的事项，每个部门都派有窗口受理人员，如不动产登记，国土、住建和地税三个部门都同时派有窗口受理人员。据衢州市行政服务中心统计，窗口受理人员常年保持在 200 人以上。改革后，市行政服务中心设置了 6 大板块共 62 个综合窗口，综合窗口受理人员为 62 人。

部门协同能力。衢州市行政服务中心管理人员认为，“现在各个部门都以‘最多跑一次’为目标，梳理审批事项，能放则放，能简则简，推进部门自建审批系统与浙江政务服务网对接也比较积极”。有部门负责人表示，“作为事项梳理的牵头部门，以前和关联部门协商难度很大，现在有顶层设计和明确要求，哪个部门都不想自己承担的审批环节成为‘最多跑一次’的堵点，大家都很配合，部门协商容易多了”。球川镇政府负责人介绍，“‘四个平台’建设，提高了镇党委和镇政府统筹协调指挥能力，以前部门派出机构以条条工作安排为主，现在通过镇综合信息指挥室，统一指挥各派出机构协同执法，效果很好”。

窗口工作人员素质。衢州市行政服务中心管理人员介绍，“为推进‘一窗受理’，行政服务中心专门组织综合窗口人员进行系统培训，坚持每周一次窗口工作经验交流晨会，每月一次各审批板块工作交流学习汇报会，开展‘微拍笑脸’‘百个窗口 PK 赛’‘最美行政服务人评选’等活动，引导窗口工作人员增强服务意识，从作风、言行、纪律等方面塑造文明服务的良好形象。通过这些形式，工作人员的素质提升有目共睹”。办事群众认为现在的窗口工作人员态度友好，办事利索，素质普遍较高。

整合资源能力。现场考察以及衢州市行政服务中心管理人员的介绍表明，不仅涉政中介机构被整合到“一窗受理、集成服务”中，而且水电气企业、金融机构、邮政部门也都进驻到行政服务中心，只要企业和群众办事有普遍性需要的企事业单位和中介机构，都逐渐被整合到政务服务链条中。

部门服务意识。衢州市行政服务中心管理人员介绍，“窗口实行部门领导轮流值班制度，每周都有一位领导到窗口值班一次，通过领导亲身体验，促进了部门服务意识提高。现在大环境发生了变化，服务型政府建设正在达成共识”。窗口工作人员介绍，“办理事项都有承诺期限，超过期限电子监察平台会亮红灯，因此联办部门沟通、配合比之前有了很大改善，明显感受到部门服务意识增强了”。

（二）结论

五项二级指标评价信息表明，衢州市“最多跑一次”改革后，窗口受理人员更为精简，行政效能提高；部门协同能力、政府整合资源能力、窗口工作人员素质的提高，为政府治理能力提高奠定了基础；部门服务意识增强，为政府治理能力提高起到了推动作用。总体而言，“最多跑一次”改革，促进了政府治理能力的提高。

四、强化了党风廉政建设

（一）指标数据信息

审批流程公开透明度。衢州市通过三种方式公开行政审批事项的办事流程、办事部门、提交材料以及办理时限：一是在浙江政务服务网衢州平台上公开；二是在衢州市行政服务中心六大板块办事大厅印制的办事指南手册上公开；三是在六大板块办事大厅宣传栏上公开。

审批全过程电子监管。衢州市行政服务中心通过三种方式对审批全过程进行电子监管：一是通过投资项目在线审批监管平台，对投资项目的平台受理、在线办理、限时办结、信息共享进行全程监察；二是办事大厅实时显示各个窗口事项办理数量、等待人数、等待时间等信息；三是通过浙江政务服务网对所有办理事项全过程留有电子痕迹。

党员岗位示范作用。衢州市行政服务中心统一规定，窗口所有党员工作期间必须佩戴党徽，窗口摆放共产党员岗位牌，通过亮明身份，率先垂范，起到了党员岗位示范作用。

（二）结论

三项二级指标评价信息表明，衢州市“最多跑一次”改革后，所有审批流程公开透明，公开是最好的防腐剂，有效地防止了审批中可能存在的腐败行为；所有审批过程均受到了全程电子监控，利用信息化手段进行监督，使可能存在的腐败行为无处遁形；共产党员更好地发挥了模范作用，用优良的党风带来了优良的政风。总体而言，“最多跑一次”改革，强化了党风廉政建设。

第九章　“最多跑一次”改革的衢州经验

2016 年下半年以来，衢州市以“一窗受理、集成服务”为路径推进“最多跑一次”改革，通过业务流程再造、部门力量整合、数据资源共享、审批单元模块化管理等创新性举措，突破了传统审批模式、部门数据壁垒和“条块分割”格局，基本实现了“群众和企业到政府办事最多跑一次”的目标，降低了政府的行政成本和企业的制度性交易成本，激发了市场和社会活力，提升了群众的获得感和现代高效服务型政府的良好形象，成为全省“最多跑一次”改革的样板。衢州市的成功，离不开习近平总书记“以人民为中心”的发展思想，离不开前期改革奠定的基础，离不开省级党委、政府的顶层设计，离不开合适的路径选择，离不开信息化时代的大数据支撑。

第一节　全面深改是基础

“一窗受理、集成服务”改革并非“横空出世”，而是有着深厚的滋生土壤。党的十八大以来，在全面深化改革大背景下，行政审批制度改革已经成为转变政府职能、建设服务型政府、提高治理能力的主要突破口。浙江省率先推出的“四张清单一张网”改革将简政放权、放管结合、优化服务推向了一个新的高度。全省浓厚的改革氛围，推动着“最多跑一次”改革在浙江省奋勇争先地展开。

一、行政审批制度改革提供重要指引

第一，行政审批制度改革为“最多跑一次”改革提供方向指引。行政审批制

度改革的核心问题是处理好政府和市场的关系，使市场在资源配置中起决定性作用和更好发挥政府作用。衢州市“最多跑一次”改革正是按照政府和市场的职能进行制度设计，政府的归政府，市场的归市场。在权力事项梳理中，凡是市场竞争充分的、市场配置资源有效率的、企业投资负面清单之外的，一律减少核准审批，实行备案管理或者“以报代备”，让企业最多跑一次甚至一次都不用跑。对于市场配置资源失灵的投资项目、政府投资项目和群众需要办理的事项，则要求担当起服务型政府角色，提供最优质的服务。

第二，行政审批制度改革为“最多跑一次”改革提供目标指引。行政审批制度改革的目标，是要更好地激发市场活力和社会创造力，为促进就业创业降门槛，为各类市场主体减负担，为激发有效投资拓空间，为公平营商创条件，为群众办事生活增便利[①]。围绕这一目标，衢州市“最多跑一次”改革构建了“一窗受理、一网通办、一站服务、一套标准”的总体框架，通过不断整合审批部门资源、不断深化政务服务网应用、不断强化功能集成、不断推行标准化服务，实现企业和群众办事“进一个门、跑一个窗、办多家事、最多跑一次”，打造“服务最优、效率最高、门槛最低、成本最小、体验最好”的政务服务环境。

第三，行政审批制度改革为“最多跑一次”改革提供路径指引。2015 年，李克强总理《简政放权 放管结合 优化服务 深化行政体制改革 切实转变政府职能——在全国推进简政放权放管结合职能转变工作电视电话会议上的讲话》中要求，再砍掉一批审批事项，再砍掉一批审批中介事项，再砍掉一批审批过程中的繁文缛节，再砍掉一批企业登记注册和办事的关卡，再砍掉一批不合法不合规不合理的收费。衢州市“最多跑一次”改革正是按照“五个再砍掉”的要求去设计实施方案，如梳理精简事项，推进“一窗受理”，推进审批流程再造，推进投资项目中介机构“多审合一、多评合一、多测合一”，推进市场准入“多证联办、证照联办”，优化“互联网+”应用，投资项目中介机构首次评审费用由相关职能部门支付等。

二、“四张清单一张网”改革奠定坚实基础

第一，厘清权力事项。“最多跑一次”改革的基础性工作就是事项梳理，只有事项梳理得清晰合理，才能确定哪些事项需要审核批准，哪些事项能够纳入“最多跑一次”，如何将所有事项分门别类划分为几大板块，怎样科学地组织一窗受理，

① 李克强：《在全国深化简政放权放管结合优化服务改革电视电话会议上的讲话》，《人民日报》，2017 年 6 月 30 日。

怎样使申报指南更加规范化。衢州市在试点“最多跑一次”改革时，正是得益于前期“四张清单”改革，并在此基础上，再一次全面梳理各级政府部门、事业单位、相关国有企业和中介服务机构直接面向公民、法人和其他组织的公共服务事项，逐项编制办事指南，列明办理依据、受理单位、基本流程、申请所需材料、示范文本、收费依据及标准、办理时限、咨询方式等内容，并细化到每个环节，推进公共服务标准化管理，最终形成了改革的总体框架。

第二，简化办事流程。实现“最多跑一次”的目标，简化办事流程是必要条件。2014 年以来，衢州市按照浙江省“四张清单一张网”改革的总体部署，不断简化办事流程，率先实行企业注册“五证合一”，竣工验收“三测合一”，投资项目“一窗受理、并联审批”，民生服务“一条龙”。2016 年 9 月，按照浙江省实施服务型政府建设“1113”行动计划①的要求，衢州市率先实施行政服务中心改造升级，实行前台综合受理、后台分类审批、统一窗口出件的服务模式；实现审批服务“一窗受理”“数据共享”“效率提升”三大功能，杜绝多部门审批资料“二次录入”现象；加快电子证照库、公共信用信息库建设和应用，实现各部门办事过程中相关信息“一次采集、多方复用，一库管理、互认共享”，避免群众办事重复提交材料、证明、证件等。上述改革的不断推进，逐渐形成了“最多跑一次”改革的雏形。

第三，构建“互联网+政务服务”平台。“互联网+政务服务”平台，是“最多跑一次”改革的技术支撑。衢州市推进“最多跑一次”改革，依托浙江政务服务网，实现权力事项集中进驻、网上服务集中提供、政务信息集中公开、数据资源集中共享“四个集中”，开发“综合受理”平台，将综合窗口受理的事项资料，通过浙江政务服务网直接推送给各部门运用权力运行系统进行审批，应用在线审批监管平台，对综合受理、在线办理、限时办结、信息共享等进行全程监察。

三、浓厚的改革氛围提供强大推力

第一，党政全面发动。“最多跑一次”改革是党委、政府发起和推动的一项改革。2016 年 12 月，浙江省委副书记、代省长车俊在省委经济工作会议上首次提出“最多跑一次”改革。《浙江省人民政府办公厅关于印发 2017 年政府工作报告重点工作责任分解的通知》中，“最多跑一次”改革排在 115 项重点工作之首。2017 年 6 月，浙江省第十四次党代会上再次强调以“最多跑一次”改革撬动各方面各

① “1113”行动计划，是指以优化浙江政务服务移动客户端平台功能，建设“12345”政务服务热线电话号码为接入口的统一政务咨询投诉举报平台，提升行政服务中心办事窗口服务质量，完善公共服务事项库、电子证照库、公共信用信息库为主要内容的“一端一号一窗三库”建设。

领域改革，狠抓改革落地，开弓没有回头箭，只许成功、不许失败。省委、省政府全面发动，各级党委、政府主要负责同志亲自推动，政府部门积极行动，为“最多跑一次”改革提供了强大动力。2017 年 4 月 12 日，全省“最多跑一次”改革现场推进会在衢州市召开，推动衢州市改革迅速跃上新的台阶。

第二，媒体大力宣传。浙江省自提出“最多跑一次”改革以来，新华社、《人民日报》、中央电视台、浙江省各种媒体大力宣传“最多跑一次”改革。截至 2017 年 9 月，利用百度，可以搜索到 120 多万条有关“最多跑一次”改革的网页。媒体的大力宣传，营造出浓厚的改革氛围，全省各地市形成相互学习、你追我赶的改革局面。衢州市作为媒体宣传的典型，更是自我加压，不断将“最多跑一次”改革向纵深推进，向乡镇、村、中介机构和企事业单位延伸，以保持改革成效远远领先、持续领先。

第三，考核监察推动。为加快推进“最多跑一次”改革，浙江省充分发挥政绩考核指挥棒作用，将“最多跑一次”改革列入省委、省政府对市党政领导的绩效考核，各市又对区县党政领导进行绩效考核，省政府每个季度对各市的政务服务网建设进行通报，邀请专业机构对各市改革成效进行评估，从省到市到县，一层一层传导改革压力，形成改革动力。同时，各地人大和政协也对“最多跑一次”改革进行专题视察和协商，行风监督员对改革实际情况开展明察暗访，开通“12345”政务服务热线，多种力量凝聚成推动“最多跑一次”改革的强大合力。

第二节　科学顶层设计是关键

传统审批模式、数据壁垒和条块分割治理，是实现“最多跑一次”最大的拦路虎。传统审批模式实施了几十年，有着强大的惯性。数据壁垒既有技术上的原因，又有体制机制的原因。条块分割治理是部门和地方权力加利益博弈的集中体现，众多法律规章维系着这种格局。因此，要解决传统审批模式、数据壁垒和条块分割治理格局大难题，必须依靠科学顶层设计。

一、顶层设计突破传统审批模式

第一，砍掉过多过滥的行政审批事项。传统行政审批名目繁多，无处不在，如果不釜底抽薪，即使每一个事项能够实现“最多跑一次”，企业和群众面对成千上万的审批事项，仍然要耗费大量时间和精力，增添无穷烦恼。长久以来，审批事项的多少成为行政部门的权力象征和利益来源，砍掉过多过滥的行政审批事项，等于刀刃向内，砍掉行政部门的权力和利益，面临巨大的阻力。而且，各个行政部门的审批事项，多由国家法律、行政法规、部委规章和其他文件设定，从中央部委贯通到省市县部门，低层级地方政府有权直接调整的事项并不多。面对巨大的阻力和强大的条条行政力量，必须高层级政府的顶层设计才能突破。衢州市“最多跑一次”改革之所以能够取得巨大成效，得益于中央多次大力度的简政放权，得益于省委、省政府层面的顶层设计，砍掉大量行政审批事项，让企业和群众从根本上少跑路。

第二，实现联合评审和合并评审。传统行政审批流程是串联式审批，不仅整个审批链条一环扣一环，而且同一个环节也是一个部门审批结束然后另一个部门开始审批，审批时限长，特别是审批环节和部门较多的投资项目，完成审批往往需要半年甚至两三年。衢州市为了大幅缩短企业和群众办事等待时间，在前期串联审批改并联审批基础上，由市审改办牵头多个部门联合发文，实施投资项目中介机构“多审合一、多评合一、多测合一”，推行市场准入“多证联办、证照联办”，将原来多个部门、多个中介机构、多个环节的串联评审改变为多个部门一次性联合评审和一个综合性中介机构一次性合并评审，以此深化推进“最多跑一次”改革。

第三，减少“必须填”材料。多年来，群众和企业深受证照、证明过多之累，李克强总理也多次鞭挞烦扰群众的各种“奇葩”证明、循环证明、重复证明等问题。衢州市推进“最多跑一次”改革，由市审改办牵头，通过“三个一批”，减少“必须填”材料。一是减少一批以审批、备案、证明等形式存在的“前置环节”，从根本上不用填；二是明确办事部门可以通过与其他部门共享获取相关信息的，不得要求申请人再提供证明材料，从源头上取消一批奇葩证明、循环证明；三是建立涉及多部门的审批事项协同办理机制，减少一批企业和群众提供材料的数量和频次。

二、顶层设计突破部门数据壁垒

第一，整合网上政务服务平台。政府部门使用统一平台开展审批业务，实现审批系统的互联互通，是突破部门数据壁垒的重要基础。长期以来，部门自建系统林立，一个部门一套审批系统，甚至部门内部建有互相隔离的多套审批系统，在部门之间、部门内部不同处室之间形成数据壁垒，没有顶层设计，根本无法实现条块审批系统和数据纵横连通。浙江省通过省政府办公厅发文、衢州市通过审改办发文，要求审批部门采用统一的权力运行系统办理综合受理、审批业务，部门审批系统通过有效方式与权力运行系统对接，为“最多跑一次”提供数据支撑。

第二，推动部门数据互联共享。“最多跑一次”改革，不仅要让部门审批系统互联互通，而且要让部门审批形成的数据互联共享，实现数据多跑路，群众少跑腿。浙江全省统一行动，以浙江省数据管理中心为龙头，建设省、市、县纵向贯通、横向全覆盖的公共数据共享交换体系，推进基础数据库融合，充分利用电子证照/批文库、法人库、人口库等基础数据，避免办事企业和群众重复提交材料、提高审批速度。

第三，确立电子数据法律地位。要推动数据互联共享，强化数据应用，需要明确电子数据的法律地位，否则数据互联互通的效果会大打折扣。浙江以省政府令的形式出台《浙江省公共数据和电子政务管理办法》，专门就电子申请、电子签名、电子证照、电子归档等做了一系列规定，如除有法律、法规明确规定外，各级行政机关都应当接受能够识别身份的以电子方式提出的申请，且不得同时要求公民、法人和其他组织履行纸质或者其他形式的双重义务；按照安全规范要求生成的电子签名，与本人到场签名具有同等效力，可以作为法定办事依据和归档材料；各级行政机关使用电子印章系统，向公民、法人和其他组织发放电子证照的，电子证照与纸质证照具有同等法律效力；各级行政机关可以单独采用电子文件归档形式。

三、顶层设计突破条块分割格局

第一，条块齐抓联动。衢州市在“最多跑一次”改革中，通过条块齐抓联动，促进部门和地方之间从分散走向聚合，从部分走向整体，实现政府整体性治理。以不动产登记板块为例，以前国土、住建和地税三个联办部门各设受理窗口，各自审批。为了推动“一窗受理”，行政服务中心与三个部门反复协商，摘掉住建和地税的窗口显示牌，由国土负责窗口综合受理，三个部门共享申请材料，并联审批，共同为实现不动产登记“最多跑一次”目标协同工作。同时，将水、电、气过户办理与二手房交易登记联动起来，使水、电、气三家企业和国土、住建、地税三个部门成为一个办事整体，为群众提供无缝隙的整体性服务。

第二，统一平台管理。条块分割不仅表现在物理界面上，更主要地表现在治理功能上。衢州市在“最多跑一次”改革中，通过统一平台管理，既打破物理界面的分割，又打破治理功能的分割。一是通过职能部门统一进驻行政服务中心，实现条条块块物理上的融合。二是协调部门自建审批系统接入浙江政务服务网，实现条条块块治理功能上的融合。

第三，纵横联合执法。条块分割一定留下缝隙，给治理带来盲区，而公共问题通常具有综合性和复杂性等特点，部门分散执法常常使治理成效大打折扣。例如，小城镇农贸市场的综合治理，市场监管部门负责农贸市场的监管，综合执法部门负责农贸市场马路两边的执法，交警部门负责农贸市场道路交通执法，如果单个部门独立执法，农贸市场的秩序不可能得到有效治理。衢州市按照省级顶层设计，推动乡镇“四个平台”建设，赋予乡镇综合信息指挥室统一协调指挥部门派出机构的权力，实施纵横联合执法，取得很好的成效。

第三节　民众需求是导向

理念是行动的先导，不同的发展理念形成不同的制度设计。衢州市在推进“最多跑一次”改革实践中，牢牢坚持习近平总书记“以人民为中心”的发展思想，大到审批单元模块设置、审批流程再造，小到群众办事体验，一切按照“群众要办理的整个事情”设计操作流程，按照群众办事门槛最低的要求推动事项办理标准化，按照群众办事体验最好的要求改造服务环境，让群众办事更方便、更省事、更快捷、更愉悦。

一、按照“群众要办理的整个事情”再造审批流程

第一，综合受理。申请受理是审批流程的第一个环节。在传统行政审批制度下，群众要办理的是一件事情，却被分割成多件事情，跑多个窗口递交申请。例如，机动车违法处理，由于财政体制、银行系统、执法主体不同等，一直由高速交警、地方交警、综合执法局分立执法，群众需要“多头跑”。衢州市在“最多跑一次”改革中，将三个部门的违法处理信息系统账号向综合窗口开放，法律文书向综合窗口授权，高速、地方、综合执法违法处理整合在一个系统内实现审批，将高速交警、地方交警执法主体进行统一，窗口的高速、地方违法处理均加盖衢州市公安局交警支队公章，实现高速交警、地方交警、综合执法局车辆违法处理“三窗合一”“一窗式”办结。

第二，集成审批。审批过程是决定审批时限的关键环节。以往行政审批，政府部门本着有利于行使权力和监督责任设计审批流程，有时甚至为规避责任设计审批流程。群众办一件事情，常常出现多个部门、多个环节重复交叉审批，群众需要重复多次提交材料，等待很长时间。衢州市在“最多跑一次”改革中，站在群众要办理的整个事情角度设计审批流程，将串联审批改为并联审批，将不同部

门分别审批改为联合审批，将多个部门分别对同一类内容的审批改为合并审批，有效减少审批环节，压缩审批时限，提高审批效率，真正实现群众办一件事情只提交一套材料、跑一次路。

第三，联动办理。按照以往的审批流程，群众申请一件事情往往不能一次性办结，而是要分多次办理。例如，群众购买一套住房，需要跑国土、住建、地税部门办理不动产登记，之后还要到水务公司、供电公司、燃气公司办理水、电、气过户。衢州市在“最多跑一次”改革中，本着一件事情一次性办结的原则，实施联动办理，在市行政服务中心设立水、电、气综合受理窗口，相关企业派驻人员、群众在提交不动产登记申请后，凭《不动产登记申请受理通知书（水电气过户专用）》，直接到水、电、气综合受理窗口申请办理过户业务，实现不动产登记和水、电、气过户事项一次性办结。

二、按照群众办事门槛最低的要求推动事项审批

第一，精简申请材料。申请材料是部门审批的依据。多年来，各种申请材料、“奇葩”证明垒成一道高高的门槛。办同一件事情，不同部门要求的申报材料五花八门，申报表格版本各异，群众不得不反复地填。尤其是，一些部门使用专业性语言，让群众不知所云；一些部门使用“法律法规要求提交的材料”等兜底性条款，让群众手足无措。群众感叹找政府办事，有补不完的材料、开不尽的证明，往往要跑很多次才能过申报材料关。衢州市在“最多跑一次”改革中，对事项办理所需申请材料进行全面梳理，剔除专业性太强、模棱两可的语言和兜底性条款，明确所需要材料的名称、要求、份数、类别、是否原件等，编制最精简、最易懂的办事指南，方便群众一次性完整提交材料。

第二，实施容缺受理。在以往的行政审批中，申请者必须备齐所有材料，相关部门才开始审批，有时因为某个次要材料欠缺，审批被耽搁下来，影响了企业和群众的生产生活进程。衢州市在“最多跑一次”改革中，为了进一步降低办事门槛，制定容缺受理实施细则，规定对基本条件具备、主要申报材料齐全且符合法定条件，但次要条件或手续有欠缺的行政审批事项，相关部门先予受理和审查，并一次性告知需补正的材料、时限和超期处理方法，在材料补齐后及时出具审批意见，颁发相关批文和证照，从而为群众提供了便利，提高了办事效率。

第三，推行模拟审批。按照以往行政审批规定，投资项目必须完全具备基本建设项目审批条件，行政部门才开始审批，而市场机会稍纵即逝，企业有时因为审批耽搁而错失良机。衢州市在“最多跑一次”改革中，为降低办事门槛，提高审批效率，在不违反法律法规的前提下，制定投资项目模拟审批实施细则，规定投资项目

尚未完全具备基本建设项目审批条件的情况下，为使项目早日开工，在未供地前就开始进入审核程序，各审批部门先不出具正式审批文件，只出具注有“模拟”字样的审核文件，待土地出让手续完成并达到法定条件后，再出具正式审批文件，将模拟审批转化为正式审批，从而为企业节省了审批时间，使投资尽快形成效益。

三、按照群众办事体验最好的要求改造服务环境

第一，改造提升软硬件设施。行政服务中心是群众集中办事的场所，提升群众办事体验，必须改造提升行政服务中心软硬件设施。衢州市行政服务中心有一个理念：环境最好的场所给办事群众，环境次之的场所给审批部门工作人员，环境最差的场所留给行政服务中心办公室人员。按照这一理念，2017 年 2 月衢州市行政服务中心进行改造，将原来的员工餐厅改造成审批区域，将部分沿窗办公室拆除，使办事大厅更宽敞、更通透。同时，对事项审批所需的软件设施更新升级，确保系统运行更顺畅，整体布局更智能。

第二，科学设置审批单元模块。在推进“最多跑一次”改革中，衢州市行政服务中心提出“进一个门、跑一个窗、办多家事、最多跑一次”的目标。截至 2017 年 8 月，进驻市行政服务中心的事项共 833 项，其中纳入一窗受理的 611 项，综合受理窗口 62 个。为了方便群众尽快找到办事窗口，根据审批事项关联度和相似度，市行政服务中心精心设置了投资项目审批等六大板块，并在大厅入门处设置指示牌、电子查询机和咨询台，确保第一次进行政服务中心的群众也能十分容易地找到办事窗口。

第三，提供温馨周到的服务。为了给群众最好的办事体验，衢州市行政服务中心从细节入手，对大厅进行人性化改造。每层办事大厅配置咨询区，为群众提供咨询。每个板块提供志愿者服务，为不能熟练填写申请材料的群众提供帮助。所有大厅使用短信提醒、无声叫号、电子屏幕实时显示办理进度系统，营造安静的大厅环境，减少群众不必要的等待。大厅还配套了休闲区、商务区、书吧等，为等待办事的群众提供舒适的休息环境。

第四节　“一窗受理”是抓手

衢州市“最多跑一次”改革的路径概括为“一窗受理、集成服务”。通过“前

台综合受理、后台分类审批、统一窗口出件”的运行模式，提供集成服务，既克服了传统行政审批的弊端，确保群众办事只跑一个窗，只交一套材料，提高行政审批效率；又有效对接现有组织架构，避免伤筋动骨的变革带来激烈震荡，确保政府部门正常行使职能。

一、行政审批制度改革的两种模式

第一，行政审批局模式。2008 年 12 月，成都市武侯区成立我国第一个行政审批局，开创了“一局一章管审批”的行政审批新模式[①]。武侯区按照“编随事转、人随编走”的原则，以相对集中行政许可权为核心，通过职能划转的方式将区级各职能部门拥有的主要行政审批职能划转给行政审批局统一办理，按投资项目科、商事登记科、建设房管安监科、城管交通科、环保卫生食药监科、社会事务科六个审批科设立审批窗口，并负责并联审批业务的组织工作。将办件量较大的区商务局、市场监管局、交通和市政设施管理局、统筹局等部门的审批科人员整体划入新的行政审批局，其他部门按照工作需要调入部分工作人员。建立全新的“审管分离”行政审批体制和机制，实现审批流程的精简优化和审批效能的提升。2015 年 3 月，中央机构编制委员会办公室、国务院法制办公室联合发布《关于印发〈相对集中行政许可权试点工作方案〉的通知》，明确在天津、河北、山西、江苏、浙江、广东、四川、贵州等 8 个省（直辖市）开展相对集中行政许可权改革试点。

第二，“一窗受理”模式。衢州市是“一窗受理”模式的典型代表。2016 年 5 月，衢州市试点“一窗受理、集成服务”改革，通过在投资项目审批、企业注册登记及后置审批、不动产交易登记、公安服务、公积金办理、其他综合事项等六大板块设置综合窗口，实现群众办理一件事只需跑一个窗口；通过审批功能集成，实现行政服务中心“一站式”服务；通过数据集成，实现审批事项“一网通办”；通过审批业务集成，实现告知“一个口”。

第三，两种模式比较。从核心目标看，两种模式都是深度整合审批事项和流程，解决了审批环节碎片化问题，革除传统行政审批权过于分散、群众办事需要跑多个部门、盖多个公章、审批程序不规范、流程不公开甚至暗箱操作等弊端。从机构设置看，行政审批局模式需要新设立政府部门，“一窗受理”模式则是依托原有行政服务中心，无须新设立机构。从运行方式看，行政审批局模式实行“审管分离”，“一窗受理”模式实行受理与审批相分离，但审管仍然合为一体。

---

① 顾平安、易丽丽、张弦：《开局之局：中国第一个行政审批局的探索与实践》，国家行政学院出版社，2016 年，第 66-68 页。

二、行政审批局模式面临的困境

第一，审批责任的划分问题。例如，企业申办"机动车维修经营许可"业务，行政审批局受人员和专业知识的限制，不可能自己踏勘，而是基于运管部门现场踏勘的意见，做出许可或者不许可的审批决定。假如运管部门现场踏勘错误而导致审批局审批结果出现错误，责任谁来承担难以厘清。

第二，纵横向对接的问题。在全国总体行政架构没有改变的情况下，行政审批局并没有对应的上级机构，审批业务要与上级相关部门对接，会产生沟通障碍，加大行政协调成本，降低行政效率，影响行政审批局各项工作的有序运转。与同级政府部门之间，行政审批局实现了一枚公章管审批，却又产生了审批踏勘与审核相分离、审批与监管相分离问题，需要行政审批局与相关部门协调，作为同级政府部门，协调的有效性存在问题。

第三，审批结果的效力问题。行政审批局的审批结果在外地使用时，一种情况是直接不予承认，另一种情况是虽然认同但同时要求原职能部门提供审批结果的证明，造成同一审批业务在两个部门重复办理，反而增加办事者麻烦。

第四，事中事后监管问题。"审管分离"是设立行政审批局的核心思路，与"谁审批谁监管、谁主管谁监管"的既有原则相冲突。理论上讲，行政审批局追求的是效率，批得越快越多政绩越好，但监管责任由职能部门承担，势必产生审批效率和监管责任的矛盾。

三、"一窗受理"模式的有效性

第一，有效对接现有组织架构。"一窗受理"的运行方式，是由相应审批部门与行政服务中心签订授权书，统一授权委托行政服务中心综合窗口受理事项申请，然后依托浙江政务服务网将材料推送给部门审批，审批结果再返回到综合窗口，由窗口统一出件。这种运行方式，不涉及对现有行政体制的调整，不涉及对审批部门法定职权、机构、人员和编制等方面的调整，只涉及行政服务中心机构、人员编制、配套场所和设施方面的调整，改革平稳易推。同时，改革成本低，如衢州市行政服务中心场地、设备等方面改造升级的经费不到 100 万元，新增编外用工人员 25 人，但部门窗口受理改为综合窗口受理后，受理人员由 200 多人减少为 62 人，精简下来的人员退居后台负责审批，提高了行政效率。

第二，有效克服传统行政审批弊端。通过强化"两集中、两到位"，基本实现了群众办事只跑一个窗。截至 2017 年 8 月衢州市共有 1 090 个行政权力事项，进驻市行政服务中心的有 833 项，进驻率为 76%；纳入一窗受理的有 611 项，一窗受理率为 73%；与行政审批局模式比较，事项集中度和一窗受理率都处于较高水平。依托浙江政务服务网实现事项审批“一网通办”，基本实现了部门系统连通，数据共享，杜绝了烦琐材料和奇葩证明，同时强化了对部门审批流程的有效监管。通过并联审批、合并审批、联动审批，缩短了审批时限，极大提高了审批效率。

第三，有效顺应改革大势。从发展趋势看，大部门制改革将继续推进，机构设置将更加适应社会主义市场经济的要求，如果改革要推进到行政审批局模式成为主流方向，“一窗受理”模式由于已经在审批事项集中、一窗受理、审批流程再造、“互联网+政务服务”等方面打下坚实基础，今后只需在机构、编制、职能方面稍作调整，就能顺利地转向行政审批局模式。

第五节　数据互通是支撑

衢州市“最多跑一次”改革能够取得良好成效，数据互通是关键支撑。因为数据互通，实现了数据跑路代替群众跑腿，才有了“最多跑一次”。因为数据互通，促进了部门协同审批，才有了流程再造。因为数据互通，提高了行政效率，才有了放管服水平的新高度。

一、数据互通代替群众跑腿

第一，数据互通支撑群众只跑一个窗。没有数据互通，群众需要将材料递交到所有相关审批部门窗口。事项审批涉及的部门越多，群众跑腿次数越多。衢州市在推行“最多跑一次”改革中，全力打通数据，群众办事只需将材料递交到综合窗口，由综合窗口把高清扫描所得数据信息推送至省、市部门自建系统，自建系统将办件进度和结果返回“一窗受理”平台，部门与窗口之间、部门与部门之间，利用数据跑路传递信息，省去了群众在多个部门窗口来回跑。

第二，数据共享免去各种烦琐材料。群众办事需要出具的各种证明材料，本就存放于各个部门。例如，公积金事项办理，户籍信息存放于公安部门，婚姻登记信息存放于民政部门，不动产信息存放于不动产登记局等，由于数据壁垒，群众不得不跑多个部门开具证明材料。衢州市在推行“最多跑一次”改革中，通过数据共享，直接从部门数据库、电子证照/批文库读取相关信息，群众不再提交纸质证明材料。同时，涉及多个部门审批的事项，只需到综合窗口提交一套材料，由各个审批部门共享，避免了群众反复多次提交材料。

第三，网络互联实现一次都不用跑。随着“互联网+政务服务”系统的不断升级完善，衢州市正在推进网上预约、网上申请、网上审批和证照快递免费寄送一条龙服务。群众通过 PC 端或移动端进行在线申请，植入电子签名，实现申请材料的可信化；通过调用历史数据自动写入申请表，实现申请材料最简化；通过开发电子档案管理系统，并与权力运行系统对接，实现电子归档自动化；通过与 EMS 系统实现对接，开展证照快递免费寄送服务，从而实现了真正意义上的群众办事一次都不用跑。2017 年 8 月衢州市已推出移动端应用的 7 个部门 25 个“零跑腿”网上办理事项。

二、数据互通促进部门协同

第一，政策协同。衢州市围绕“最多跑一次”目标，以市编办和行政服务中心牵头协调，通过数据互通，促进部门政策协同。以往政府部门在审批材料、审批时限、审批流程、电子证照的共享应用、电子化归档等方面的规定五花八门，审批工作有的烦琐、有的精简，形不成合力，一个部门的不作为就会成为审批制度改革的“肠梗阻”。数据互通，所有部门的审批政策都公之于众，谁在领跑，谁在拖后腿，一目了然。每个部门都不愿意成为改革的绊脚石，在推进“最多跑一次”改革进程中，政策的协同性得到极大提高。

第二，服务协同。信息对称是服务协同的基础，只有各个部门共享信息，才能集成服务，提高审批效率。衢州市在推进“最多跑一次”改革中，无论是并联审批，还是不动产交易与水电气过户联动、“多测合一”、“多评合一”、“多审合一”、“多证联办、证照联办”，多个部门之间能够实现服务协同，都是以数据互通为基础，以数据共享支撑联合行动。

第三，监管协同。监管协同是部门协同的重要内容，各方共同享有监管对象完整、真实的信息，才能达成协同意愿。过去，有关监管对象的数据分散在监管对象、审批部门、评审机构、中介机构等，各个部门都只拥有相关环节的部分信息，部门之间存在较为严重的信息不对称，实现监管协同的交易成本很高。衢州市在“最多跑一次”改革中，打通数据壁垒，实现部门之间数据互通，信息共享，部门之间利用大数据分析，提升了监管协同的水平。

三、数据互通提高行政效率

第一，提高审批速度。有别于传统官僚制组织模式中的金字塔式分级、延时的信息传递模式，电子数据传递依托浙江政务服务网，实现扁平化、即时性传递，精简了管理层次和环节，解决了“二次录入”，极大地提高了审批效率。例如，衢州市利用施工图电子审查信息系统，通过施工图审查网上报送、多机构电子联合审查，原来大型项目完成全部施工图审查需要5~6个月，现在10个工作日内即可完成，审批效率空前提高。

第二，提高监管效度。条块分割、数据孤岛带来信息不对称和监管缝隙，被监管对象完全可以利用这一缺陷，为监管部门量身定制多套虚假信息，以逃避监管；或者不提供有效信息，让监管部门无法有效监管。通过所有审批事项统一到政务服务网平台，让部门、企业和个人的事项办理留下电子痕迹；数据互通，让沉淀在各个部门的数据集中起来，把被监管对象的完整信息呈现给监管部门，从而提高监管效度。

第三，提高服务力度。总结近年来衢州市“四张清单一张网”改革、“最多跑一次”改革成效，能够为群众提供日益满意的服务，重要原因就是依托“互联网+政务服务”，通过数据互通，用数据跑路代替群众跑腿，用基本数据共享减少二次录入，用并联审批优化审批流程，用联办合办减少群众办事等待时间。

第十章 “最多跑一次”改革的制约瓶颈

“最多跑一次”改革是“四张清单一张网”改革的再推进、再深化，是“放管服”改革中政府的一场自我革命，是“以人民为中心”发展思想的浙江探索与实践。在浙江省委、省政府“最多跑一次”改革号召下，衢州市以“一窗受理、集成服务”为切入点，通过业务流程再造，部门力量整合，数据资源共享，业务单元模块化管理等创新性举措，取得了较好的改革成效。但是，经走访调研，也梳理发现了改革推进运行中的一些痛点、堵点和难点问题。

第一节 重大改革中的法律授权

本轮行政审批制度改革缘起于国务院的权力清单制度，之后的“放管服”改革推动其走向深入，在浙江省此项改革被整合成为“最多跑一次”。但依其实质而论，这些改革措施都是党的十八大、十八届三中全会、十八届四中全会部署的转变政府职能改革任务的具体体现，也是《法治政府建设实施纲要（2015—2020年）》的重要内容。因此，在整个改革启动以来，改革能否做到依法行政成为民众关注的一个热点问题。

党的十八届四中全会指出，要实现立法和改革相衔接，做到重大改革于法有据。但真正的改革不仅是对不合理管理体制、制度规制现状的改变，更是遵循客观规律、符合发展趋势的对运作模式、运转机制由无到有的系统完整的科学创建。在既定制度体系和管理体制没有发生重大改变的情况下，转变政府职能、推动“最多跑一次”改革的深入必然会遇到对既有法律制度的突破和自身改革依据不足的双重压力，既缺乏标准无以遵循，创新改革又依据不足会招致质疑。

仅有行政程序是不够的，行政程序必须具有正当性。正当的行政程序有助于行政机关在实现目的时采取更完善的手段，从而使行政程序行为能更好地被行政相对人所接受。对行政机关的权力而言，有一句耳熟能详的法语“法无授权不可为、职权法定必须为”。行政机关权力运行的改革是否有合法授权，应当根据法律、法规、规章的规定而定。具体来说，有全国人大及其常委会制定的法律，国务院制定的行政法规，地方省市人大制定的地方性法规，国务院部门制定的部门规章，以及省市政府制定的地方政府规章。国务院或者部门的红头文件在未上升为法律、法规、规章之前并不能产生授权行为，因此，一些学者笼统地以《第十二届全国人民代表大会第一次会议关于国务院机构改革和职能转变方案的决定》作为本轮改革的法律授权依据是牵强的。

法律、法规、规章之外、之下的规范性文件，无论是哪个机关制定发布的，也无论是否纳入了规范性文件的备案程序，从法律位阶上和性质上看都不足以成为行政机关权力运行改革的合法性依据。因而就“最多跑一次”改革来说，一些职能部门就只能从《中华人民共和国行政许可法》(简称《行政许可法》)第二十五条(经国务院批准，省、自治区、直辖市人民政府根据精简、统一、效能的原则，可以决定一个行政机关行使有关行政机关的行政许可权)和第二十六条(行政许可需要行政机关内设的多个机构办理的，该行政机关应当确定一个机构统一受理行政许可申请，统一送达行政许可决定。行政许可依法由地方人民政府两个以上部门分别实施的，本级人民政府可以确定一个部门受理行政许可申请并转告有关部门分别提出意见后统一办理，或者组织有关部门联合办理、集中办理)中寻找灵感。不可否认，上述两个法条的确是衢州市“一窗受理、集成服务”模式“最多跑一次”改革的直接依据，解决了衢州模式的合法性问题。但由于绝大多数行政审批事项都有规范性文件依据，行政审批事项的清理、调整、废止必须以规范性文件的清理、修订与废止为前提，但在改革中，规范性文件的清理与审批制度的改革未能同步推进，规范性文件修订的滞后不仅制约了审批制度的改革，而且使改革直接面临合法性危机，因此衢州市的“最多跑一次”改革如何更好地体现合法性需要认真考量。

抛开改革的合法性问题，因行政机关工作人员行政程序法治观念并未形成，具体操作过程中的合法性问题仍值得关注。自上而下的改革中，普遍缺乏程序观念。在权力清单制度改革过程中，一些部门为了下放权力而下放权力，没有真正考虑群众的需求，也没有考虑法律的规定。造成了随着审批权限的不断下放，有许多事项已下放至区、县级，市级审批部门反而没有该类事项的审批权。例如，公安的旅馆业特种行业许可，企业注册与后置审批联办本想将旅馆业的后置全纳入，但因市公安窗口无该事项的审批权，所以影响了联办的开展。

而且在“最多跑一次”改革中，精简申报材料是提高办事效率的一项重要内容，也是提升群众办事获得感的关键因素。但是由于相关法律、法规没有适应改革而及时修订，部分部门的申报材料、申报表格仍然较多且复杂，办事群众准备齐全、符合要求的材料耗时耗力，申报时还需填写烦琐的表格，与优化审批、方便群众办事的宗旨相违背。地方部门要简化审批，就会与部门法规相冲突。以环境评价报告的编制为例，相关导则、规范规定的内容本身就存在大量的冗余信息，导致环境评价报告无论项目大小，环境评价编制内容按照导则要求都较复杂。

在当前法律法规未完全授权或没有做相应修改的前提下，推动“最多跑一次”改革过程中要注意部门间委托行为的完整性。在改革过程中，多数涉及行政许可、行政审批的部门都派有专人入驻，但有些部门受人员编制等因素的限制依然采取委托的方式进行。部门之间委托程序是否完整、负责许可的相关工作人员是否具有相应资质都是应予以关注的重点。虽然本轮改革中还未出现授权程序性问题导致行政机关成为被告的情况，但在司法实践中的一些案例值得借鉴。当前民众对知情权要求日益高涨，一些具有法治思维的民众可能从新的角度开展维权行为。

在“最多跑一次”改革中，如何把握行政效率和依法行政也是群众关注较多的一个焦点问题。依法行政和行政效能是行政法中最重要的两个原则，总体而言，两项原则必然是有机统一的，但在具体实践中，必然存在程序和效率的选择问题。《行政许可法》对行政机关受理、审查、听证以及做出行政许可均有明确的时间规定。当前“最多跑一次”改革的核心要素就是提升行政效率、减少行政相对人的等待时间。但法律规定的时间哪些可以减哪些是行政许可过程中的必要时间很难区分，会不会因为一味强调效率问题而减少应有的程序或步骤从而对行政相关人的利益产生不利影响也需要引起关注。一部分人认为只要不降低行政相对人权益，行政机关自我约束的行为都是值得提倡的观点也是值得商榷的。毕竟整个改革不是某一部分人的改革，而关系到社会上绝大多数成员的利益，因此小心谨慎也不为过。

第二节 政府治理中的条块分割

我国自秦始皇统一中原以来，其主体就是单一制国家。为推进国家治理，历朝历代的管理者采取了许多卓有成效的措施，有一些治理思路和方法仍沿用至今。中华人民共和国成立以后，我国政府组织管理出现了新的变化。在改革开放以前，我国实行的是严格的管制与被管制、控制与被控制式的中央高度集权，呈现出高度的一体化特征，地方政府成为中央政府的派出或代理机构，主动权较小，暴露出了“条条专政”和“条块分割”的弊端。在改革开放以后，地方政府的权力得以释放，中央政府“放权让利”和“鼓励一部分人先富起来”的思维，促使地方政府追求更大的地方利益，使“条块分割”的特征更加明显。在随后的几次中央与地方财权事权改革过程中，双方力量的博弈逐渐形成了我国当前政府组织中“条条管理、条块结合”的模式。进入21世纪以来，社会建设和管理的相对滞后、社会矛盾多发高发的现实又使“条块分割”的问题变得凸显起来。

当然，政府部门“条块分割”我国并不是特例。长期以来，政府“碎片化”一直都是困扰各国政府效能发挥、影响公共服务水平提升的一个重要体制性问题。特别是以威尔逊的政治与行政二分法、韦伯的官僚科层制为基石的传统公共行政管理理论为当时的政府部门“条块分割”提供了理论依据。“碎片化”所基于的专业分工、层级机制的政府组织机构，在工业化时代体现了效力的原则和理性的价值，其满足了工业革命以来社会经济发展对政府管理效率的需求，因此风靡于各国。我国在工业化过程中，“条块管理”的政府组织形式虽带有我国的本土特色，但也并未脱离政府“碎片化”大的框架。

对条块管理的政府组织模式，我国有一个形象的词汇“地盘”，各部门各地方争取各自的利益就是“抢地盘”。在各自的“地盘”上，不同的部门有各自独立的职能区域和政策空间，以及在该领域内的裁判权。每个部门都会突破最初设立本部门的初衷，在各自的“地盘”上制定自己的政策议程，并试图以最有效的方法来运用可调配的公共资源，达到自己设定的政策目标。经过长时间的发展，这些部门也发展出了各自的组织个性或意识形态。在多数时候，经过上级部门的协调，部门间的利益冲突可以得到有效解决。但在缺乏有效沟通和协调的情况下，各部门会为了保护各自的“地盘”，有利时就相互争抢，无利时就相互推诿。长此以往，不但造成了大量的公共资源浪费，也降低了民众对政府部门的评价和印象。

进入21世纪以来，随着全球化、信息化的浪潮席卷全球，以及随之出现的后工业时代、后现代主义等思潮的流行，公共行政中问题的复杂程度已与以往任何一个时代有所区别。从突发性的公共事件、社会政策、可持续发展等各类棘手问题中可以看出，根据事务性质所划分的部门权责体系和当前复杂多变的公共问题所需要的跨部门综合治理之间的固有矛盾日益凸显。

显然，我国国家治理的领导层面也发现了政府治理体系中与当前社会经济发展不相符合的地方，特别是本届政府成立以来，国家加大了对行政体制改革的顶层设计，国务院层面也加大了自身改革的力度，通过“放管服”改革对政府角色进行重新定位，推进大部制改革、权力清单制度改革，重新界定政府、市场、社会的边界及其相互关系，推进政府管理转型，努力建设人民满意的政府。

但本轮行政体制改革，主要的推动力是上级的行政命令，地方各级政府和部门疲于应付。有的地方政府为了创造政绩或者完成上级交代的任务，不断推出各种吸引眼球的政策供给，给社会或民众造成了政策太多、太快的感觉。而且新创造出的各种概念和体系，有的还可能存在冲突，有的未必与当前的法律法规相一致，让民众对制度改革失去了基本预期。例如，国务院提出的商事登记“三证合一”“五证合一”制度有现实的必要性和科学性，但有的地方为了创造轰动效应和吸引眼球，提出了“五十三证合一”甚至“两百三十证合一”等各种所谓的创新。又如，在负面清单制度改革过程中，有些地方在未完全对改革精神理解的情况下，擅自提出了监管清单、服务清单、资格认定清单和财政支出清单等，让民众难以适应。

推动“最多跑一次”改革是浙江省在本轮行政体制改革中做出的积极探索。浙江省民营经济发达，政府办公的硬件和软件均较为完善，并有“四张清单一张网”等行政体制改革的优势。而且，浙江省政务网站系统经过多年建设，已经完成了全省范围内的全覆盖，并有阿里巴巴集团为后盾的技术支撑，这为“最多跑一次”改革提供了必要的外部条件。但无论如何，部门条块管理矛盾依然不能回避。由于本次改革不仅会加大基层一线工作人员的工作量，也存在削减部门集体权益的现实压力，还存在引发更为彻底的管理体制发生变化的风险，于是，安于现状的部门或者部门利益相关者如何维系现行体制不发生根本性质变，既在表面上迎合改革又不至于使职能内核和管理体系发生颠覆性的变化，成为各部门把握整个改革范畴和深度的艺术。

衢州市以“一窗受理、集成服务”为路径的“最多跑一次”改革也逃脱不了部门“条块管理”的藩篱。衢州市行政服务中心在“最多跑一次”改革过程中将主要审批业务分为六大模块，其本身就是根据部门职能分工的相似性或一致性做出的调整。甚至公安模块的内容，原先分散于公安内部的各个内设机构，现经过整合，以统一的形象展示于民众面前。对这些入驻部门，衢州市行政服务中心仅以每个月评比等形式对其考核，实际上对部门缺乏有效的监督管理权限。而且，在多轮的改革之后，衢州市行政服务中心如何避免和其他部门一样的部门意识和部门利益，也值得重视。

在改革过程中，部门之间的相互协作重新成为一个关注的重点问题。在当前省市强推的背景下，没有哪个部门会单独冒出来做出不配合或者不符合大局的事情，但仅仅通过自上而下的政绩推动，并不能够让部门协作长期进行下去。在总体控制新设议事协调机构或者领导小组的政策背景下，怎样协调相关部门开展更好的合作也是改革的难点。衢州市的做法是将衢州市行政服务中心改设为衢州市行政服务管理办公室，该机构虽被赋予了协调的职能，但具体的执行效果到底如何尚需时间的检验。

第三节 大数据时代的信息孤岛

“大数据”作为信息社会发展的一个新生事物，目前尚处在逐渐被认识、被应用的初始阶段，无论是学术界还是IT行业对大数据的理解各有侧重，尚未形成一套完整的理论体系，因此很难对其进行精准的定义。但不可否认的是，它正以其独特的姿势带领整个人类社会不可阻挡地进入了一个全新的大数据时代，人们的一切行为都以数据的形式被记录、被储存、被处理。

大数据被认为是继互联网革命之后又一次技术革命，技术变革一直都是政府治理现代化的重要推动力量。我国大数据建设虽然起步较晚，但国家给予其应有的重视和地位，特别是BAT（百度、阿里巴巴、腾讯）三大巨头在国内的诞生，更增加了政府投身大数据建设的热情。2015年，国务院印发《促进大数据发展行动纲要》，系统地部署大数据发展的有关工作，提出加快政府数据开放共享、推动资源整合、提升治理能力等一系列积极有效的措施。一般认为，各级政府部门是我国社会信息资源重要的产生、收集和服务提供者。整个政府机构几乎拥有全社会信息资源总量的80%，是当前国内最大的信息拥有者、处理者和最大的信息技术用户。

历史学家黄仁宇在《万历十五年》这本著作中指出近代中国落后的原因是在别的国家实现了数字化管理时，国人还不能合理利用数据。可见数据管理在国家治理层面的作用和意义。当前，我国虽然越来越重视大数据工作，然而依然有诸多局限制约着政府对大数据的利用。一方面是我国很多政府部门缺乏大数据意识，收集数据的能力较差、数据总量少。我国作为人口大国，互联网用户是美国的两倍，手机用户是美国的三倍，但实际上我国每年新增数据量不仅比美国少，而且还达不到日本的水平。另外，我国政府部门掌握数据的公信力不够、透明度不高。在我国的文化传统中数据不被重视，数据是可以被改变的，有很多手段修改、操纵，甚至出现了省级层面重要的经济数据造假的问题。

大数据时代的到来，让整个社会政治、经济、文化各方面发展发生了翻天覆地的变化，也对各级政府部门的服务提出了新的挑战。目前，各级政府已基本能够开通政务公开、信息咨询、网上办公和政民互动等功能，搭建了政府与公民沟通的桥梁和平台。在数据管理方面，最糟糕的问题可能是数据共享问题，特别是政府部门内部数据封闭，出现了信息孤岛的现象。所谓信息孤岛是指组织相互之间在功能上不关联、没有互助、信息不能共享、信息与业务流程和应用脱节的计算机应用系统。此现象产生的原因是复杂的，但总体上可以归结为以下几点：

一是体制机制分割。如前所述，我国政府治理体系中实行的是“条块结合”的管理模式。多年来，政府在信息化建设中投入了大量的资源，各条块信息化基础设施建设基本完善，但信息客观分布的不对称性、信息标准不统一、数据来源复杂、信息利用率低和信息化水平差，客观上导致不能对信息进行有效整合，阻碍了部门间业务往来的内在联系，造成大量的政府信息不能得到有效共享，因此形成信息孤岛。

二是重硬件轻软件。经过多年建设，我国信息化建设已有一定的基础，但受体制制约和部门既得利益的驱使，信息化建设过程中重硬件轻软件的倾向始终没有得到改变。而且不同部门的多头管理造成信息管理的重复建设、重复投资和信息不畅。部分部门各自开发出自己的网上信息服务系统，数据产品重复与闲置并存，不能形成规模优势，造成资源浪费。

三是数据共享观念淡薄。各级政府部门当前所做的最多的是信息数据的收集和整理，数据共享受传统观念的影响还有待加强。有一些部门没有树立“以公众为中心”的服务理念，认为自己有别于其他部门，认为这些信息属于自己部门的私有财产，不应该分享给其他部门或个人。这种落后的共享意识，人为地造成跨部门、跨地区数据共享的困难。

四是缺少统一数据标准。各部门在不同时期分散实施建设的系统，由于在运行环境、数据库系统、信息编码规则、业务流程定义等方面采取不同的标准，成为系统无法信息共享和集成的根本原因。经验表明，在数据开发建设过程中，只有依据标准建设的数据库，才能无障碍、不失真地进行交流、交换并跨系统共享数据。但目前仅在财政系统内部，就预算、决算、支付核算、国有资产管理等不同的数据管理系统，实现共享还需要另设端口。从整个政务系统看，所采用的数据库技术从dBASE、SQL、Anywhere等小型数据库管理系统，到SQL Server、Oracle、Sybase等大型数据库管理系统不一而足。为了进行网络环境的信息资源交换与共享，就必须要有一大批其他技术标准来指导建设，以确保技术的协调一致和整体效能的提升。

五是缺乏数据共享管理机构。缺乏统一的数据管理协调机构，管理体制不健全，使数据共享外在监督机制比较薄弱。现在牵头数据管理的既有经信部门下属机构又有政府办公室下设的电子政务中心，有的地方甚至成立专门的电子事务管理局，但能协调数据跨部门、跨地区共享的专门机构还不到位。

应该说浙江省有着较好的电子政务环境，但在本轮“最多跑一次”改革过程中，基层实践反映最多的问题依然是数据共享问题。在衢州市，为确保改革能够顺利进行，邀请了十余家重要厅局技术部门专程蹲守衢州市解决数据共享的问题。通过多部门协作与努力，初步解决了主要政府部门之间的数据共享难题。

据调查，从目前省数据管理中心共享的数据以及市级部门对接共享的数据来看，共享数据的质量还存在不少问题，一定程度上影响了数据共享效果。一是数据不完整，如民政婚姻信息 1993 年前的登记信息无法查询，使用军官证登记的婚姻信息、法院判离的信息也无法查询，能够查询的数据也存在不准确的情况；二是数据信息难关联，如国税局的纳税人身份证号码不是必填的项，无法索引；三是共享数据的非实时性，导致在事项联办上难以引用；四是数据存在区域性限制，外地的数据不能共享使用（如婚姻数据）。

在“最多跑一次”改革过程中，数据共享之后的安全问题也被关注。随着改革的深入推进，系统对接、数据共享以及办件共享库和电子证照库的建设完成，浙江政务服务网沉淀了越来越多的办事主体的信息，网络及数据的安全问题愈发突出。另外，部门在推进数据共享的工作中，不乏对数据安全性方面的顾虑，如果安全性得到保障，将会更加有利于实现全方位的数据互通共享。

第四节　公民社会中的观念转变

思维决定习惯，习惯决定行动。一个人拥有好的习惯自然能在人生的道路上采取正确的行动，最终成就梦想，在政府管理过程中也需要良好的习惯。过去强调政府是各类社会经济活动的最终决策者，这是由政府在经济社会管理的各类知识和经验等方面所处的绝对优势地位决定的。在与工业文明相一致的技术管理时代，人们依靠各式各样的专家治理，大家要做的只有服从或接受训导式的服务，官员成了这个时代的上帝。行政审批可以说是这种“官员是上帝”模式的最好诠释。行政审批久拖不决、审批条件互为前置、部门之间推诿扯皮就成为传统公共行政中最为常见的现象之一。

伴随着改革开放，我国的经济突飞猛进，尤其是进入 21 世纪以来，我国迅速由一个传统农业国向新兴的工业国转变。对政府管理而言，面临的整个环境已经发生巨大的变化，这不仅体现在经济领域，也体现在国民的公民意识觉醒等方面。有人会说，我国从来就没有公民文化的传统，数千年的封建社会留给国人的是重视亲情礼法、重视人治忽视法治、缺乏主体性和权利意识。如今，时代已经变迁，传统的封建文化尽管还有残余，但经过西方文化思潮的影响，人们的观念一直在发生变化。特别是网络的普及，人们获取知识和信息的数量、渠道都有了翻天覆地的变化，政府相对社会不再享有传统社会那种绝对的优势地位，这可能就是本轮行政审批体制改革的根本原因所在。

以“放管服”为中心的行政审批制度改革旨在发挥市场在资源配置中的决定性作用，合理确定政府、市场、社会的边界，促进法治政府、法治社会建设，推动大政府向强而小的政府转变。但其作为一项综合性的系统改革，不可避免地要面对巨大的阻力，必须消除推进中的诸多障碍。正如凯恩斯所说：改革的难度与其说在于提出各自新思想，还不如说在于摆脱旧思想的束缚。

在无危机逼迫或无外力推动的情况下，思维的惰性、行为的惯性和对现状的熟悉、情况的适应，使任何组织及其成员更倾向于维持原有的状况。在激励机制缺失、逆向淘汰普遍和注重表面融洽的行政机关，任何试图改变的实验都可能受到莫名的抵制。改革在很大程度上依赖于具体部门及其参与人员的配合，部门是否有意愿、参与人员能否提供真实的情况是改革能否取得预期成效的关键因素。即使改革的顶层设计做的再详细，但在框架范围内提供哪些、报送多少、告知到什么程度依旧取决于部门对自身权益的考量、对改革力度的预判以及具体经办人员工作细致的程度或态度。

如今，社会环境已经决定了本轮行政审批制度改革具有根本性和全局性，这就需要有政治家的改革精神和领导禀赋，而原先在体制、机制基本不变的情况下对现实利益导向进行的修修补补和对功能提升的小改小变的模式已满足不了改革的需要。在历次的改革中，主要的行进方式都是运动式的轮次推进，往往使改革方案的跟进实施、改革成果的落地成为诸多环节较弱的部分，造成“雷声大雨点小”的情况。多轮次的改革，因其时代特点以至于不同轮次改革之间缺少连贯性，有些时候每一轮改革都需要重新启动，因认知的差异和人员的变化，很少有人能够在改革设定的期限内对行政部门的情况做到全面掌握、透彻理解，难免存在改革推进过程中的一些具体问题被部门牵着鼻子走。

行政审批制度改革中涉及事项该不该取消，不仅受限于市场需要，还取决于政府职能转变是否能到位、政府治理能力是否及时跟进、机构的改革是否相配套。在当前这种自上而下的改革当中，往往都是上级部门根据安排统一下放某种权限，下级部门被动跟进，这样的结果是“上动下不动”。在衢州市推动“最多跑一次”改革过程中，省、市两级高度重视、“一把手”亲自负责，但在各县（市、区）和乡镇街道就出现了冷热不均的现象。有的县积极主动参与作为，创新和总结了一批“最多跑一次”改革好的做法；有的县被动跟随，以政府常规工作的态度敷衍了事，没有将此提升到政府一号工程的角度进行考虑。虽然多数乡镇将“最多跑一次”改革以乡镇“四个平台”的形式进行了延伸，但各地主客观条件的差距，导致推进工作参差不齐。

行政审批改革中还有一个关键因素就是行政机关工作人员。在调研中，各地反映最多的是人手少、压力大、工作难开展。特别是近几年来，省、市下放了一批行政审批事项到基层，简化审批办理环节和层级，在事权下放的过程中，事项下放了，但是对应的编制数目没有下放，使基层在承接事项时出现承接困难或审批效能低下的情况，影响群众办事效率，也不利于行政服务中心的事项进驻工作。另外，工作人员缺乏应有的服务意识，表现出的对行政相对人不够尊重等问题也时有发生。长期以来形成的官本位思想和权多不压身的理念，很难让拥有审批权限的人员从“权力旁落”“资源丢失”“管理失效”的失落感中走出来。一些人将“最多跑一次”改革视为自废武功，从而对改革产生态度的消极和行动上的不合作。实际上，有很多政府工作人员真心实意地为老百姓办事，但因对群众的需求不了解，以过去的需求满足今天的百姓，也很难得到群众的好评。

当然，也并不是所有的社会群体都欢迎改革的到来。在过去以经济发展为大背景的体制下，政府部门店大欺客、差别对待的现象较为常见。有权势的人或者大企业、外来投资者成为一些政府的座上宾，是各部门的重点服务对象，地方政府针对这些人开设了绿色通道，享受 VIP 待遇，有的地方甚至出现税务部门正常业务开展都要向政府申请报备。已经享受到特权的人很少会让渡自己的权利，或欣喜地看着普通民众享受同样的待遇，他们虽然口头上表示支持改革，但其中有多少诚意就不得而知。社会上也还有这样的群体，他们对长期计划经济形成的思维具有一定程度的依赖性，认为转型时期的社会无序、市场混乱需要政府信誉的介入，行政许可和审批能够给他们以组织上踏实的感觉，因此他们偶尔也会发出保留一定行政审批的呼声。

现行的行政审批制度深受计划经济管制和计划管理思维的浸染，同时，这种运动式的行政审批事项改革同样蕴含着计划管理的思维。总之，行政审批制度改革如果继续沿用原有的思维方法和实施路径，改革的成本只会越来越高、效果离期望越来越远，瓶颈问题无法突破，转变职能的改革就难以持续扩大。改革只有将对审批事项的静态清理和动态实施管理结合起来，更加注重对行政审批的常态化、长效性管理和改革，才能消除改革者和部门在信息上的严重不对称，提高改革者对现实的辨别能力，以推动改革持续进行。

第十一章　“最多跑一次”改革的未来设计①

行政审批制度改革涉及体制创新、制度创新和管理创新，是一项涉及面广、牵引力大、效果明显的系统性改革，关系到能否建设一个企业满意、社会信任、公众认可的有为、有效、有益的政府。贯彻习近平总书记“以人民为中心”的发展思想的“最多跑一次”改革，在深化“四张清单一张网”的基础上，从与群众和企业生产生活关系最紧密的领域和事项做起，充分运用“互联网+政务服务”和大数据，全面推进政府自身改革，增强了群众和企业对改革的获得感。但是，要将“最多跑一次”改革进行到底，还面临一些瓶颈制约，需要进一步攻坚克难。

第一节　依法推进改革

法治是人类文明和发展的重要标志，是治国理政的基本方式。改革开放近 40

---

① 艾琳、王刚：《行政审批制度改革探究》，人民出版社，2015 年，第 63-74 页；竹立家、杨萍、朱敏：《重塑政府——“互联网+政务服务”行动路线图（实务篇）》，中信出版社，2016 年，第 224-230 页；宋世明：《美国行政改革研究》，国家行政学院出版社，2016 年，第 296-299 页；杨兴凯：《政府部门间信息共享模式与决策方法》，科学出版社，2013 年，第 18-20 页；单志广、房毓菲、王娜：《大数据治理：形势、对策与实践》，科学出版社，2016 年，第 1-10 页；陈建科：《地方政府行政审批制度改革的法律依据问题分析》，《中共贵州省委党校学报》，2015 年第 4 期，第 74-77 页；王克稳：《我国行政审批制度的改革及其法律规制》，《法学研究》，2014 年第 3 期，第 3-19 页；张步峰：《新一轮行政审批改革的形式法反思》，《财经法学》，2015 年第 2 期，第 42-49 页；任进：《关于政府权责清单、负面清单制度若干问题》，《团结》，2016 年第 3 期，第 8-12 页；曾凡军：《基于整体性治理的政府组织层级关系整合研究》，《广西社会科学》，2012 年第 11 期，第 109-114 页；唐兴盛：《政府“碎片化”：问题、根源与治理路径》，《北京行政学院学报》，2014 年第 5 期，第 52-56 页；叶托、李金珊、杨嘉平：《碎片化政府：理论分析与中国实际》，《中共宁波市委党校学报》，2011 年第 2 期，第 42-48 页。

年，中国特色社会主义法治建设取得了巨大进步，先后出台了《中华人民共和国行政诉讼法》、《中华人民共和国行政处罚法》、《行政许可法》、《中华人民共和国行政复议法》和《中华人民共和国国家赔偿法》等规制政府行为的法律，为法治政府建设奠定了法律依据。社会主义市场经济本质上是法治经济，权力只能在法律和制度的框架内运行，为此我国政府以建设法治政府为目标进行了多轮行政审批制度改革。

法治的一个基本观念是不以结果论成败，因而不能只考察行政过程是否合法。行政审批体制要以法为手段，更是以法为中心。但在行政审批制度改革过程中，确实存在依法改革的悖论。一方面行政审批制度改革要依法进行就必须遵循既有的法律规定，“法律未修订，试点亦违法”，特别是地方政府更被束缚住手脚不得有所突破，破坏法制统一。在这种情况下，若不修法，行政审批改革法源问题得不到解决，则改革很难深化。

2013 年开启的新一轮行政审批制度改革吸取了前六次改革的经验和教训，更加注重改革的顶层设计和法治程序。党的十八大报告中指出：“深化行政审批制度改革，继续简政放权，推动政府职能向创造良好发展环境、提供优质公共服务、维护社会公平正义转变。”党的十八届四中全会报告指出：“行政机关不得法外设定权力，没有法律法规依据不得做出减损公民、法人和其他组织合法权益或者增加其义务的决定。推行政府权力清单制度，坚决消除权力设租寻租空间。”“实现立法和改革决策相衔接，做到重大改革于法有据、立法主动适应改革和经济社会发展需要。”“实践证明行之有效的，要及时上升为法律。实践条件还不成熟、需要先行先试的，要按照法定程序做出授权。对不适应改革要求的法律法规，要及时修改和废止。”两个报告从国家顶层设计的角度，为本轮行政审批制度改革指明方向。

十八大以来，新一届中央政府在强力推进审批事项取消、下放和转移的同时，更加注重解决依法审批和依法改革的协同关系问题。2013 年 6 月，经国务院提请，第十二届全国人大常委会第三次会议做出了修改《中华人民共和国文物保护法》《中华人民共和国草原法》等 12 部法律的决定，通过一揽子修法取消和下放了部分法律设定的审批事项。2014 年 7 月，国务院公布了《国务院关于修改部分行政法规的决定》，共修改 21 部行政法规，取消行政审批项目 22 项，下放审批权限 7 项。国务院通过规范的程序修改相关法律法规为整个权力清单制度和“放管服”改革提供了良好的法治氛围。

以“简政放权”为核心的行政审批制度改革不能单纯寄希望于政府“放权、减权、限权”的自觉，自我膨胀是行政权力的天性，行政审批体制改革更需要用法律和制度约束政府权力。十多年的改革反复证明如果没有法律的有效规制，行政审批制度改革不可能取得成功。只有严格遵循《行政许可法》的规定来推进行政审批改革，将所有面向国民的行政审批都作为许可来加以规制，才能达到转变政府职能、提升市场活力、释放改革红利的目的。既然我国已经颁行了规范行政许可行为的基本法律，那么行政审批改革应该将改革的过程与目标都完整地纳入《行政许可法》的规范范围。《行政许可法》从立法理念、法律原则到制度设计都体现了市场经济体制的本质要求，是一切行政许可行为的法律依据。对《行政许可法》规定不明确的，全国人大常委会应当通过法律解释解决实践中出现的所谓非许可类审批的法律适用问题，从而保证行政许可法对所有行政审批的规制。对《行政许可法》授权给行政法规、地方法规、部门规章和地方政府规章设立的行政审批事项严格进行合法性审查，根据改革需要调整应依法进行。特别是涉及地方性法规、上级政府规章设定的行政审批事项的调整或取消，须遵循地方性法规、地方政府规章修订、废止程序的规定，通过修订、废止相应地方性立法的方式实现。

按照中央的要求和部署，涉及中央设立由地方实施的行政审批事项的改革，地方政府无权进行，即改革不得涉及中央设立由地方实施的行政审批。根据《行政许可法》第二十条的规定，对于正在进行的地方政府行政审批改革，可以把中央设立由地方实施的行政许可、非许可类行政审批的实施情况以及存废修改意见上报给国务院，由国务院对相关的行政法规或者部门规章进行统一清理，采取废止、修改、授权、解释或者制定新法来推动改革，回应地方政府行政审批改革的需求。浙江省推动的“最多跑一次”改革是全国行政审批制度改革的重要组成部分，虽也有法律法规的制约，但其实质和精华是在依法审批的前提下如何响应行政相对人的需求，履行高效便民原则，更好地服务于公民和社会的问题。即便如此，2017 年 7 月 29 日，浙江省人大常委会做出了《关于推进和保障桐庐县深化“最多跑一次”改革的决定》，其中第九条规定：各设区的市、其他县（市、区）可以参照本决定深化“最多跑一次”改革。为全省范围内进行“最多跑一次”改革提供了法律依据。

2015 年新修订的《中华人民共和国立法法》（简称《立法法》）也为地方推动行政审批制度改革提供了契机。《立法法》第七十二条第二款规定：“设区的市的人民代表大会及其常务委员会根据本市的具体情况和实际需要，在不同宪法、法律、行政法规和本省、自治区的地方性法规相抵触的前提下，可以对城乡建设与管理、环境保护、历史文化保护等方面的事项制定地方性法规。”第七十三条和第八十三条则规定了地方性法规和地方政府规章的管理范围。除由中央统一对相关法律法规进行修改外，对一些区域内的重大改革事项，可以由地方政府提请地方人大以重大事项决定的方式进行推动。衢州市“最多跑一次”改革虽已有法律依据，但在改革中遇到的一些重大事项调整也应当以地方性法规或地方性政府规章进行明确。

以“一窗受理、集成服务”为核心的衢州市“最多跑一次”模式还有一个法律障碍就是部门间的职能委托授权问题。在委托授权过程中不规范、不完善的地方应按照法律的规定做好改正。更为重要的是，委托机关不能对委托事项“一托了事”。但凡涉及权力委托的情形，法律均强调委托机关对被委托机关的监督，无论这种权力是委托给其他行政机关、具有公共管理职能的事业组织，还是社会私人组织。因此，委托机关应该更好地发挥监督协调职能，促进服务水平提升，为行政相对人提供更高质量的服务。

第二节 打破条块分割

面对“碎片化”政府的挑战，不同的政府采取了不同的应对措施，整体政府或者整合治理成为一个新的选择。20 世纪末 21 世纪初，英国首相布莱尔对撒切尔夫人所倡导的竞争性治理模式进行改革，逐渐形成了一种全新的整体性治理范式，并成为政府治理中的主导性理念。这一趋势不仅在英国、澳大利亚、新西兰这些被冠以新公共管理改革先锋的盎格鲁–撒克逊国家中十分明显，而且在那些未曾致力于推行新公共管理改革的国家中也日益显现。我国在政府“碎片化”治理方面也做出一些改革。党的十八大报告中提出的“稳步推进大部门制改革，健全部门职责体系。优化行政层级和行政区划设置，有条件的地方可探索省直接管理县（市）改革，深化乡镇行政体制改革”就是对部门条块分割的一个回应。党的十八届三中全会更是明确指出：“转变政府职能必须深化机构改革。优化政府机构设置、职能配置、工作流程，完善决策权、执行权、监督权既相互制约又相互协调的行政运行机制。严格绩效管理，突出责任落实，确保权责一致。”这些都为我国解决部门条块分割问题提供了顶层设计。十二届全国人大第一次会议审查通过了《国务院机构改革和职能转变方案》，稳步推进大部门制改革，为解决部门条块分割做出有益探索。

要在短期内彻底解决政府管理碎片化、打破部门条块分割是不科学也是不可能的。建设服务型政府成为我国行政体制改革的新目标。党的十八大报告指出：“要按照建立中国特色行政体制目标，深入推进政企分开、政资分开、政事分开、政社分开，建设职能科学、结构优化、廉洁高效、人民满意的服务型政府。”在党的全会报告中明确提出建设服务型政府，反映了党对中国特色社会主义事业发展的新认识，也反映了党对执政能力、执政方式的新认识。

深化行政审批制度改革，是建设服务型政府的基础和前提。服务型政府建设需要置于政治体制、行政体制之中，行政审批制度改革需要将服务型政府作为核心目标进行总体设计、整体推进。一个体制条块分割、管理支离破碎的政府组织就是一台无法有效协同的机器，即使这台机器上的部件都很精良，但只要是被拼凑在一起的，驱动系统就会发生“中梗阻”。政府不能不断壮大自身规模，但可以建立不断自强的机制，只有这样，才能破解社会公众一方面对政府提供的公共服务需求不断提高，另一方面对政府规模扩大表示不满的困境。实现行政资源充分聚集和有效组织，消除横向的职责交叉、纵向权责重叠从而优化政府职能的内部配置是行政审批制度改革的关键，也是权力清单制度的现实根基。以电子政务为中心的公共管理平台为打破行政机关各自独立、相互孤立的格局，实现行政审批从封闭运行到开放服务提供了契机。

浙江省推出的“最多跑一次”改革是指群众和企业到政府机关办理行政审批和政府公共服务等涉民涉企事项，在申请材料齐全、符合法定要求时，能够少跑、最多跑一次甚至不跑，实现特定事项或环节一次性办成事。其核心是以群众的获得感为标杆倒逼“放管服”改革，以“互联网+政务服务”的浙江特色促进高效便捷的政务服务体系建立，以现代物流资源的快速配置助推政务服务“最后一公里”的缩短，正是利用了现代信息技术推动服务型政府建设。浙江省通过转变传统管理方式，优化和再造业务流程，全面梳理涉及群众办事的政务服务事项，逐项梳理基本流程和办事依据，简化无所谓的证明和烦琐手续，推进政务服务的协同化、便捷化和智能化，切实解决传统管理环节多、材料多、往返多等现实问题，实现政务服务事项的网上综合受理和全程协同办理，涉及政务服务事项的证件数据、相关证明信息等跨部门、跨区域、跨行业互认共享，切实做到“证件联用、信息联通、服务联动”，力促“群众跑腿”向“数据跑路”转变、“条块分割”向“整体联动”转变、“群众来回跑”向“部门协同办”转变。

以“一窗受理、集成服务”为模式的衢州市“最多跑一次”改革是建立在以市行政服务中心为平台的基础之上，只是对审批部门部分职能中的行使部分做出相应调整，虽会触及审批部门的权益关系、组织形态、办理模式等，但大多是业务和技术层面的，尚不足以对审批部门的核心职权、人员编制、管理制度构成较大的影响，其中一些创新的因素对审批部门内部理顺关系、提升效能还有帮助，因此尚不会引起审批部门因利益受损而抵制。何况衢州市在推进“最多跑一次”改革的初期，受到了省市两级领导的持续关注。这种自上而下的行政命令式改革在初期的效果将相当明显。为保障“最多跑一次”改革现场会在衢州市的顺利召开，省市两级多个部门通力合作，解决了一切可能出现的问题。政绩式激励效果如何尚待检验，但衢州市要扛好“最多跑一次”改革领先这面大旗，在部门间协作所需要做的工作还有很多。

首先，各驻行政服务中心部门应该将单位业务精英派驻在窗口，而不是由大量的临聘人员值守。只有真正业务精通的人才会发现工作中的不足而予以弥补，才会真正地与其他单位相互沟通和衔接，尽可能把问题解决在窗口。临聘人员即使认真工作，他们也只能收集问题进行上交，没有能力和资格处理整个事务，这与“最多跑一次”的精髓相违背。

其次，要真正落实“百名局长驻窗口”活动。局长是一个部门的总负责人，对业务流程不熟悉、对行政相对人需求不了解就无从谈为人民服务。在部署“最多跑一次”改革时也只能泛泛而谈，而不能精准地把工作推动下去。

再次，要赋予衢州市行政服务中心更大的职权。行政服务中心虽无权对入驻窗口进行管理，但可给予其对入驻窗口行政监督和入驻窗口间工作协调的职能。特别是要赋予行政服务中心对各入驻部门工作绩效考核的职能，只有真正关系到部门利益或者每个工作人员的利益，他们才会更加重视该项工作。赋予行政服务中心协调的职能也很有必要。部门联席会议制度需要建立，但其应该负责协调部门之间的重大工作事项。对部门之间涉及行政审批的大量日常性协调工作由行政服务中心承担不但能最迅速地处理好，也更能体现出行政服务中心的权威，是避免行政审批碎片化最有效的方法。

最后，要继续强调责任意识。部门之间的合作也是部门最容易推卸责任的方面，往往一件工作没有完成，在部门相互推诿中不了了之。只有不断地强调责任意识，明确工作职责，该激励的激励，该问责的问责，才能让部门齐心协力共同推进工作的进展。

任何工作的推进都不是一蹴而就的，对政府治理碎片化的重构必将是长期的过程。在行政审批过程中，能够通过技术的措施和其他激励手段来促成各部门通力合作也是不容易的结果。只有持续地让衢州市领跑“最多跑一次”改革，各部门才不会怠慢，更加努力地推进此项工作。

第三节 突破信息孤岛

数据是信息社会最大的资源，而我国的信息孤岛现象已经成为制约简政放权、放管结合、优化服务改革的重要因素。早在 2004 年国务院办公厅就发布《关于加强信息资源开发利用工作的若干意见》的通知，强调政府信息共享以及开发利用的重要性；说明我国政府信息共享、开发利用的现状以及共享和开发中存在的问题；明确我国各级政府部门和地区信息共享的内容、责任和方式。但受制于特殊的历史条件和体制，我国的数据共享成效并不明显。因此党的十八届五中全会对此做出部署：“实施网络强国战略，实施“互联网+”行动计划，发展分享经济，实施国家大数据战略。”其为部门之间突破信息孤岛、实现数据共享重新进行了顶层设计。

信息共享是为了使个人或部门有权在特定范围内最大限度地利用已有信息而将该范围内的全部或部分信息提供给特定对象来分享利用的行为，是一种建立在互惠互利基础上的活动。实现政府信息共享是充分开发和利用政府信息的有效途径，是政府信息化的核心战略和必然选择。理论上认为，只要有需求就可以使用政府信息，使各种需求得到最大限度的满足，也可以使政府信息的效用得到最大体现，避免政府信息的闲置和浪费。但实际上，很多政府信息的共享会涉及国家利益和社会公众利益，因此信息共享是有条件的。但问题的关键在于新近修订的保密法并未对数据信息的保密范围做出具体的规定，为了减少事端或避免承担不必要的责任，很多部门在不能界定信息密级的基础上只有尽可能地少共享信息，所以要让部门信息共享的第一步在于以法律法规的形式明确数据信息保密的范围。

基于条块管理模式建立政府信息化系统，符合特定历史时期我国的实际，为当前各地信息化建设奠定了基础。受部门利益的限制，一般而言，上级部门获取下级部门的数据较为简单，下级部门想利用上级部门的数据虽有一定困难，但也可以通过系统内的协作予以解决。政府信息共享的最大需求在于同级政府部门间信息共享，最大的难点也在于此。

要解决部门间信息共享的首要问题在于建立行政协调机制。在衢州市“最多跑一次”改革过程中，为解决数据联通问题，浙江省政府 14 个部门派出技术骨干驻守衢州市行政服务中心现场办公，为保障改革顺利进行立下汗马功劳。并且为保障改革在浙江全省的推进，省政府多次召开协调会要求省级部门自建垂直管理信息系统与各地行政服务中心对接，以及由省数据管理中心统筹推进政务数据开放共享等问题。只有建立起高一层级的行政协调机制才有可能保障协调的效果。另外对一些管理权限在部委的数据系统，省级政府也无能为力，因此建议将政府间信息共享上升为国家行为，由国务院办公厅牵头协调以加强统一领导，便于信息共享系统在构建过程中遵循一个标准和规范，进而为信息共享活动的进一步发展奠定坚实的基础。由专门的协调机构推动统一的政务数据平台建设也很有必要。在不同政府层面率先建立完备的同级政务信息跨部门平台，实现原有信息的跨部门共享与共有存储，原有封闭的政务信息必须在跨部门数据平台实现有效备份。这是要通过改变存储架构来改变政务信息孤岛存在的物理基础。浙江省之所以能以大数据形式推动“最多跑一次”改革即是得益于浙江政务服务网的建设。

标准转换机制是突破信息孤岛的重要节点。目前，我国信息化建设硬件已经基本完备，但有多少个部门就有多少个部门应用软件，而且多数部门的基础数据库技术未必一致。要改变原有的数据标准、系统框架、业务分工过程非常复杂，成本也相当的高昂，所以较为现实的做法就是确立标准转换机制。通过标准转换机制，能够大大减少转换过程的工作量，使相关部门的抵触情绪大为减少，也可以降低信息共享的成本。除对既有生成数据转换之外，新采集的数据也应该确立一套统一的标准体系和技术规范，而不是各部门根据自身的业务性质按原有口径收集，只有这样才能降低日后数据转换的难度。

强化数据意识，提升数据采集能力也很有必要。意识是行动的先导，在缺少大数据管理经验的中国，数据意识的培养是大数据战略实施的基础和准备。要强化对各级政府和部门的培训与教育，不断重复和强调数据意识的重要性。提高数据采集能力、做好数据采集工作、累积形成数据资源集，是推进整个数据共享的基础性工作。各政府部门应当注意在履行日常职责职能的过程中，加强对各类政务数据的主动采集，建立政务数据库。要有意识地引导、鼓励和支持各经营主体对生产经营活动中各类数据的采集，以形成覆盖各环节、各流程的数据库。当然，政府和经营主体在信息收集过程中要合理区分合法与违法的界限，正确处理数据隐私保护和数据应用之间的平衡问题，熟练运用《中华人民共和国民法总则》中的相关条款和《中华人民共和国网络安全法》保护公民个人信息安全。数据采集的质量也很重要，现在最为人诟病的是政府数据造假。只有高质量的基础数据才能在真正意义上体现数据共享的价值。除了统计数据外，政府高层还应该以立法的形式对数据质量提出要求。

部门之间的信任也直接影响数据共享的效果。政府部门间的信任关系并非天然存在，其信任关系的建立需要双方在多个层面投入资源来保证。陌生意味着疏远，积极、开放的信息交流既是信任的题中应有之义，也是建立信任的有效途径。良好的沟通和交流是政府部门间建立相互信任的先决条件。通过不断交流，能够消除相互之间因陌生感和信息不畅产生的误会，增进了解，提升信任度，为后续的信息共享创造更好的条件，以达到良性循环的目的。

真正做到突破信息孤岛、实现数据共享可以让各部门按需求以最低成本投入获得自己所需要的信息资源，有效避免信息的重复采集，节约信息采集成本。有效的数据共享还可以提高政府部门内部的运作效率，节约内部运行成本，为“一体化”的政府信息服务打下良好的基础。

第四节　以人民为中心

改革开放近 40 年，我国经济体制由计划经济向社会主义市场经济体制转变，与之相适应，政府部门也在推进与社会主义市场经济体制相配套的行政管理体制改革，创新政府管理模式，提升政府办事效率，但传统的官本位思想影响仍然存在。党的十八大以后，“八项规定”、“党的群众路线教育活动”和“两学一做活动”等长效性措施阻止官员腐化堕落，改变了行政机关的工作作风，树立基层官员的新形象，但这并不意味着每一个人都能牢记中国共产党为人民服务的宗旨。

为人民服务不是一句空话。“坚持‘以人民为中心’的发展思想”是党的十八大以来以习近平同志为核心的党中央提出的治国理政新理念、新思想、新战略的核心价值，反映了坚持人民主体地位的内在要求，彰显了人民至上的价值取向，确立了新发展理念必须始终坚持的基本原则。习近平总书记在 2016 年 1 月 18 日举办的省部级主要领导干部学习贯彻十八届五中全会精神专题研讨班上指出：“着力践行以人民为中心的发展思想。”“以人民为中心的发展思想，不是一个抽象的、玄奥的概念，不能只停留在口头上、止步于思想环节，而要体现在经济社会发展各个环节。”坚持习近平总书记“以人民为中心”的发展思想，一定要把以人民满意为中心当成最终目的、最终归宿、评判标准。以权力清单制度和“放管服”改革为核心的新一轮行政审批制度改革正是本届政府以人民满意为目的、对人民当前重大需求的及时回应。

经济社会发展水平不同，将直接影响社会各类主体对政府管理和服务的需求。浙江省经济总量连续多年位居全国第四，人均经济发展指标稳居全国前列。浙江省委、省政府适时推出的“最多跑一次”改革满足了当地群众对政府管理和服务的迫切需求。在推进“最多跑一次”改革中，政府部门非常重视“用户导向”和“用户体验”，改变了站在政府部门角度来界定“一件事”的传统模式，切实从人民的需求出发，从群众和企业的角度来界定“一件事”。目的就是让人民群众到政府办事，只进“一个门”、找到“一个窗”就能办事，切实提升群众和企业的获得感。

衢州市“一窗受理、集成服务”的“最多跑一次”改革模式是衢州市经济社会进入转型时期做出的必然选择。衢州模式虽已成为省里改革的一个标杆，甚至登上了央视大型政论片《将改革进行到底》的舞台，但衢州市在推进“最多跑一次”改革过程中也有细微的瑕疵。一些部门在公布“最多跑一次”事项清单时，未真正做到以群众需求为导向，没有考虑到衢州市地方实际，造成信息发布的途径不够广、方式不够多、内容不够清楚，特别是一些文化程度不够高的中老年办事人群，甚至看不懂部分材料的意思，找不到公开的查询平台。“互联网+政务”的推广应用也没有考虑到企业、群众的接受和使用能力，衢州市柯城区在对“最多跑一次”改革进行群众调查暗访中发现，群众普遍反映的问题是网上服务的操作过于复杂，使用时手足无措，需要“手把手”式的指导。究其根源，正是改革中未充分考虑到群众的实际情况。建议相关部门以人民需求为导向，加大对群众需求的调研，分类整理各项需求，有序地向民众推进改革。

要打破“最多跑一次”改革中“上热下冷”“领导热经办人员冷”的不良倾向，把最优质的行政服务送至群众家门口。一些基层政府以工作繁杂为由，未将“最多跑一次”改革视为“以人民为中心”思想在基层的实践。衢州市以江南丘陵地貌为主，农村有大量的外出务工人员、留守老人和妇女，正是最需要“最多跑一次”改革的对象。建议市县乡三级政府按照“最多跑一次”改革和“四个平台”的要求，将各项服务送至村一级，让群众办事不用出村。推动事权和人员编制同时下放，各项荣誉和激励措施向基层倾斜，强化党性锻炼和职业道德建设，提升职业荣誉感，减少具体经办人员压力，提高改革热情。

要防止改革标签化，将改革落到实处。以往改革中，“行政审批事项最少、办理效率最高、投资环境最好”是许多地方标榜政绩的宣传标签。“一枚公章管到底”和“五十三本证合一”也是本轮改革中常听到的声音。“最多跑一次”改革过程需要保持客观和理性，要最大限度杜绝主观性和情绪化因素，实事求是，从人民群众的需要出发，科学界定“跑与不跑”“跑一次与跑零次”的边界，正确处理合法行政、合理行政和高效便民三个原则的平衡，用机制创新的“长期效应”替代强化管理的“立竿见影”，切实进一步提升人民群众在改革中的获得感。

附录　衢州市以“一窗受理、集成服务”推动“最多跑一次”改革的重要文件

（按文件发布时间顺序）

附录 1　《衢州市行政服务中心改造升级实施方案》（衢委办发〔2016〕45 号）

为进一步深化我市行政审批制度改革，提高公共服务质量和效率，提升人民群众获得感，按照国务院简政放权、放管结合、优化服务的工作要求和《2016 年浙江省深化“四张清单一张网”改革推进简政放权放管结合优化服务工作要点》精神及相关工作部署，特制定本实施方案。

一、总体目标与要求

按照深化“四张清单一张网”改革，推进简政放权、放管结合、优化服务工作的部署，坚持依法行政、问题导向、高效便民、信息共享的原则，对市行政服务中心实施改造升级改革，实行“前台综合受理、后台分类审批、统一窗口出件”的模式，实现审批服务一窗受理、数据共享、效率提升三大功能，努力营造省内服务最优、效率最高、门槛最低、成本最小、体验最好的政务服务环境，推动政府治理体系和治理能力现代化。

——一窗受理，集成服务。整合投资项目审批、企业注册登记、不动产交易登记、原综合窗口事项 32 个部门 400 余个事项的受理职能，由“四大综合窗口”统一受理。原串联审批业务全部通过系统改为并联审批。“综合窗口”一站式服务到底，群众办事无需再跑多个审批部门。

——数据共享，减少浪费。在政务服务网上建立统一受理平台，将受理事项资料全部上传，各审批部门按需自行下载清单资料，实现跨部门跨领域政务服务

信息互联互通、数据共享、协同服务。

——效率提升，方便办事。通过服务标准化建设、流程优化、机制创新等，减少群众重复提交各类证明和申请表单，不断缩短政务服务事项在受理环节、跨部门审批环节、出件环节的时限，并实行在线监管，提升政务服务的效率。

二、重点工作任务及分工

（一）整合部门窗口，实行“一窗受理”。

1. 设立“综合窗口”。将投资项目审批、企业注册登记、不动产交易登记、原综合窗口 4 个业务板块审批事项（以下简称“一窗受理”事项）涉及部门的事项受理职能统一交由市行政服务中心“综合窗口”承担；“综合窗口”负责事项的受理审核、按责分办、统一出件等审批服务工作。原审批部门独立承办的审批事项和公共服务事项仍由部门窗口受理审批，设置为专业窗口，构建形成一个“综合窗口”与多个专业窗口并存的“1+X”行政服务大厅受理模式。

2. 实行并联审批。“一窗受理”事项实行审批部门后台并联审批、集成服务，接收“综合窗口”的事项材料后即进入审批程序，在规定时间内完成审批后，及时将审批结果材料发送到“综合窗口”出件。

3. 调整机构编制。按照市行政服务中心改造升级的要求，市行政服务中心增加“综合窗口”事项的受理审核、按责分办、统一出件等审批服务职能，强化行政服务综合管理职能，优化机构设置和人员编制配置，为改造升级提供有力的体制机制保障。

牵头单位：市行政服务中心、市编委办

责任单位：市法制办、市直各审批部门

完成时间：2016 年 9 月上旬完成机构编制调整工作，2016 年 9 月 15 日前组建综合窗口工作人员，2016 年 9 月 20 日前挂牌试运行，2016 年 11 月上旬正式运行

（二）建立事项受理标准化制度，实行“一套标准”。

4. 编制《“一窗受理”事项受理材料标准化手册》，作为“综合窗口”受理审核申报材料的依据。重点规范事项的申请主体、资格条件、申报材料清单、办理时限等要素内容。依法合理减少申请材料，杜绝“奇葩证明”，消除模糊语言、兜底条款，限制审批受理环节的自由裁量空间，为群众办事提供清晰的指引。

牵头单位：市编委办、市行政服务中心

责任单位：市法制办、市直各审批部门、提供公共服务的企事业单位

完成时间：2016 年 9 月上旬

（三）完善政务服务网配套系统建设，实现“一网通办”。

5. 开发应用“综合受理”专用审批平台。依托省政务服务网行政权力运行系统，开发综合受理功能模块，实现部门自建系统与省政务服务网基础平台和“一

窗受理”平台的对接，实现事项受理、审批“一网通办”。

牵头单位：市行政服务中心

责任单位：市电子政务中心、市直相关审批部门

完成时间：2016 年 8 月底

6. 搭建政务数据资源共享交换体系。根据全省统一标准的政务信息资源管理服务系统，建立浙江政务服务网衢州平台统一数据交换平台，将各审批部门业务系统和审批数据与政务服务网、“便民方舟”对接联网，实现跨部门跨领域政务服务信息全方位网络互联互通，实现数据共享，协同服务。

牵头单位：市电子政务中心

责任单位：市行政服务中心、市直相关审批部门

完成时间：2017 年底前

7. 推进关联审批系统（平台）建设应用。建设政务服务网电子证照库平台，提供数字证照的生成、管理、共享服务，满足部门窗口审批过程中的证照管理、真实性鉴别、信息共享等需要；利用投资项目在线审批监管平台，实现全市非涉密投资项目的平台受理、在线办理、限时办结、信息共享、全程监察；深化营业执照、税务登记、组织机构代码、社会保险、统计等“五证合一”平台应用；推进不动产登记系统建设应用，积极促进多规合一系统与政务服务网对接，为高效审批奠定坚实基础。

牵头单位：市行政服务中心、市发改委、市市场监管局

责任单位：市电子政务中心、市直相关审批部门

完成时间：2016 年 10 月底

8. 推进政务服务网基层延伸应用。依托政务服务网统一平台，全面完成乡镇（街道）网上服务站建设，基本实现乡镇（街道）行政权力和服务事项一站式网上运行；全面推进政务服务网、视联网向村（社区）延伸，加强与智慧社区平台、基层网格化服务平台、农村信息化平台的融合，实现“业务整合、网络整合”。依托政务服务网创新基层政务服务模式，实现市县乡村政务服务四级联动。

牵头单位：市政府办公室

责任单位：市电子政务中心、市行政服务中心、市直相关部门、各县（市、区）政府

完成时间：2016 年 12 月底前

9. 推进网上便民服务。推行房屋权属证明、纳税证明、港澳通行证再次签注、行驶证补换、驾驶证补换、会计从业资格证书申办、结婚登记预约、交通违法罚没款收缴、个人社保信息查询、公积金账户信息查询等网上便民服务，实现网上申请、在线服务、快递送达，并积极开发微信、手机 APP 等多渠道政务服务应用，创新政务服务模式，拓展政务服务渠道。

牵头单位：市行政服务中心

责任单位：市电子政务中心、市直相关审批部门

完成时间：2016 年底前

（四）提升办事大厅服务环境，实现“一站服务”。

10. 完善办事大厅功能布局。市行政服务中心办事大厅按照注册登记类、投资项目审批类、不动产登记类、原综合窗口等业务设置办事服务区域；按“前台综合受理、后台分类审批、统一窗口出件”的流程设置前台受理区、后台审批区、公共事务区、电子政务体验区、商务区等一系列配套服务区域。

牵头单位：市行政服务中心

责任单位：市编委办、市电子政务中心、市财政局、市直相关审批部门

完成时间：2016 年 12 月底前

11. 实施办事大厅配套设施改造。采购和配套具有网上受理、排队叫号、服务评价等功能的系统设备，并按照标准统一、数据共享、互联互通的原则，整合链接到政务服务网权力运行平台，为实施综合受理、集成审批提供有效支撑；建设高清视频监察系统，实时监督各部门开展文明高效审批服务；配备触摸式自助网上查询、办理一体机，为办事群众提供智能化、人性化服务。

牵头单位：市行政服务中心

责任单位：市编委办、市电子政务中心、市财政局、市直相关审批部门

完成时间：2016 年 9 月底前

12. 提升大厅优质服务的群众体验度。设置电子功能屏，动态展示审批服务流程图、大厅功能布局图，公开事项办理过程和结果；提供大厅免费 wifi，配备自助服务设备、咨询导办台、休闲等候区等，提升大厅服务的群众体验度，及时宣传和展示中心改造升级的成果，营造改革氛围，提高改革社会知晓度。

牵头单位：市行政服务中心

责任单位：市编委办、市委宣传部、市电子政务中心、市财政局、市直相关审批部门

完成时间：2016 年底前

三、保障措施

（一）抓好分工落实。各地各部门要树立一盘棋的观念，充分认识改革的重要意义，将其作为推进简政放权、放管结合、优化服务的重要内容，各司其职、密切配合，按照工作方案的职责分工抓好落实。市行政审批制度改革领导小组负责市行政服务中心改造升级工作的统筹、协调和指导；市编委办负责改革中涉及的机构编制工作；市行政服务中心（审改办）负责改革的主体实施工作；市电子政务中心负责牵头政务数据共享交换平台建设；市发改委、市场监管局、国土局负责牵头投资项目审批、企业注册登记、不动产交易登记等业务板块并联审批流

程的优化和运行工作；其他有关部门要根据改革的目标和任务做好职责范围内的各项工作。各有关部门一方面要做好改革的实施工作，关注改革的发展动态，及时跟进改革步伐；另一方面要及时总结评估，完善改革措施，为扩大改革覆盖面积累经验，不断提升服务水平，满足群众需求，打造出“四单一网”的衢州亮点和政务服务的“衢州窗口”品牌。

（二）强化保障机制。加大财政支持力度，根据改革工作进度，将中心大厅改造、信息化建设等经费纳入市本级财政预算，对中心改造升级相关配套重点工程给予财政保障。市行政服务中心要组建好“综合窗口”工作队伍，抓好窗口人员的业务培训和考核管理工作，组织人事部门要加强指导，大力支持。市行政服务中心办事大厅的部门派驻人员实行双重管理，各审批部门要选派优秀人才、业务骨干进驻中心，选派或调整派驻人员应事先征求市行政服务中心意见；市行政服务中心可以向组织人事部门和派驻部门推荐优秀派驻人员作为后备干部人选；组织人事部门和派驻部门在选拔任用派驻人员时，应书面征求行政服务中心的评价和意见，同等条件下应优先任用派驻工作人员。

（三）完善督考制度。建立健全以市行政服务中心日常监督考核为主，市纪委、督考办不定期监督考核为辅，社会监督和舆论监督协同参与的综合监督考核体系。市行政服务中心要借助政务服务网行政权力运行系统，综合运用电子监察、群众测评、第三方评价等手段，对审批部门的审批时效、服务质量、群众满意度等内容进行日常监督考核，考核情况纳入市委、市政府对各审批部门的年度综合考核。同时，市纪委（监察局）要对推诿扯皮、不作为、乱作为、慢作为等依法依规进行责任追究。

附录2　衢州市行政审批“一窗受理、集成服务”改革实施细则（衢市审改办〔2017〕5号）

根据《浙江省人民政府关于印发加快推进“最多跑一次”改革实施方案的通知》（浙政发〔2017〕6号）、《衢州市行政服务中心升级改造实施方案》（衢委办发〔2016〕45号）精神，为确保 “一窗受理、集成服务”改革规范、高效运行，特制定本实施细则。

一、实施范围、主体及职责

“一窗受理、集成服务”，是指以受理和审批相分离为原则，按“前台综合受理、后台分类审批、统一窗口出件”的模式，依托政务服务网进行资料共享和传送，进一步优化业务流程、精简申请材料，实现集成高效审批。

（一）实施范围

暂为投资项目审批、商事登记、不动产交易登记、公安服务、公积金服务、其他综合事务、医保社保（由社保分中心负责实施）等业务板块。

（二）实施主体

市行政服务中心管理办公室和各业务板块涉及审批部门。

（三）部门职责

1. 负责将相关业务板块所涉事项的"业务受理权"，以签订业务事项委托文件的形式，委托（授权）行政服务中心管理办公室行使。并按行政服务中心管理办公室所排计划对综合窗口工作人员进行业务培训和在岗指导。

已委托行政服务中心管理办公室受理的审批事项严禁在部门专业审批窗口及内部处室另行受理。

2. 负责对相关业务板块所涉事项制定标准化的事项受理清单，所列申请材料必须准确、明晰，并按"容缺受理"要求标明实行容缺的材料。在发生变化后即时报送市行政服务中心管理办公室（加盖本部门公章）予以更新。凡清单中未列的申请材料，不得要求办事主体另行提供，并严禁以此为借口拒绝审批。

3. 负责对综合受理窗口转送的受理材料按时按程序完成审批（审查）、作出决定，制作结果文书或证件，并及时回送综合受理窗口。

4. 负责编制、提供和更新业务咨询知识库，应办事主体要求和实际工作需要，对综合受理窗口提供业务支持及咨询解答工作。

5. 充分向本部门窗口首席代表（窗口负责人）授权，原则上应包括但不限于以下权力：（1）对即办件（即按规定可以当场或当天办结的事项）的直接审批权，由窗口直接受理、审核、发证（结果文书）。（2）对承诺件（在规定期限内应当办结的事项）的初审处置权。（3）对联办件（需要经多个部门联合办理的事项）的协调处置权，即协调本部门相关处（室）组织联合审批或参与其他部门组织的联合审批。（4）对确需技术论证或踏勘等环节的事项，协调相关人员按要求完成。（5）收费事项的执行权。

6. 负责采用全市统一的权力运行系统办理综合受理、审批（审核）业务或推动本部门业务审批系统与权力运行系统进行对接，如确无法对接，需将办件数据信息录入权利运行系统，并录入审批证照（批文）信息到电子证照库平台。

（四）市行政服务中心管理办公室职责

1. 负责市行政服务大厅"一窗受理，集成服务"的具体落实工作，以及相关配套服务区域的日常管理。

2. 负责根据受理清单及样本、业务咨询知识库提供业务受理咨询，组织部门提供专业性极强、对审查有特殊需求的业务及咨询窗口的业务咨询等审批（审查）

前服务。

3. 负责市行政服务大厅导办工作，并根据需要提供相应导办服务。

4. 负责行政服务大厅一窗受理工作。根据部门提供的事项《标准化手册》，对申请材料是否齐备、规范进行核查，对办事主体身份类证明及相关证件原件与复印件是否一致进行核验，收取申请材料并在权力运行系统录入必要的受理信息，出具《受理回执》。

5. 根据业务种类及与部门商议结果，负责对部分业务快递寄送材料进行签收、分发、登记等处理。

6. 负责将受理的审批（审查）业务移交部门并跟踪后续审批（审查）等相关工作。

7. 负责市行政服务大厅统一出件工作。负责部门办理结果文书或证件的分发、登记，对快递寄送件进行寄发、登记等处理。

二、实施原则

集成服务：市本级行政许可、备案和服务事项统一纳入市行政服务中心（分中心）和政务服务网，实现统一的集成服务。

统一入口：大厅服务实行“前台综合受理、后台分类审批、统一窗口出件”，网上办事（含政务服务网、移动APP应用、微信公众号等移动渠道，下同）统一入口。

统一平台：建立统一的集综合受理和业务审批功能于一体的政务服务网权力运行系统，集成网上申报、现场排队叫号、服务评价、事项受理、审批（审查）结果和审批证照信息，以业务流促使信息流通畅，实现全市跨部门、跨层级审批信息共享、材料共享、结果共享。

统一标准：实行受理清单标准化，完善简化受理清单和样表，精简受理材料，进一步优化各事项审批流程、缩减审批时限。严格按照受理清单收件，实施受理审批监管相分离，建立健全统一的集成服务运行管理机制，规范事项从受理到决定全流程运转，打造高效、便民、集约、廉洁和具有衢州特色的行政审批服务新模式，促进规范化、法治化、服务型政府的建设。

分类整合：按照“一窗受理、集成服务”改革要求，稳步推进群众和企业到政府办事事项的分类整合和综合受理窗口的分类设置，着力增强办事事项分类和综合窗口布局的系统性、科学性、协调性。

三、操作规程

（一）外网申报、预受理及全流程网上办理

对可以进行外网申报的事项，申请人可根据办事需求在政务服务网上找到相应事项提出申请，并上传电子化材料提交确认。部门在收到网上申请后应于2个工作日（或按规定时间）内将预受理结果直接通过政务服务网告知办事主体。申请材料和预受理结果通过系统自动流转到权力运行系统。如网上预受理已通过的，办事主体可凭身份证明并携带相关纸质材料到行政服务中心办理。

对直接全流程网上审批（审查）的事项，办事主体通过政务服务网提出相应事项的申请，并上传电子化材料，部门在收到申请后应于 2 个工作日（或按规定时间）内将预受理结果直接通过政务服务网告知办事主体，并视申请材料完善程度开展审批（审查）、申请材料补正告知单（申请材料缺少情况）、作出决定等工作。对于办事主体符合申请资格，并材料齐全、符合规定格式的，部门须在规定审批时限内将审批结果通过政务服务网告知办事主体，办事主体可凭身份类证明到行政服务中心统一出件窗口领件或由审批部门将办理结果文件邮寄给办事主体（仅针对办事主体在提出申请时点选“邮寄结果文件”的情况）。

如部门采用自有网上申报系统开展业务的，须将办事主体在线提交的申请信息和材料以接口方式传至权力运行系统；若无法对接，则由部门自行录入上传至权力运行系统。

（二）邮寄办理

经部门与行政服务中心管理办公室协商确认后，对于事项材料简单、受理条件清晰的事项，办事主体可通过邮寄申请材料进行预受理申请，部门在收到申请后应于 2 个工作日（或按规定时间）内将预受理结果通过电话告知办事主体，并将办事主体在线提交的申请信息、材料预受理结果等自行录入上传至权力运行系统。办事主体根据预受理情况及是否需要到场办理等要求进行后续办理。

（三）取号与导办

办事主体根据办理事项取号。市行政服务中心管理办公室根据需要提供取号咨询、填表辅导、办事引导等相应导办或配套服务。

（四）咨询

业务受理咨询主要由综合窗口受理人员负责。窗口受理人员以《标准化手册》为依据，向办事主体提供咨询服务，部门应予以配合和支持。

专业性极强、对审查有特殊需求的业务，由部门提供咨询服务。

属于非常驻部门非驻场时间办理的，部门在接到通知后应即时通过电话、网络等形式提供实时审批（审查）咨询服务。

（五）受理

1. 承诺件业务流程

（1）受理

市行政服务中心综合受理窗口以受理清单及样本为依据，对现场提交的申请材料是否齐全及完整性进行审查，核验办事主体或委托人身份及资质证件，根据需要扫描原件并核对材料复印件与原件是否相符。符合受理清单或经部门确认材料无误的，市行政服务中心综合受理窗口应当场予以接收，并在权力运行系统录入必要的信息，向办事主体出具《受理通知书》，受理回执须明确办理时限、取件日期及地点等相关信息。

申请人向市行政服务中心综合受理窗口提出容缺受理的，对符合容缺受理条件的审批事项，综合受理窗口应受理，同时要求申请人在《受理通知书》上填写容缺受理承诺，要求申请人必须在规定时间内将容缺材料补齐补正，并说明逾期的后果。对不符合容缺受理条件的，应当场告知。

申请材料不齐全或者不符合法定形式的，可以由综合受理窗口当场出具《材料补齐补正通知书》，一次告知申请人需要补正的全部内容。

未当场出具《材料补齐补正通知书》，经部门审查认为需申请人补正申请材料内容的，应在自出具《受理回执》之日起 3 个工作日内（法定或承诺办理时限少于 3 个工作日的，应在法定或承诺办理时限内）制作《材料补齐补正通知书》一次书面告知申请人需要补正的全部内容，并转交市行政服务中心综合受理窗口通知申请人；逾期未转交的，自出具《受理回执》之日起即为受理。补正内容超出受理清单及样本范围的，部门应向行政服务中心管理办公室及办事主体作出说明并对受理清单及样本进行修改完善。

市行政服务中心综合受理窗口在收到部门转交的《材料补齐补正通知书》后应及时通知办事主体领取《材料补齐补正通知书》，也可将电子版的《材料补齐补正通知书》通过网络等方式转交给办事主体。

申请不符合受理条件的，应作出不予受理决定，综合受理窗口出具《不予受理决定通知书》，列明不予受理具体理由。

若办事主体通过网上申请，并选择邮寄方式提交申请材料的，由市行政服务中心综合受理窗口进行签收，在全市统一的综合受理系统进行登记。

专业性极强、对审查有特殊需求的业务，经行政服务中心管理办公室审核同意后，可设立部门专业窗口自行受理，但信息需上传或共享至行政权力运行系统，业务接受统一监管。

对于收费、技术审查、公共事业服务、中介服务等配套服务，可另设专窗，但应遵循本细则的基本原则，规范和公开服务内容、流程和时限，并逐步推进与关联行政审批、备案及公共服务事项实行联合办理、信息共享。

（2）材料交接

市行政服务中心综合受理窗口将纸质材料及时转交部门。上午的收件材料于下午 2：30（冬令下午 2：00）前转交部门，下午的收件材料于第二个工作日上午 9：00 前转交部门，并在《材料交接表》签收；电子材料通过权力运行系统实时流转。

需要多个部门前后置审批（审查）的，市行政服务中心综合受理窗口将材料按事项分类递交给牵头部门，再由牵头部门负责递交给相关部门，电子材料通过权力运行系统（或其子系统）进行共享。需要多个部门开展并联审批（审查），则按有关规定分类并同时分发。

属于非常驻部门的事项，综合受理窗口应即时整理材料、分部门入库保管。上午收到的材料于下午 2：00 前入库，下午收到的材料于第二个工作日上午 9：00 前入库。市行政服务中心综合受理窗口根据部门工作需求通知非常驻部门前来领取材料，并在《材料交接表》签收；电子材料通过权力运行系统实时流转到相应部门。

2. 即办件业务流程

由部门工作人员负责本事项受理、审批和发证等全部环节，办理信息须全部录入权力运行系统，审批（审查）结果证照自动流转到电子证照库后，部门电子印章管理员及时登录电子证照库对证照加盖单位公章，使电子证照产生相应的法律效应。

（六）审批（审查）与决定

对市行政服务中心综合受理窗口转送的受理材料，部门应在规定时限内按程序完成审批（审查）、作出决定；需要多个部门前后置审批（审查）的，各部门应分别在规定时间内完成；需要多个部门开展并联审批（审查）的，牵头部门会同有关部门按照有关规定完成。

对于全流程网上办理的事项，部门接到电子材料后，应在规定时限内按程序完成审批（审查）、作出决定。

对符合容缺受理条件的审批事项，市行政服务中心综合受理窗口受理后，进入审批程序实施模拟审批，待申请人在承诺的时间内向综合受理补齐相关资料后，综合受理窗口流转至审批部门，申请人到统一出件窗口领取证照或批文。

所有方式的审批（审查）、决定等各阶段办理信息须全部录入权力运行系统或业务审批系统；审批（审查）结果证照自动流转到电子证照库后，部门电子印章管理员及时登录电子证照库对证照加盖单位公章，使电子证照产生相应的法律效应。

（七）出件

1. 证件交接。部门在法定或承诺办理时限内将办理结果文书或证件及《办理结果交接表》转交市行政服务中心统一出件窗口。

市行政服务中心统一出件窗口核对办理结果文书或证件所载信息与受理信息，无误后接收，在《办理结果交接表》上签收，经核对发现信息有误的，不予接收。能当场更正的，部门应当场更正；不能当场更正的，部门应及时（一般为 1 个工作日内）将更正后的办理结果文书或证件及《办理结果交接表》转交市行政服务中心统一出件窗口。造成影响的，部门应及时向办事主体作出解释说明。

对于发件时需收取材料的，部门应在《办理结果交接表》上列明收取材料的名称、要求。

2. 发放证件。办事主体通过窗口自取的，市行政服务中心统一出件窗口核对相关信息后发放办理结果文书或证件，并要求办事主体在《办理结果签收表》上签收；通过邮寄方式领取的，由市行政服务中心统一出件窗口委托邮政单位寄件送达，部门不得自行寄出。

3. 归档。市行政服务中心统一出件窗口在送达成功后 1 个工作日内在《办理结果交接表》上填写签收人信息，并将《办理结果交接表》送达部门。

（八）特殊事项办理

涉密事项或其他特殊事项办理按照相关法律法规规定执行。

四、保障机制

（一）事项信息动态调整

部门应保证办事指南、受理清单及样本、业务咨询知识库编制等信息内容的合法、完整、准确、及时、有效，并依法减少和规范申请材料，在申请受理阶段不得设置无法定依据的要求；有法定依据、属于特殊情况需要办事主体额外提交的申请材料，也应明确办理条件及要求。事项发生变化时，部门应及时更新事项的受理清单及样本、办事指南和咨询知识库，并及时对外公告，将更新结果告知市行政服务中心管理办公室。

（二）前后台业务协调

建立窗口日常争议解决机制及受理业务规范定期协调机制。市行政服务中心管理办公室会同部门定期（暂定每月月初）整理汇总窗口业务办理情况，对综合受理日常工作进行沟通研究，对受理业务有关事项受理清单及样本和受理过程中的疑难问题提出解决办法。组织部门针对办理过程中遇到的疑难问题不断完善受理业务规范，推进审批标准化，促进前后台业务（前台综合受理、后台分类审批、统一窗口出件）协调和一体化运作。

（三）信息共享互认

部门按照全市集成服务、统一入口、统一平台、统一标准的原则，根据统一数据格式、数据交换等标准规范，向权力运行系统实时提供网上申报、预受理、审批（审查）过程、结果等数据，并按照“谁提供、谁负责”的原则更新数据。权力运行系统与电子证照库、法人库、数据交换平台、投资项目在线审批监管平台等配套系统实时共享互认。使用自建业务审批系统的部门，须通过接口方式实现自建业务审批系统与权力运行系统的实时信息共享或在固定时间内按照相关规定和规范完成共享。实行审批结果文件（目前主要指电子证照，待下一步电子批文的生成、调用、共享等功能实现后，也须将批文也实现电子化）电子化，并统一存储到电子证照库，按电子证照（批文）使用有关规定供相关部门使用。

（四）强化通报考核

市督考办会同相关部门针对改革推进过程中的重要时间节点任务完成情况不定期进行通报。市委组织部、编委办、人力社保局、行政服务中心管理办公室等部门对各部门的人员到位、制度落实、事项更新情况、事项标准化、业务咨询情况、知识库建立维护情况、业务办理流程和效率、群众满意度、服务创新和便民措施落实等内容进行统一的绩效考评。考评结果应用按照相关规定执行。

（五）建立联席会议制度

市行政审批制度改革工作联席会议负责审定行政审批“一窗受理，集成服务”改革推进工作中的重大问题。市委组织部、市编办、市行政服务中心管理办公室、市法制办等单位建立工作协同机制，指导、协调、督办、考核各部门集成服务工作。

（六）强化责任追究

市监察局依照相关规定，对落实工作不力，影响改革工作进度，造成不良影响或后果的部门和相关责任人进行问责。

对于积极推进改革工作，但由于改革的不可预见性等不可抗力因素导致出现问题、矛盾的，根据《关于支持改革创新建立容错免责机制的实施办法（实行）》（衢委办发〔2016〕18 号）文件精神进行容错免责处理。

五、本通知自发布之日起执行，由衢州市行政服务中心管理办公室负责解释。原《关于印发〈衢州市行政审批“一窗受理、集成服务”改革实施细则（试行）〉的通知》（衢市审改办〔2016〕6 号）停止执行。

附录 3　《衢州市行政服务中心平台工作人员管理办法》（衢市组〔2017〕114 号）

为进一步加强市行政服务中心（以下简称中心）平台工作人员管理，规范行政行为、优化队伍结构、提升人员素质、激发工作活力，不断提高行政服务水平和服务效能，加快推进服务型政府建设，根据《市委办公室市政府办公室关于印发〈衢州市行政服务中心改造升级实施方案〉的通知》（衢委办发〔2016〕45 号）文件精神，特制定本办法。

第一条 坚持选派原则。中心平台工作人员包括前台受理人员、后台审批服务人员。前台综合受理窗口人员由中心管理办公室统一选派，前台专业受理窗口人员和后台审批服务人员由派驻部门选派。派驻部门要按照“精干、高效”的原则，认真做好平台工作人员选派工作，其中审批人员原则上从本部门或下属具有行政审批职能的事业单位在编工作人员中选派。

第二条 严格选派条件。平台工作人员选派的基本要求：一是政治素质高、业务能力强、敬业精神好、综合形象佳；二是身心健康；三是窗口一般工作人员要求年龄在 45 周岁以下；窗口首席代表（以下简称首席代表）年龄在 50 周岁以下，原则上应由副科及以上干部担任；四是大专以上文化程度，能够熟练使用计算机；五是具备一定的综合协调和妥善处理问题的能力。

第三条 明确审批授权。要落实“两集中两到位”改革，凡是审批权限在市本级部门的事项，派驻部门必须明确授权给首席代表，最终审批权限不在市本级部门的事项，派驻部门也须明确由首席代表在规定时限内提出初审意见。首席代表在部门委托权限范围内以部门名义全权履行窗口管理、综合协调、联审会办等行政审批服务职能。

第四条 保持人员稳定。派驻部门单独设立的行政审批服务机构要整建制派驻中心。派驻平台的工作人员数量一经确定，派驻部门不得随意减少，确实需要调整，应事先征得中心同意，并报市编办、人力社保局备案。为保持平台工作的稳定性和连续性，平台工作人员原则上在中心工作满 1 年才能轮换，每次轮换数量原则上不得超过本部门派驻工作人员总数的 50%。涉及首席代表轮换的，应及时明确新的首席代表，并签订授权委托书。派驻部门不得随意抽调平台工作人员从事其它临时性工作，确因工作需要须抽调的，应事先征得中心同意并及时安排好顶岗人员。

第五条 规范调整程序。派驻部门需调整平台工作人员时，应向中心出具书面要求，说明调整原因和拟选派人员的基本情况，包括：姓名、年龄、性别、职级、文化程度、政治面貌、工作简历等。经中心管理办公室审核后，出具书面调整意见。平台工作人员调离时，中心管理办公室可出具鉴定材料移交派驻部门。

第六条 落实管理权限。平台工作人员接受派驻部门和中心管理办公室的双重管理。人事关系仍隶属于派驻部门，工资关系不转，福利待遇不变，业务上受派驻部门指导，日常工作接受中心管理办公室监督管理。

第七条 坚持科学管理。各部门要积极配合中心管理办公室不断探索适合平台工作特点的管理方式，及时解决平台工作人员队伍建设中的实际问题。要注重平台工作人员素质教育，不断加强政治理论和法律法规知识学习。要广开渠道，积极征求平台工作人员的意见建议，尊重平台工作人员的首创精神，充分调动工作的积极性、创造性。要关爱平台工作人员，广泛开展各类群众性文体活动，增强向心力、凝聚力。

第八条 加强组织建设。加强党员队伍建设，不断增强党组织的活力和战斗力。平台工作人员是中共党员的，要纳入临时党支部管理，参加党组织的各项活动。中心党组织要结合工作实际，重视对平台工作人员的教育培养，对日常工作中表现突出并积极向党组织靠拢的，及时纳入临时党支部教育培养。

第九条 强化督查考核。平台工作人员日常考核由中心管理办公室负责。中心管理办公室根据市委、市政府的要求和中心工作目标，不断完善考核细则，坚持以日常考核为主，把日常考核和年度考核有机结合。平台工作人员年度考核优秀等次名额，由市人社局按平台在岗在编工作人员总数的一定比例另行核定优秀等次名额给中心，专项用于表彰日常工作表现突出的平台工作人员，不占派驻部门评优指标，考核结果报市人社局审核后，送所在部门备案入档。

第十条 加大支持力度。派驻部门要积极支持中心工作，加大对中心工作的重视和倾斜，做到主要领导亲自抓，分管领导具体抓，派驻部门各处室要主动配合平台工作人员开展工作。派驻部门要从政治上和生活上关心平台工作人员，定期听取平台工作人员思想工作汇报，切实解决他们工作、学习、生活中的实际困难，为平台工作创造良好的条件。

第十一条 注重培养选拔。派驻部门要高度重视平台工作人员队伍建设，切实把平台作为培养、锻炼干部的重要平台。派驻部门选拔任用干部和职称考评时要向平台一线工作人员倾斜，符合任用条件的，可优先考虑提拔使用。中心管理办公室对平台工作人员提拔使用有建议权，派驻单位推荐任用平台工作人员前需中心出具鉴定意见。派驻部门所在科级职务有空缺需安排时，应优先考虑表现优秀的平台工作人员。对在平台工作表现特别优秀，符合提拔担任副县级领导职务的同志，由中心管理办公室负责向组织部门推荐。

第十二条 完善进退机制。对违法违纪、年度考核不称职或多次违反平台管理规定的平台工作人员，实行强制退回制度。由中心管理办公室向其所在部门发出调整函，并将有关情况书面抄送市委组织部、市监察局和市人社局，派驻部门接到函后，应立即调整。被强制退回的人员回原位后不得安排重要岗位，并在 2 年内不得提拔。由于其它原因，不适合平台工作的人员，由中心管理办公室提出建议，派驻部门应在 10 个工作日内实施调整。严重违纪的，按有关规定处理。

本办法自公布之日起施行。

附录 4 《加快推进“最多跑一次”改革实施方案》（衢政发〔2017〕11 号）

为深入贯彻《浙江省人民政府关于印发加快推进“最多跑一次”改革实施方案的通知》（浙政发〔2017〕6 号）和《浙江省人民政府办公厅关于实施服务型政府建设“1113”行动计划的通知》（浙政办发〔2016〕116 号）精神，简化简政放权、放管结合、优化服务各项工作，加快政府职能转变，推进服务型政府建设，特制定本实施方案。

一、总体要求

（一）指导思想。

认真贯彻以人民为中心的发展思想，按照群众和企业到政府办事“最多跑一次”的理念和目标，深化“四张清单一张网”改革，从与群众和企业生产生活关系最紧密的领域和事项做起，充分运用“互联网+政务服务”和大数据，全面推进政府自身改革，倒逼各级各部门简政放权、放管结合、优化服务，促进体制机制创新，使群众和企业对改革的获得感明显增强、政府办事效率明显提升、发展环境进一步改善，不断增强经济社会发展活力。

（二）基本原则。

——全面推进，重点突破，示范引领。市县乡三级全面推进“最多跑一次”改革，在一些重点地区、重点部门，包括重点项目率先突破，部分基础条件较好的县（市、区）和市级部门起到示范引领作用。

——全面梳理，分类要求，分步快走。对群众和企业到政府办事事项进行全面梳理，制订清单，因地制宜、因事制宜、分类施策，对各类办事事项分别提出具体要求，分批公布。

——条块结合，市县联动，加强指导。注重条块结合，市级部门要勇于担当、率先垂范，要加强与省级部门的沟通，加大对县（市、区）的指导力度。各级各部门要面向群众和企业，不等不靠，切实抓好落实。坚持上下齐抓联动，形成合力。

——功能互补，优化流程，提升服务。坚持网上网下结合，通过功能互补、不断优化办事流程，切实提升政务服务水平。以浙江政务服务网为平台，全面深化“互联网+政务服务”，推进行政服务中心“一窗受理，集成服务”改革，推动实体办事大厅与浙江政务服务网融合发展，提高政府办事事项和服务事项网上全流程办理率，通过数据“多跑路”，部门“协同办”，实现群众和企业少跑腿甚至不跑腿。

（三）工作目标。

全面梳理公布群众和企业到政府办事“最多跑一次”的事项，成熟一批、公布一批。以切实增强群众和企业获得感为衡量标准，检验和评价改革的成效，2017年底基本实现群众和企业到政府办事“最多跑一次是原则、跑多次是例外”的目标，“最多跑一次”事项覆盖80%以上的行政事项。

（四）实施范围。

市级有关单位包括承担行政职能的事业单位；各县（市、区）政府及其部门、承担行政职能的事业单位，乡镇（街道）政府（办事处）。

二、职责分工

市政府办公室负责协调各县（市、区）、各部门加快推进“最多跑一次”改革中的重大问题，推进“互联网+政务服务”等工作。

市行政服务中心管理办公室（市审改办）负责加快推进“最多跑一次”改革实施工作，制订工作方案，牵头行政审批和流程再造等工作，做好深化行政审批制度改革、推进行政审批标准化（办理的材料、条件和流程等）等工作，负责做好“一窗受理、集成服务”改革实施工作。

市编办负责加快推进“最多跑一次”改革的日常工作，督促各县（市、区）、各部门抓好工作落实。牵头做好权力清单、公共服务事项目录梳理，配合做好行政服务中心“一窗受理、集成服务”改革实施工作。

市电子政务中心参与开发建设全市行政审批数据中心，实现数据共享与交换；提供政务云平台保障。

市信访局负责统一政务咨询投诉举报平台的建设和完善，进一步整合热线电话、网络等受理平台，加强平台受理和部门监管执法的衔接，提升运行效能。

市发改委负责牵头企业投资项目审批事项和流程再造等工作，在项目投资审批方面重点突破。优化并全面应用浙江政务服务网投资项目在线审批监管平台，依托行政权力事项库，组织维护更新企业投资项目“最多跑一次”事项，全面落实投资项目统一代码制和审批监管事项平台受理制，推进投资项目办件同步共享，推进企业投资项目承诺制工作。

市公安局负责户口办理、出入境有关证照办理、车辆和驾驶人员证照办理以及相关资格资质证明、身份认定等便民服务事项方面的工作。

市财政局（地税局）负责政府非税收入接入浙江政务服务网统一公共支付平台推进方案，构建线上线下一体化收缴体系，建立完善促进各地各部门加快推进平台实施和平稳运行的长效机制，积极推进行政征收等工作。

市人力社保局负责牵头推进职业资格改革，全面梳理职业资格资质事项，清理我市自行设置的职业资格，建立我市职业资格正面清单制度，向社会公开职业资格实施情况，建立职业资格规范实施的长效机制，在职业资格认定、医保社保办理等方面取得重点突破。

市市场监管局负责牵头推进商事制度改革，全面梳理工商登记以及前置、后置审批事项，推进企业“五证合一、一照一码”登记制度改革，探索推行电子营业执照，推进证照联办等工作。

市国土局会同市住建局推进不动产登记等工作。

市质监局负责推进“最多跑一次”事项标准化等工作，制定群众和企业到政府办事“最多跑一次”地方标准。

市法制办负责牵头行政处罚、行政裁决等领域相关工作，负责提出行政许可事项、其他权力事项和公共服务事项适用“最多跑一次”改革的法律意见，加强改革合法性审查评估等工作。

市督考办负责加快推进“最多跑一次”改革督查工作。

其他市级有关单位根据各自职责做好本单位加快推进“最多跑一次”改革相关工作，并加强对本系统的督促指导。各县（市、区）、市级功能区管委会负责本地区加快推进“最多跑一次”改革工作。

三、实施步骤

（一）梳理公布阶段。各地各有关部门要加快推进“最多跑一次”改革工作部署，提出“最多跑一次”改革目标和工作计划。2017 年 2 月底、3 月底前分别梳理并集中公布第一批、第二批群众和企业到政府办事“零上门”和“最多跑一次”事项。三季度前再公布若干批“最多跑一次”办事事项。

（二）全面督查阶段。2017 年 5 月底前，根据省政府关于“最多跑一次”改革的统一部署和考核要求，市督考办牵头开展“最多跑一次”改革的专项督查，查找短板，通报工作进展情况，确保改革顺利推进、取得实效。

（三）巩固提升阶段。2017 年下半年，对“最多跑一次”改革事项标准和办事指南建章立制，完成总结评估工作，巩固深化改革成效。

四、配套措施

（一）加强便民服务平台建设。大幅提高行政服务中心办事事项即办件的比例，通过精简办事程序、减少办事环节、缩短办理时限，实现立等可取。推进行政服务中心“一窗受理、集成服务”改革，探索将部门分设的办事窗口整合为“投资项目”“不动产登记”“商事登记”“社会事务”等综合窗口，实行前台综合受理、后台分类审批、统一窗口出件，避免群众在不同部门之间来回奔波。对涉及多个部门的复杂事项，建立部门联办机制，探索推行全程代办制。建立行政服务的监督机制，强化行政服务中心第三方监管职责，建立行政服务中心办理工作回访机制，强化监督，提高群众满意度。加强乡镇（街道）、功能区便民服务网点建设，完善服务体系，实现行政服务事项就近能办、同城通办、异地可办。

（二）加快推进更多服务事项网上办理。继续深化浙江政务服务网建设，全面推广“在线咨询、网上申请、快递送达”办理模式，除涉密或法律法规有特别规定外，基本实现服务事项网上办理全覆盖，大幅提高网上办事比例。各县（市、区）、各有关部门要加快行政权力运行系统功能升级、联通整合，完善网上实名身份认证体系，加强电子证照、电子印章应用，做好电子文件归档工作，建立“最多跑一次”网上评价、电子监察体系，不断扩大全流程网上办事事项范围。加快“浙江政务服务”移动客户端建设，深化浙江政务服务网统一公共支付平台应用，推动更多审批事项和便民服务通过移动互联网办理。加快推进公共数据整合和共享利用，建设公共数据平台和统一共享交换体系，完善全市人口、法人综合数据库和公共信用信息库，以数据共享促进流程优化、业务协同。

（三）深化统一政务咨询投诉举报平台建设。以“能整则整”为原则，进一步加大非紧急类热线整合力度，加强“12345”政务服务热线电话与 110 报警服务台对接工作，完善运行机制。建立健全公共服务事项数据库，发挥统一政务咨询投诉举报平台在解答群众和企业办事咨询中的作用，凡是群众和企业到政府办理的公共服务事项，都可通过“12345”政务服务热线电话或网上咨询，了解办事流程、所需材料和其他相关事项。

（四）推进“最多跑一次”事项办理标准化。对于行政审批、公共服务等依相对人申请由政府部门作出决定的事项，制定发布我市群众和企业到政府办事“最多跑一次”地方标准，明确办理条件、办理材料、办理流程，取消没有法律法规依据的证明和盖章环节，以标准化促进规范化便捷化，保障改革真正落地。对于行政检查、行政处罚等政府部门依职权作出决定的事项，规范裁量标准，杜绝多头执法、重复检查，形成部门联合、随机抽查、按标执法、一次到位机制。

（五）持续推进行政审批制度改革。继续精减行政许可事项，推进政府核准投资项目目录“瘦身”，对关系国家安全、涉及全国重大生产力布局、战略性资源开发和重大公共利益以外的企业投资项目，一律不再核准审批，均实行备案管理。优化并全面应用企业投资项目在线审批监管平台，探索推行企业投资项目承诺制，建立模拟审批、容缺预审、联合办理机制，推进行政审批标准化、中介服务规范化。深化商事制度改革，降低市场准入门槛、完善企业登记制度、推进工商登记全过程电子化试点、推行证照联办。

（六）全面加强和创新政府监管。推进综合行政执法体制改革，建立健全行政执法协调指挥机制，推行“双随机、一公开”监管，探索智慧监管、审慎监管，形成事前管标准、事中管达标、事后管信用的监管制度，以更强的监管促进更好的放权和服务。

（七）深化基层治理“四个平台”建设。全面推进基层治理“四个平台”建设，进一步提高乡镇（街道）响应群众诉求和为民服务的能力。不断完善县级部门设置在乡镇（街道）的服务窗口，优化行政资源配置，更好地承接和落实“放管服”各项改革，为群众和企业生产生活、创业创新营造良好环境。深化经济发达镇行政管理体制改革，构建符合基层政权定位、适应城镇化发展需求的新型行政管理体制，进一步激发经济发达镇发展内生动力，推进基层治理体系和治理能力现代化，提高新型城镇化质量水平，加快实现城乡统筹发展。

（八）加快建设社会信用体系。发挥社会信用体系在简政放权、推进“最多跑一次”改革中的基础性作用，健全信用联合奖惩机制，推进诚信典型红名单和严重失信主体黑名单制度建设。完善企业信用信息公示工作，加强市场主体信用信息归集、存储和应用，并与政府部门许可、处罚和监管工作有效衔接。

五、保障措施

（一）统一思想认识，加强组织领导。加快推进“最多跑一次”改革，是贯彻落实省委、省政府的重大决策部署，是深化我市“放管服”工作的重大改革举措。各县（市、区）政府、各部门要充分认识加快推进“最多跑一次”改革的重大意义，树立强烈的使命感、责任感，统一思想、提高认识。各级政府和市级有关部门主要领导作为第一责任人，要切实加强组织领导，做到改革工作亲自部署、重要方案亲自把关、关键环节亲自协调、落实情况亲自督察，加快推动改革落地。

（二）建立工作机制，强化协同配合。市政府深化“四张清单一张网”改革推进职能转变协调小组更名为市政府推进“最多跑一次”深化“四单一网”改革协调小组，增设“最多跑一次”改革专题组，由市政府办公室、市编办、市行政服务中心管理办公室（市审改办）、市法制办等单位组成。专题组下设办公室，办公室设在市行政服务中心管理办公室（市审改办）。市级有关部门要加强对本系统有关工作的督促指导和业务培训，明确工作目标、工作要求、工作标准和工作进度。各地、各部门要加强协作配合，形成工作合力。

（三）强化考核监督，加大推进力度。将“最多跑一次”改革列入各县（市、区）和市级有关部门目标责任制考核。建立“最多跑一次”改革的专项督查制度，对于不认真履行职责、工作明显滞后的地区和部门，要启动追责机制。各地、各部门也要建立相应的考核督查机制，强化制度刚性，确保改革顺利推进。

（四）加强宣传引导，形成良好氛围。要充分利用报纸、电视、互联网和新媒体广泛宣传“最多跑一次”改革，及时准确发布改革信息和政策法规解读，正确引导社会预期，积极回应社会关切，创新社会参与机制，拓宽公众参与渠道，凝聚各方共识，营造良好氛围。

附录 5　《关于实施党建统领和智慧治理大联动深化“最多跑一次”改革推进区域治理现代化的指导意见》（衢委发〔2017〕9 号）

“最多跑一次”改革是政府自身改革的再深化再推进，是新阶段推进供给侧结构性改革、放管服改革的重大举措，是优化发展环境、推进党风廉政建设的重要抓手。我市在“一窗受理、集成服务”上已取得重大突破，为进一步巩固和扩大“最多跑一次”改革成果，充分发挥党建统领大联动、智慧治理大联动的作用，加快推进区域治理体系和治理能力现代化，现提出如下指导意见。

一、总体要求

认真贯彻以人民为中心的发展思想，按照“制度+技术”“线上+线下”“网络+

网格”的思路，把“最多跑一次”改革与“四个平台”建设结合起来、与“雪亮工程”“智慧大脑”工程结合起来、与“三民工程”提档升级结合起来，构建党建统领大联动、智慧治理大联动（以下简称“大联动”）工作机制，推进区域治理体系和治理能力现代化，着力打造适应现代市场经济、现代民主法治、现代互联网条件下的现代治理体系，以政府转型引领推动经济社会转型升级，不断优化发展环境、激发发展活力。

二、基本原则

（一）坚持党建统领。坚持党在区域治理中的领导核心地位，把“三民工程”作为推进区域治理的重要抓手，发挥基层党组织的战斗堡垒作用和基层党员的先锋模范作用，以“党建+”统筹和推动管理变治理、民主促民生、应急变长效、治标变治本。

（二）坚持智慧治理。顺应互联网条件下社会治理模式转型的新趋势，以智慧大脑工程为载体，以数据集中和共享为途径，推进技术融合、业务融合、数据融合，实现跨层级、跨地域、跨系统、跨部门、跨业务的协同管理和服务，推进决策咨询科学化、社会治理精准化、公共服务高效化。

（三）坚持系统集成。进一步厘清市县乡村各级权责，突出市县统筹协调联动，建立系统集成的大联动指挥中心，坚持块抓条保、属地统领，横向打通、纵向下沉，构建基层治理一张网，打造归口收集、分流交办、答复反馈、监督制约、考核奖惩的完整流程，形成大联动、大治理、大服务的格局。

三、整体思路

（一）构建“三层架构”。做优市县一体、部门联动的“顶线”。建立市县一体、系统集成的综合指挥系统，成立市县大联动推进办公室，建设市大联动中心和县（市、区）分中心，中心内部搭建信息集成系统和联动指挥系统平台。做强以块为主、条块联动的“中线”。按照条块联动、块抓条保，属地统领、捆绑考核的要求，结合基层治理“四个平台”建设，推动部门关口前移、重心下移，资源下沉、权力下放，强化乡镇（街道）治理服务职能。做实多网合一、干群联动的“底线”。按照“属地、整体、适度”原则，分类划定基础网格，实现“多网合一”。建立全科网格，充实网格力量，明确网格职责，实现党政各项工作资源在网格叠加、力量在网格沉淀、工作在网格联动、任务在网格落实。

（二）念好“叮盯钉”三字诀。坚持网格化、信息化、扁平化“多化融合”，打造信息集成、联动指挥两大系统，念好“叮盯钉”三字诀，提升“钉钉”使用的“五度”，即速度、广度、深度、精度、黏度，以“叮盯钉”智慧联动 APP 为基层网格神经元，构建平台互通、信息共享、全面感知、智能调度、迅捷精准的智慧大脑联网应用体系，形成线上线下联动机制，民有所呼、我有所应，上情下达、下情上传，成为打通“顶线、中线、底线”的“竖线”。

（三）推动“最多跑一次”改革“三延伸”。在全面巩固提升的基础上，加快“最多跑一次”改革向中介机构延伸、向企事业单位延伸、向乡镇基层延伸，同时，推进审批服务向综治工作、综合执法、市场监管等各个领域延伸，为加快推进区域治理体系和治理能力现代化注入动力和活力。

四、主要任务

（一）构建智慧治理系统。以“全市统一的大数据中心”为数据交换共享平台，以“雪亮工程一体化视联网”为超融合多媒体网络，以“叮盯钉”智慧联动APP为基层网格神经元，将浙江政务服务网、平安建设信息系统、12345统一政务咨询投诉举报平台、“三民工程”e掌通APP等系统进行整合，畅通上下联动指挥系统。积极配合省政府办公厅开展基层治理协同平台开发试点，依托浙江政务服务网的基础设施、总体架构和标准规范，构建基层治理信息系统协同平台。按照统筹建设、集中部署的原则，横向打通各部门基层专业信息系统，实现多渠道信息集中共享，突发事件综合指挥，形成上下联动、功能集成的一体化基层治理信息化体系，为实现综合指挥、全科网格、平台运行提供数据共享和技术支撑，并利用大数据构建企业、中介、个人、社会组织等信用体系，推动社会信用建设。

（二）深入推进“最多跑一次”改革。

1. 推进“最多跑一次”改革向基层延伸。推进基层“一窗受理，集成服务”，乡村便民服务采取“乡村两级综合受理、县级后台分类审批、乡村两级统一出件”的政务服务和公共服务新模式，实现基层审批服务“最多跑一次”。建立全程代办机制，充分发挥乡村干部和网格员的咨询代办服务作用。因地制宜开展乡村便民服务大厅的升级改造，优化大厅布局，提升大厅功能，提高群众的办事体验。以基层需求为导向，除涉及公共安全、跨行政区域、需要进行县级政府统筹等事项予以保留外，其他事项能放则放，下沉一级，提升乡镇综合服务功能。

2. 推动“最多跑一次”改革向中介组织延伸。对投资项目实施“多审合一，多评合一，多测合一”。“多审合一”指将建设、人防、消防等施工图审查，按照“一窗受理、一套资料、一站审查、一个平台、统一监管”的模式运行，实行统一受理、即时推送、及时审查、全程监管。“多评合一”指将项目涉及的评估、评价中介服务，实行统一组织、同步进行，并积极推行企业投资项目统一区域评估评价，凡符合准入条件的企业，不再另外进行中介评估评价。“多测合一”指将建设工程审批涉及的土地测绘、规划测绘、房产测绘等技术服务，统一委托给一家单位承担，实行统一测绘、成果共享，从而减轻企业负担，节约时间成本，提高测绘成果准确度。

3. 推进“最多跑一次”改革向企事业单位延伸。组织涉及公共服务领域的事业单位及提供水、电、气、公共交通等服务的国有企业，对照前期公共服务事项梳理公开的目录，梳理出“最多跑一次”事项的标准化清单，最大限度精简办事程序，减少办事环节，缩短办事时限，改进服务质量。同时运用政务服务网、移动客户端、自助终端等多种形式，为群众提供方便快捷的网上公共服务。

（三）加快乡镇“四个平台”建设。强化基层治理“一个大平台指挥”。乡镇（街道）设立综合指挥机构，实现“一个乡镇一个平台指挥”，并与县级指挥平台互联互通。实行派驻机构“一体化管理”。派驻机构实行“双重管理、属地为主”，派驻人员变部门干部为“平台干部”，纳入乡镇统一管理。实行全科网格“一张网覆盖”。开展网格整合，取消各部门条线设置的基层网格，村（社区）网格实行“一张网”，打造全科网格。按照全域、全员、全程的理念，明确网格定位、网格划分、网格配置、网格职责、网格流程“五统一”。健全“一次办结”工作运行机制。实行扁平化管理，形成社会治理和网格事项的受理、分析、流转、处置、督办、反馈、考核的闭环管理机制。进一步建立健全咨询一次告知、事务一次办理、问题一次解决、服务一次到位的“一次办结”运行机制。

五、工作要求

（一）提高思想认识。实施党建统领和智慧治理大联动，推进“最多跑一次”改革大延伸，加快区域治理体系和治理能力现代化事关全局、意义深远。各级各部门要按照市委、市政府部署，自觉抓好工作推进。各县（市、区）党委、政府要高度重视，主要领导要加强统筹协调，分管领导抓好具体落实。市县两级部门要主动担当，积极落实各项工作措施和要求，真正形成行之有效、常态互补的条块联动新格局。

（二）细化工作任务。各地各有关部门要细化改革举措，按照时间节点制定任务书、作战图。市县两级大联动办公室，要建立集中办公和工作定期研究制度，加强业务指导和问题梳理，及时提出对策建议，强化示范引领，加快工作进度，力争“最多跑一次”改革和基层治理体系建设持续走在全省前列。

（三）坚持稳步推进。按照分类指导、分步实施原则，确定常山县、江山市作为标杆县（市）创建，每个县（市、区）选定若干试点乡镇（街道），并创建 2 个标杆示范乡镇（街道），确保在 2017 年 9 月中旬前完成试点任务。各试点单位须抓紧制定试点方案，并经市大联动领导小组批准后实施，其他单位视情况根据市委、市政府部署全面推广，并将此项工作纳入督查考核。

（四）营造良好氛围。各级各部门要切实做好宣传发动，形成广泛共识，凝聚整体合力。要充分利用报纸、电视、互联网和新媒体等广泛宣传，及时准确发布改革信息和政策法规解读，正确引导社会预期，积极回应社会关切，创新社会参与机制，拓宽公众参与渠道，凝聚各方共识，营造良好氛围。

后　记

2016 年以来，衢州市以“一窗受理、集成服务”为路径，率先推进“最多跑一次”改革，取得了巨大成功。为更好地展示、总结衢州市改革经验，研究纵深推进“最多跑一次”改革的对策，中共衢州市委党校（衢州行政学院）组织力量编撰了本书。全书共分为十一章，系统地介绍了衢州市推进“最多跑一次”改革的实施背景、总体框架、部门引领、区县实践、拓展延伸、制度保障、实施成效、成功经验，同时分析了目前存在的瓶颈制约及深化改革的对策。

本书编撰的具体分工如下：第一章，季婵燕；第二章，周水仙；第三章，郑姗姗、叶志东、杨川丹；第四章，向玉玲、金晓伟、钱勤英、金正帅；第五章，魏翠玲、王少俊、陈宏卫；第六章，王强、向玉玲、魏翠玲、吴抗抗；第七章，王少俊；第八章、第九章，朱汉清；第十章、第十一章，陈宏卫。朱汉清承担本书的统稿工作。

本书编撰过程中，衢州市行政服务中心、衢州市编办及相关部门给予大力支持，在此表示感谢。由于时间仓促等，书中难免存在不足之处，敬请读者不吝指正。